El inesperado regalo del trauma

Una guía para el crecimiento postraumático

DRA. EDITH SHIRO

con Linda Sparrowe

Traducción de Eric Levit Mora

HarperCollins*Español*

Este libro contiene consejos e información concernientes al cuidado de la salud. Debe usarse para complementar y no para reemplazar las recomendaciones de su médico o de cualquier otro profesional de la salud. Si sabe o sospecha que tiene un problema de salud, consulte a su médico antes de seguir un régimen o tratamiento clínico. Nos hemos esforzado para asegurarnos de que toda la información contenida en este libro sea exacta y actual a partir de su fecha de publicación. La editorial y la autora no se hacen responsables de ninguna eventualidad médica que pueda suscitar la aplicación de los métodos sugeridos en este libro.

EL INESPERADO REGALO DEL TRAUMA. Copyright © 2023 de Edith Shiro. Todos los derechos reservados. Impreso en los Estados Unidos de América. Ninguna sección de este libro podrá ser utilizada ni reproducida bajo ningún concepto sin autorización previa y por escrito, salvo citas breves para artículos y reseñas en revistas. Para más información, póngase en contacto con HarperCollins Publishers, 195 Broadway, New York, NY 10007.

Los libros de HarperCollins Español pueden ser adquiridos con fines educativos, empresariales o promocionales. Para más información, envíe un correo electrónico a SPsales@harpercollins.com.

Título original: *The Unexpected Gift of Trauma*

Publicado en inglés por Harvest en los Estados Unidos de América en 2023

PRIMERA EDICIÓN EN ESPAÑOL

Traducción: Eric Levit Mora

Este libro ha sido debidamente catalogado en la Biblioteca del Congreso de los Estados Unidos.

ISBN 978-0-06-334650-5

24 25 26 27 28 LBC 5 4 3 2 1

Para Ariel

en memoria de papi

Contenido

Introducción

El mundo puede ser un lugar aterrador

El trauma siempre ha formado parte de la experiencia humana.

No es necesario esforzarse demasiado para encontrar sufrimiento en el mundo: los noticieros están llenos de ejemplos de genocidios, crímenes de odio, ataques terroristas, guerras y desastres naturales. Las estadísticas sobre las víctimas dan cuenta del dolor que se esconde en nuestros propios hogares: uno de cada cinco niños y niñas sufre abusos sexuales; uno de cada cuatro se cría con un progenitor alcohólico; una de cada cuatro mujeres ha sido maltratada físicamente por una pareja. Los titulares están llenos de microagresiones ligadas a la desigualdad racial, a la intolerancia religiosa, al género y a la orientación sexual. El miedo y la agitación social en las calles han creado un cisma en nuestras comunidades y el aumento de la brutalidad policial, los suicidios y la violencia doméstica no han hecho más que echarle leña al fuego. Y, por si eso no bastara para poner en duda la seguridad de nuestro mundo, apareció el Covid-19, una pandemia global que puso todo patas arriba y nos dejó aislados y asustados.

Y no fue para menos. Muchos perdieron sus empleos y a otros sus trabajos los pusieron en riesgo de enfermar o morir. Sus rutinas cotidianas dejaron de tener sentido y llegaron a preguntarse si las cosas alguna vez volverían a la normalidad. Millones de personas se vieron aisladas de sus familias y amigos durante largos períodos, lo que también contribuyó a su angustia. La pandemia desencadenó heridas *colectivas* de soledad profundamente enraizadas. Este trauma colectivo es también nuestra epidemia, una silenciosa e ignorada.

Todo esto es trauma. Por mucho que quisiéramos que fuera de otra manera, el trauma es una parte inevitable de lo que significa vivir; existir en este mundo. Es el sentimiento que surge de un acontecimiento que experimentamos, la sensación de que nuestras vidas se han roto, de que el mundo es un lugar peligroso e impredecible y de que no hay ninguna luz al final del proverbial túnel. Ya nada de lo que dábamos por cierto vale y no nos queda más que una debilitante sensación de desesperación y confusión... y a menudo toda una vida de problemas de salud física y mental. No es de extrañar que las personas quieran descubrir cómo evitar el trauma o, como mínimo, cómo recuperarse deprisa del dolor. Quieren aprender a cultivar la resiliencia para regresar tan rápido como sea posible al estado anterior a la tragedia, para inocularse tanto a sí mismas como a sus seres queridos contra un sufrimiento futuro. Más adelante en este libro hablaré de por qué la resiliencia puede ser un obstáculo para el crecimiento postraumático (CPT).

Si, en efecto, el trauma destruye nuestras creencias más arraigadas sobre el mundo y nuestro lugar en él, ¿en realidad es posible crecer gracias a él? ¿De verdad puede ser el catalizador de una transformación positiva? ¿Y cómo es posible que algunas personas, tras sufrir una experiencia horrorosa, queden atrapadas durante años en el dolor, apenas capaces de funcionar, mientras que otras, al atravesar el mismo evento traumático, no solo sobrevivan, sino que prosperen (no a pesar de la experiencia, sino gracias a ella)? Esta es la paradoja del trauma: tiene tanto el poder de destruir como el de transformar.

Esta paradoja ha nutrido mi trabajo como psicóloga clínica durante más de dos décadas. A algunos, mi insistencia en que el crecimiento y la transformación pueden surgir de una tragedia indescriptible puede parecerles una falta de respeto, o incluso una falsedad. Sin embargo, es posible. He sido testigo de ello una y otra vez en personas a quienes les han roto el corazón o han sufrido pérdidas, maltrato y enfermedades catastróficas; en comunidades que han soportado lo peor de lo peor: torturas, los estragos de la guerra, pandemias globales, racismo y homofobia despiadados, violencia y destrucción masiva provocada por desastres naturales.

Y tuve certeza de ello desde mucho antes de convertirme en psicóloga clínica.

A modo personal: mi interés vital por el trauma

Mi fascinación con estas preguntas es profundamente personal y empezó durante mi infancia. Cada generación en ambas ramas de mi familia ha sufrido muchísimo trauma. Soy la nieta de sobrevivientes del Holocausto que, además, fueron los únicos miembros de sus familias en salir con vida de los campos de exterminio nazis. También soy la nieta de refugiados sirios que huyeron de su país y que emigraron a pie desde Alepo hasta Israel con seis hijos pequeños. Mi abuela, que estaba en un estado avanzado de embarazo, dio a luz en las montañas de Bludán y no tuvo más remedio que seguir adelante. Soy hija de inmigrantes judíos que escaparon de persecuciones políticas, religiosas y sociales y se abrieron paso hasta Sudamérica. Formé parte de una minoría como mujer judía en Venezuela y, después, como inmigrante latina estudiando y trabajando en los Estados Unidos. He experimentado de primera mano el impacto de la migración y de un entorno multicultural. Sé lo que significa estar expuesta a la discriminación en mis propios barrio y ciudad. Esto también es trauma.

La experiencia de mis abuelos maternos, a quienes llamo cariñosamente Nana y Lalu desde niña, fue particularmente decisiva en el despertar de mi interés por las complejidades del trauma y, más adelante, en mi investigación y ejercicio clínico. Nana y Lalu nacieron en Transilvania (ahora parte de Rumanía). Nana era hija única y creció en la ciudad de Oradea con pocos recursos. Su padre era adicto al juego y su madre trataba de llegar a fin de mes haciendo trabajos de costura y otros pequeños encargos. Nana se sentía muy sola y se refugiaba en los libros, la música y el dibujo. Durante la guerra, Nana y sus padres fueron deportados a Auschwitz, donde no tardaron en separarlos. Nunca volvió a verlos. Nana sufrió enormemente en los campos de concentración, donde soportó el horroroso abuso de sus captores. Al final, logró escapar y llegó a pie a una casa comunal donde se habían reunido varios jóvenes sobrevivientes del genocidio. Ahí conoció a mi abuelo y ahí nació mi madre.

Lalu creció en el pueblo de Crasna. Su familia tenía una mayor estabilidad económica porque su padre era un líder de la comunidad judía en el pueblo y él recuerda su infancia como relativamente feliz y despreocupada, llena de aventuras y buenos amigos. Todo eso cambió, por supuesto, cuando llegaron los soldados y se los llevaron a los campos de concentración. De toda su familia, solo él sobrevivió a la masacre.

El comunismo y la incesante persecución contra los judíos obligaron a Nana y Lalu a escapar de Rumanía con sus dos hijas, y terminaron llegando a Venezuela, donde se instalaron con un familiar que ya vivía ahí. Por su parte, la familia de mi padre había abandonado Israel y también había emigrado a Venezuela. Ahí fue donde se conocieron mis padres y donde nací yo, segunda generación de sobrevivientes del Holocausto y refugiados sirios.

Al haberme criado entre familias de inmigrantes en Venezuela, conocí personas que parecían estancadas en sus traumas. Algunas estaban completamente entumecidas, disociadas; eran apenas funcionales. Otras, aunque aparentaban estar en control, batallaban con agotadoras depresiones profundas. Mi abuela era una de ellas.

Por fuera, Nana era hermosa: una mujer serena, de aires señoriales, con una mente brillante y creativa. Hablaba varios idiomas, pasaba gran parte de su tiempo trabajando, escribiendo y leyendo y le encantaba cocinar deliciosos platos para su familia. Sin embargo, sufría por dentro. Con frecuencia hablaba de la guerra, del dolor y el miedo por los que había pasado, del horror de ver a sus familiares ser ejecutados a balazos, de la increíble suerte de haber estado en la hilera adecuada donde se perdonaron algunas vidas. Ingerí todas estas historias junto con cada cucharada de las sopas de bolas de *matzah* que amorosamente me preparaba. Siempre sentí su amor por mí —era una abuela increíble—, pero a menudo también percibía su tristeza, aunque no siempre supiera de dónde venía. En muchos sentidos, los dolorosos recuerdos del pasado que Nana revivía en su mente y a través de las historias que contaba, le impidieron disfrutar de verdad de la vida. Por desgracia, falleció relativamente joven.

Otros en mi comunidad estaban decididos a seguir adelante, a no quedarse atrapados en el pasado y prosperar a pesar de lo vivido. Cuanto más escuchaba sus historias, más sentido tenían para mí sus respuestas al trauma: al fin y al cabo, algunos habían sobrevivido de milagro a las atrocidades de la guerra, mientras otros sufrían por adaptarse tras verse obligados a dejar sus países de origen atrás.

Hubo otro grupo, sin embargo, que me cautivó: aquellos que disfrutaban de un nivel de felicidad y bienestar que aparentemente contradecía su espantoso pasado. Mi abuelo era uno de ellos. De hecho, desde mi punto de vista, encarnaba lo que he terminado identificando como "crecimiento postraumático" (CPT).

Me encantaba pasar tiempo con Lalu. A todo el mundo le gustaba. Su alegría era contagiosa. Siempre estaba dispuesto a explorar nuevos lugares e ideas. Le encantaba viajar y a menudo nos contaba anécdotas de sus aventuras. Apreciaba profundamente a su familia y a su comunidad y sentía una tremenda satisfacción cuando podía ayudar a quienes lo necesitaban. Nos enseñó a sentirnos agradecidos por las pequeñas cosas que teníamos y a no dar nunca nada por sentado.

Lalu no siempre fue tan alegre. Mi madre me contó que la pasó bastante mal después de la guerra. Como todo el mundo, perdió mucho y sufrió inmensamente. Se sumió en una profunda depresión que duró un par de años. Y entonces algo cambió en él. Escribió al respecto en sus diarios:

> Como tantos millones más, yo también experimenté y aprendí que la vida y la muerte van de la mano. Hay una vieja canción que narra la historia de un campesino que se encuentra con un misterioso hombre a caballo que le da una orden: «Hay que llegar». Toda la vida he escuchado una voz en mi interior que me instaba a «llegar hasta ahí». A lo largo de mi vida y, de la de todos aquellos que sobrevivimos a lo que para nosotros fue la terrible Segunda Guerra Mundial, he tenido que repetirme muchas veces esa orden interna a gritos. Durante toda mi vida, el misterioso jinete ha sido mi instinto de supervivencia y el impulso que me hacía sentir que había que seguir. Escuchaba su voz soplándome al oído: «Lucha y sigue adelante». Incluso en los momentos más extremadamente difíciles, cuando estaba hambriento, helado, enfermo y era perseguido, sentía que había que sobrevivir. Lo oía decir: «Hay que luchar, hay que llegar…».

Por supuesto que Lalu tenía momentos de tristeza, abrumado bajo el peso de los recuerdos de lo que él y su familia habían sufrido durante el Holocausto. Nunca se le olvidó lo que había ocurrido ni minimizó el sufrimiento de tantos. Pero, llegado cierto punto, tomó la decisión de dejar el pasado atrás y seguir adelante con la certeza de que tenía que «luchar», que debía «llegar hasta ahí», si no por él mismo, por su familia y por su comunidad. En un momento dado, se preguntó: «¿Acaso he llegado?». Escribió en sus diarios: «Me parece que no vale la pena pensar mucho en la respuesta ni da pie para mucha filosofía». Dijo: «Contemplo ahora a nuestra familia: a mi esposa, a mis hijas, a sus maridos, a mis nietos, y la respuesta está clara: la lucha valió la pena... Sí, he llegado».

Podía hablar de cómo se sentía y también del pasado —a menudo desde una perspectiva filosófica o cultural— sin dejar que esto se inmiscuyera en su presente. De hecho, decidió aceptar el presente con los brazos abiertos, con curiosidad y gratitud; gratitud por todo lo que tenía, por estar vivo, porque la vida le hubiese dado una segunda oportunidad. Era una inspiración para mí que siempre nos animaba a mantener los ojos y los corazones abiertos a nuevas aventuras, a nuevas ideas, a la plenitud de la vida. Lalu no solo se había liberado del sufrimiento de su pasado, sino que lo había trascendido.

En mi comunidad había mucha gente como Lalu: personas que pensaban que sus experiencias habían dado más sentido y propósito a sus vidas y los habían ayudado a volverse miembros más sabios y activos de la sociedad. También estaban quienes eran simplemente resilientes, decididos a prosperar a pesar de lo que habían vivido. Y había muchos como Nana, atados al dolor y a su pasado. Todo esto me causaba enorme curiosidad. Quería descubrir qué mantenía a algunos atrapados en su trauma, cómo otros se recuperaban y eran resilientes, y cómo a otros no solo los sanaba, sino que los transformaba.

Mi curiosidad por la experiencia humana me llevó a cursar mi doctorado en Psicología Clínica con un énfasis en el trauma y, más específicamente, en el CPT. Aunque tuve la suerte de aprender de la mano de mentes brillantes cuya investigación en CPT informó la mía propia, la mayoría de los estudios psicológicos en este campo se centraban casi exclusivamente en las consecuencias negativas del trauma, pasando por alto su impacto positivo en nuestras vidas. Algunos investigadores creen que el crecimiento a través del trauma que atestiguan ciertas personas no es sino una percepción subjetiva; no más que una ilusión o un sentimiento temporal.

No estoy de acuerdo. Mi investigación y mi trabajo clínico sostienen lo que observé de niña: que el crecimiento no es una ilusión, sino algo real, cuantificable y posible. He ayudado a cientos de personas, familias y comunidades, algunas de las cuales han enfrentado adversidades inimaginables, a sanar y crecer más allá de sus traumas. La idea misma del crecimiento puede parecer fuera del terreno de lo posible y, sin embargo, ocurre una y otra vez. De ninguna manera quisiera minimizar el esfuerzo físico, mental y emocional que implica hacer este trabajo. Pero, al mismo tiempo, sé que, si las personas se comprometen plenamente con el proceso, es posible.

Cómo respondemos al trauma

No todo el mundo alcanza el crecimiento postraumático; y no necesariamente todo el mundo lo desea. A lo largo de mis años en este campo, me he dado cuenta de que muy poca gente sabe que el CPT existe y que es siquiera posible; esta es una de las concepciones erróneas sobre el trauma que quiero cambiar con este libro.

A lo largo del texto compartiré historias inspiradoras de las vidas de mis pacientes y de algunas conocidas figuras públicas para ilustrar sus caminos del sufrimiento a la sanación. No obstante, para proteger su privacidad he cambiado los nombres de mis pacientes y algunas de las características principales de sus historias.

La mayoría de las personas que se han visto afectadas por el trauma suelen reaccionar de tres formas distintas: se quedan atascadas, se recuperan o trascienden.

Atrapados en el trauma

Algunas personas sufren intensamente mucho después de que ocurre la experiencia traumática. Se quedan estancadas en el dolor y la pérdida, incapaces de recuperarse o siquiera regresar a algo parecido a su vida antes del trauma. Se quedan paralizadas por todo cuanto han perdido y por el dolor que no han dejado de sentir. Pueden sentirse abrumadas y sin los recursos para recuperarse.

Clínicamente, esto se denomina trastorno por estrés postraumático (TEPT o PTSD, por sus siglas en inglés) y puede durar muchos años. Puede ocurrir como consecuencia de un evento traumático de cualquier tipo —y como reacción a él— y atraviesa todos los estratos socioeconómicos, etnias y culturas. Nuestra consciencia cultural alrededor del TEPT ha incrementado drásticamente en las últimas décadas y a menudo es una de las principales secuelas que se suelen asociar con el trauma.

El de María es un claro ejemplo. Creció en República Dominicana y solo tenía nueve años cuando su padre, en estado de ebriedad, la entregó a un depredador sexual. El monstruoso abuso que sufrió quedó encubierto bajo el pretexto de que se trataba de un «brujo». El daño que María padeció a manos de aquel hombre, mucho mayor que ella, casi la mata. De alguna forma, logró escapar, pero la experiencia la dejó paralizada de terror. No podía ir a la escuela, no podía relacionarse con o confiar en sus padres y contempló el suicidio en más de una ocasión. Durante muchos años, estuvo atrapada en el TEPT, incapaz de participar en tener una relación de pareja, y mucho menos de disfrutarla. Hablaré más sobre la experiencia de María a lo largo del libro.

Recuperarse

Hay quienes son más resilientes: tienen más herramientas a su disposición, como un apoyo familiar sólido, la capacidad de regular sus emociones, una consciencia y conexión espirituales y ciertos rasgos de personalidad. Todo esto les permite retomar su vida, o al menos reajustarse a una vida parecida a la que tenían antes del trauma. No volverá a ser por completo la misma, pero será lo suficientemente buena y eso les bastará. Gran parte de las investigaciones recientes sobre el trauma se centran en este grupo, que consideran modelo de sanación y recuperación. En cierto sentido, lo es.

La resiliencia les permite a las personas aguantar la tormenta y mantenerse firmes. Han pasado por guerras, sufrido actos de crueldad, sentido que sus vidas se quiebran, atravesado divorcios, la muerte de un ser querido o cualquier otro evento traumático, y siguen

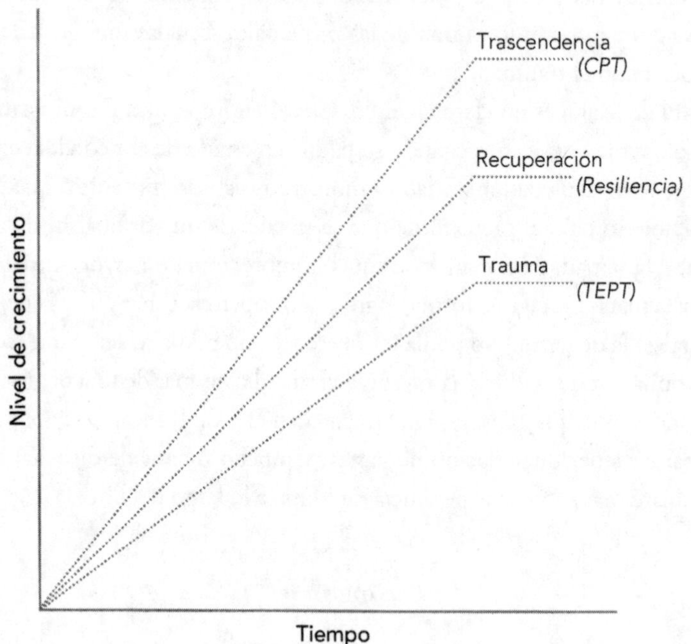

encontrando la fortaleza y la flexibilidad para funcionar a pesar de lo vivido. Las personas resilientes a menudo son miembros muy exitosos de la sociedad, orientados a la excelencia. Pueden sufrir depresión leve, ansiedad, tener reveses emocionales o verse asaltados por recuerdos traumáticos, pero, a pesar de todo, les va bien en la vida.

Mi paciente Miranda es la definición misma de resiliencia. Aunque nunca ha superado el intenso dolor que experimentó tras la muerte de su amada madre, no ha permitido que eso se interponga en el camino de vida que se ha trazado. Se ha lanzado con determinación a todo lo que se le ha puesto por delante. Se convirtió en una reconocida médica y, además, se casó y es madre de cuatro hijos. Es fuerte y se adapta con facilidad, lo que le permite siempre levantarse cuando se cae y seguir adelante. Como la mayoría de las personas resilientes, se siente bien con la vida que ha creado y no ve razón para alterarla.

Algunos psicólogos tradicionales sugieren que las personas que no desarrollan TEPT o no muestran los signos clásicos de angustia sencillamente niegan su dolor, utilizando ciertos mecanismos de defensa para apartarlo de su conciencia. Aunque a veces ese es el caso, también es posible que personas como Miranda hayan descubierto cómo gestionar desafíos abrumadoramente difíciles sin experimentar la parálisis que mantiene a otras personas en un dolor incapacitante.

Trascender

Son estas personas quienes me causan mayor fascinación. La gente como mi abuelo, comprometida a crecer más allá de donde solía estar; a trascender su trauma y alcanzar el crecimiento postraumático. Ven el trauma y la adversidad como posibilidades de transformación, sabiduría y crecimiento. No solo procesan lo que les ha ocurrido y se recuperan, sino que sus vidas se ven enriquecidas justamente por la experiencia. Estas personas hacen más que sobrevivir: cada una emerge con un nuevo entendimiento de la vida, una conexión más profunda con su comunidad y una mayor consciencia de su propósito divino. Semejante oportunidad para renacer a menudo suscita un compromiso renovado por ponerse al servicio de otros y compartir con ellos el regalo de su sabiduría.

Las noticias están llenas de ejemplos de «héroes cotidianos» que soportaron abuso infantil, pobreza abyecta o violencia doméstica. Personas como Oprah Winfrey, Frida Kahlo, Lady Gaga, el director de orquesta Gustavo Dudamel, Nelson Mandela y la activista Malala Yousafzai han tomado la valiente decisión de nombrar, sanar e integrar su pasado traumático en sus vidas y de utilizar su talento como un modo de aliviar el sufrimiento ajeno.

Entre aquellos y aquellas con quienes he trabajado, hay incontables ejemplos de personas que lograron pasar de un TEPT incapacitante a la libertad que ofrece el CPT. Alejandro, un adolescente cuya historia relataré en estas páginas, recibió varios disparos durante un tiroteo masivo en su escuela. Como te imaginarás, como sobreviviente de un tiroteo, pasó por un terrible sufrimiento emocional y físico. A lo largo de los años, empezó a ver que su experiencia —por muy terrible que fuera— le había dado un propósito en la vida y la fuerza y la compasión para ponerlo en acción. Él entiende que sobrevivió por un motivo, que su Dios tiene planes importantes para él. Ha empezado a hablar con otros chicos sobre lo que pasó, compartiendo sus aprendizajes y comprometiéndose a marcar la diferencia en la sociedad.

No pretendo sugerir que todo aquel que haya sufrido una experiencia traumática deba encajar limpiamente en una de estas tres respuestas y se quede siempre ahí. Tampoco insinúo que el CPT sea un resultado automático, inmediato o incluso lineal del proceso de recuperación del trauma. El trauma es complejo. El camino hacia el CPT es duro. Exige una toma de consciencia diaria de nuestra intención de sobrepasar el evento o la situación traumáticos sin quitarles importancia a las dificultades por las que pasamos.

Sin embargo, para hacer esto, es imprescindible que sepamos que la transformación es posible, que no puede hacerse deprisa y que existe una manera de lograrla. Desde hace tiempo varias investigaciones han demostrado que el CPT sí es posible, aunque hasta ahora no se haya definido un camino claro hacia este. Escribí *El inesperado regalo del trauma* no solo con el fin de presentar el CPT, sino de ofrecer una guía clara, de cinco etapas, para alcanzarlo, la cual ya ha demostrado su eficiencia en los ámbitos individual, cultural y sistémico.

Cómo utilizar este libro

Te invito a leer este libro sin importar en qué punto de tu camino postraumático te encuentres. No hay plazos para completar este libro o sus etapas. Lo que espero es que llegue a ti en donde estés, te brinde lo que necesites en este momento y siga apoyándote a medida que avances en tu recorrido hacia la sanación. Como no todo el mundo está familiarizado con el CPT, puede serte útil compartir tus aprendizajes con tu red de apoyo: tu mentor, tu terapeuta o los amigos cercanos que te acompañen en esta travesía. No hay una forma correcta de leer este libro; puedes hacerlo en el orden quieras.

En la Primera parte, defino algunos conceptos fundamentales, comparto algo de la historia del trauma y profundizo en lo que es —y no es— el crecimiento postraumático a nivel tanto individual como colectivo. Presento lo que llamo «factores variables» —que tienen el poder de, o bien incrementar la posibilidad de alcanzar el CPT, o bien de reducirla— y doy ejemplos de las distintas formas en que el trauma puede aparecer en nuestra vida cotidiana, además del poder que tiene para destruir familias, comunidades y culturas enteras. Podemos experimentar traumas surgidos de nuestras propias experiencias adversas durante la infancia o de un sufrimiento histórico o intergeneracional que quizá ni siquiera conozcamos. El CPT no solo nos permite trascender el trauma para nosotros mismos y para nuestra colectividad, sino también detener los efectos que tendría para generaciones futuras.

La idea del CPT —obtener un beneficio de una experiencia dolorosa— puede parecer paradójica, pero he sido testigo de un inmenso crecimiento en mis pacientes a lo largo de los años gracias a este modelo de cinco etapas. Este enfoque ha ayudado a individuos y a comunidades a pasar de un estado de crisis a uno de crecimiento. He visto este crecimiento en quienes han vivido actos inefables de violencia, así como en quienes han sufrido una ruptura amorosa o un divorcio dolorosos, un accidente incapacitante, la vergüenza de haber sido hostigados o la muerte de un hijo. Alguna vez desesperados y ansiosos, emergen empoderados y seguros de sí mismos. Todo esto sigue inspirando mi convicción de que el trauma puede ser un trampolín hacia una transformación radical y un crecimiento emocional y espiritual; de que en nuestro sufrimiento se encierra una profunda sabiduría esperando ser revelada.

En la Segunda parte, detallo el modelo de cinco etapas. He aquí un adelanto de lo que está por venir:

1. **La Etapa de Reconocer: Aceptación Radical**. En esta primera etapa, admites que estás sufriendo y que no dispones de las herramientas emocionales para lidiar por ti mismo con lo que te está ocurriendo.
2. **La Etapa del Despertar: Seguridad y Protección.** Buscas ayuda y apoyo en la forma de una persona en quien confiar o un espacio o una situación seguros.

3. **La Etapa de Redefinir: Nuevas Narrativas.** A medida que te interesas por otras formas de pensar y de ser, empiezas a crear nuevas narrativas sobre quién eres y todas las posibilidades de quién puedes llegar a ser.
4. **La Etapa del Ser: Integración.** Aquí puedes integrar tus antiguas formas de ser con la nueva concepción que tienes de ti mismo y de tu situación. Ahora puedes disfrutar de un sentido de la identidad recién descubierto.
5. **La Etapa de la Transformación: Sabiduría y Crecimiento.** En esta fase tienes más claro tu propósito de vida, tus relaciones son más significativas, te conviertes en un miembro activo de tu comunidad y empiezas a ayudar a los demás.

Mi anhelo es que disponer de un mapa te ayude a reconocer cuándo te quedas atrapado y cuál es el siguiente paso para transitar el proceso, de modo que puedas experimentar un sentimiento de renovación y renacimiento, e incluso un despertar espiritual. Mis cinco etapas ofrecen un lenguaje para identificar, definir, expresar y comunicar el proceso de sanación. Sirven como hitos para cuantificar el proceso y así minimizar la desesperanza y la desesperación. Este modelo no solo guiará a quienquiera que esté lidiando con el trauma, sino que también puede servir de mapa para que sus aliados expertos —terapeutas, mentores, patrocinadores e incluso familiares— introduzcan el CPT como una posibilidad.

En cada una de estas etapas, comparto herramientas y prácticas específicas que facilitarán el proceso de sanación y crecimiento y explicarán los factores intrínsecos y contextuales que influencian una transformación positiva. También identifico aquellos obstáculos que podrían surgir por el camino, capaces de impedir el crecimiento e incluso de retraumatizarnos si no tenemos cuidado. Por último, comparto formas en que podemos mantenernos en el CPT.

Un libro para nuestros tiempos

Este esquema de cinco etapas ha sido desarrollado y se ha expandido a lo largo de muchos años mientras acompañaba a mis pacientes a llegar al otro lado del trauma. Ha sido una herramienta imprescindible en mis tratamientos y un regalo para mis pacientes, que han logrado crear vidas que nunca creyeron posibles. Creo firmemente que *El inesperado regalo del trauma* es un libro muy necesario en este momento. No solo presenta una forma de trascender el eternamente incapacitante estrés postraumático, sino que también define un camino claro hacia una transformación significativa. Este libro es para quienes han experimentado un trauma agudo y crónico y creen (y temen) que nunca lograrán superarlo. Es para aquellos que cargan con el residuo del trauma intergeneracional e histórico y se preguntan qué pueden hacer para evitar que este afecte a las generaciones futuras. Y para todos los que queremos hacer cuanto podamos para aliviar la carga de otros, recordar nuestra humanidad compartida e invitarnos a un mundo más bondadoso, sano e igualitario.

Primera parte

Entendiendo el crecimiento postraumático

Capítulo 1

Marco de referencia

> «No solo creo que el trauma se puede curar, sino que el mismo proceso de sanación puede ser un catalizador para un despertar profundo».
>
> —DOCTOR PETER A. LEVINE

A lo largo de los últimos treinta años, he tenido el privilegio de trabajar con individuos, familias y comunidades que han sufrido enormemente debido a traumas personales, culturales y sistémicos. Compartiré varias de sus historias en estas páginas como ejemplo de la forma en que el trauma se cuela en nuestras vidas, así como en las vidas de nuestras familias y comunidades. Refugiados que huyen de regímenes violentos y represivos; mujeres y niños abusados física, sexual o emocionalmente; comunidades sacudidas por las secuelas de un genocidio, ya sea actual o histórico; víctimas de tiroteos escolares y sus familias; y otros cientos de personas que tratan de procesar y sanar divorcios conflictivos, *bullying*, suicidios, accidentes y muertes prematuras.

Me siento honrada por la confianza que han depositado en mí, porque me hayan permitido ser testigo de su dolor y escuchar sus historias con atención. El trabajo que hacemos con mis pacientes los encamina hacia la recuperación; y no solo a eso, sino también hacia el crecimiento y la sabiduría. Me rompe el corazón cada historia que alguna vez me han contado sobre vidas destrozadas y familias separadas, sobre la desesperación y la soledad que desgastan su capacidad de funcionar. Pero mi fe en el espíritu humano de superación también se ve renovada cada vez que oigo hablar de la vulnerabilidad, del coraje y de la determinación que llevan a alguien a pasar de la fragmentación a la plenitud, de la confusión a la claridad. Una y otra vez, mi trabajo me recuerda que el crecimiento puede surgir de la adversidad de formas en ocasiones sorprendentes.

El camino hacia el crecimiento postraumático no es fácil, pero hay formas de facilitar el proceso. Mantengo la esperanza de que cada persona encuentre un terapeuta, mentor, maestro o pareja —o incluso un espacio, grupo u organización— que crea que el CPT es posible y que pueda ayudarla a alcanzarlo. Mi modelo de cinco etapas ha sido inspirado por aquellos que vinieron antes que yo y que sentaron las bases del CPT; también ha surgido de mi trabajo clínico, de lo que he aprendido tratando a incontables pacientes, y continúa nutriéndose del viaje espiritual que es mi vida. Lo considero un camino, una guía o un marco de referencia que brinda a las personas un lenguaje universal y una estructura que pueden utilizar para interpretar, procesar y crecer desde sus traumas.

Como explicaré a lo largo de este libro, el modelo describe el proceso de sanación a partir de una combinación única de psicología psicodinámica, neurobiología y epigenética. Adopta un enfoque holístico que integra mente, cuerpo y espíritu y que se centra tanto en el individuo como en la colectividad. Se nutre de un enfoque relacional y sistémico y es tanto intergeneracional como cultural.

Ningún camino hacia el crecimiento es una línea recta. Ningún enfoque lineal es posible porque no hay nada lineal o predecible en las emociones y experiencias humanas. La idea no es hacer que nuestras experiencias, sentimientos o reacciones encajen a la perfección en cada etapa de este modelo, pues todos ellos son únicos y cada persona los experimenta de forma distinta. Y, sin embargo, he observado que, con el tiempo, emergen patrones y se revela un lenguaje común que expresa algo cercano a una universalidad en las formas en que las personas enfrentan y superan sus traumas, lo cual nunca deja de sorprenderme. Este modelo ha codificado mis observaciones y ofrece un marco de referencia para ayudarnos a entender lo que está pasando. Mi objetivo es presentar un lenguaje compartido que nos permita traducir y dar sentido a lo que hemos vivido.

Modelos anteriores de CPT

El concepto de crecimiento postraumático me precede, igual que la miríada de caminos que existen para alcanzarlo. He tenido la fortuna de aprender y beneficiarme de algunos investigadores, terapeutas y mentores increíbles, cuya comprensión del trauma y del CPT ha influido en la mía y cuyos modelos de tratamiento han abierto el camino para el marco teórico que he desarrollado.

Los psicólogos e investigadores Richard Tedeschi y Lawrence Calhoun, quienes acuñaron el término «crecimiento postraumático» (CPT), aplican un proceso de cinco etapas que consiste en aprender del trauma, lidiar con la angustia, compartir el trauma, crear una narrativa y encontrar una misión. Judith Herman, autora de *Trauma y recuperación*, propone un camino de cuatro pasos para la recuperación, centrado en el empoderamiento individual: crear un espacio seguro, recordar el trauma y llorar al antiguo yo, crear una nueva identidad y restablecer los vínculos comunitarios. Stephen Joseph, en su libro *What Doesn't Kill Us*, describe seis «hitos» que pueden facilitar el CPT: evaluar la situación, cultivar la esperanza, reescribir tu historia, identificar el cambio, valorarlo y ponerlo en acción. La teoría de la ruptura del sistema de creencias de Ronnie

Janoff-Bulman (de la cual hablaré en los próximos capítulos) también fue fundamental para mi concepción del CPT. Para terminar, con la orientación y mentoría del doctor Carl Auerbach, profesor de Psicología de la Universidad Yeshiva en Nueva York, desarrollamos el modelo inicial a partir del trabajo que realizamos con refugiados camboyanos*. A lo largo de los últimos veinticinco años, el modelo ha seguido creciendo y volviéndose más sofisticado hasta llegar a ser lo que es ahora.

Cada modelo es un intento de ofrecer una estructura, una especie de guía que las personas puedan seguir y las conduzca hacia la sanación y el crecimiento. En su mayoría, estos enfoques tienen una perspectiva individualista y parten de una teoría del trauma centrada en la experiencia individual que analiza cómo este ha impedido a una persona funcionar. Mi modelo va más allá de lo individual e incluye una perspectiva cultural, contextual y sistémica. También concibe la sanación desde un ángulo neuropsicológico, intergeneracional y espiritual y examina cómo se manifiesta en el cuerpo, la mente y el sistema nervioso.

El modelo en cinco etapas del CPT

El marco de referencia que he desarrollado parte de la base de que comprometerse con el proceso de crecimiento exige estar dispuestos a salir de nuestra zona de confort con plena consciencia y la voluntad de recibir los dones de la sabiduría y el crecimiento.

El trauma y el crecimiento postraumático siempre son relacionales y contextuales. Esto significa que es imposible separar a la

---

*Para obtener más información, consulta el capítulo que Carl Auerbach y yo escribimos en *Mass Trauma and Emotional Healing Around the World*, editado por Ani Kalayjian y Dominique Eugene (Praeger Press, 2010).

persona y su experiencia de su familia, comunidad o cultura. Así como el trauma no ocurre en el vacío, la sanación tampoco. Nuestras vivencias influyen en cómo nos vemos a nosotros mismos, en cómo nos relacionamos con los demás y en cómo entendemos el mundo y nuestro lugar en él. Esta comprensión colectiva de que no existe tal cosa como *el individuo*, porque todos formamos parte de un grupo que nos excede, está entretejida en la esencia misma de nuestras vidas.

Por otro lado, este modelo se fundamenta en la neurociencia, en particular, en el estudio de la epigenética y la neuroplasticidad, conceptos en los que profundizaremos en el Capítulo 5. La neurociencia no solo tiene en cuenta cómo el cerebro y el sistema nervioso procesan los traumas irresueltos de nuestra infancia, sino también aquellos que heredamos de las generaciones que nos precedieron. La investigación emergente en epigenética ha cambiado la forma en que concebimos el trauma y cómo abordamos la recuperación.

Por último, el modelo tiene un importante componente de mente-cuerpo-corazón. Las peregrinaciones y expediciones en las que me he embarcado, las tradiciones en las que me he sumergido y los maestros espirituales con los que he estudiado me han abierto los ojos y el corazón a las múltiples formas en que las personas están interconectadas. Tenemos el poder de sanarnos y, por este medio, de sanar a nuestra familia y a nuestras comunidades y de proteger a las generaciones venideras. Las técnicas de meditación, las modalidades mente-cuerpo, el trabajo energético y otras prácticas que he aprendido me han abierto los ojos al papel del cuerpo en la resolución del residuo traumático y me han revelado la sabiduría que yace en nuestro dolor más profundo. Me han enseñado que somos más que este cuerpo, esta mente y estas experiencias. Somos seres espirituales inmersos en una experiencia humana.

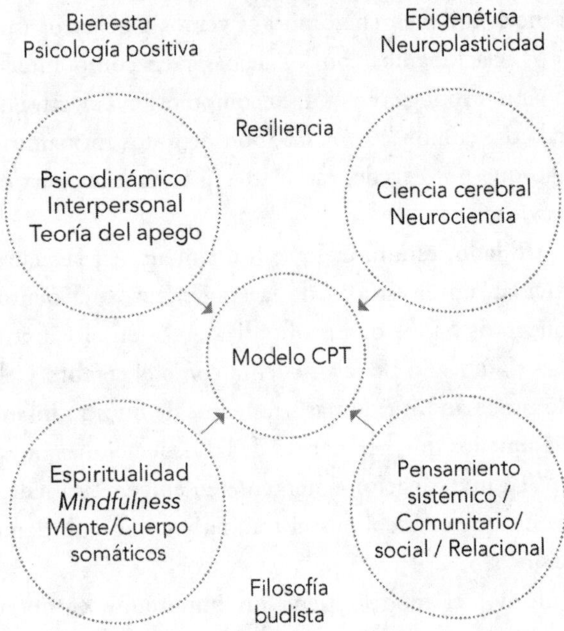

Las cinco etapas: el camino hacia una nueva realidad

¿Cómo se ve el camino desde el sufrimiento hasta el crecimiento? ¿Cómo lo transitamos? Primero, recuerda que el proceso de sanación no es lineal. Las etapas están diseñadas para retroalimentarse, pero no vas a atravesarlas una a una ni te las sacarás de encima a medida que las superes. Puede que tengas que quedarte en algún punto durante un tiempo hasta estar listo para seguir adelante. Tal vez descubras algo trabajando en la etapa tres y necesites regresar a la segunda para restablecer una sensación de seguridad o pedir ayuda. Quizá seas capaz de reconocer una experiencia dolorosa, pero no otra.

Todo el proceso comienza con la **Aceptación Radical**, la etapa en que admites que estás sufriendo y que no tienes las herramientas emocionales o la fuerza física necesarias para lidiar sin ayuda con lo que te está sucediendo. Es el momento en que nos rendimos, cuando el yo se debilita y se vuelve vulnerable. Nos cuesta relacionarnos con los demás, nos sentimos aislados de nuestra familia y amigos, confundidos y abrumados. El mundo es caótico, malévolo y disfuncional; no responde a nuestros gritos de auxilio.

Cuando aceptas que tu vida está destrozada y por fin eres capaz de pedir o encontrar ayuda, pasas a la segunda etapa: **Seguridad y Protección**. Aquí buscas a alguien en quien confiar, un lugar seguro o una situación que te asegure protección para poder soltar tu carga sin vergüenza ni culpa y expresar tus verdaderos sentimientos. Para ello, debes notar e identificar estos sentimientos, reparar en dónde se sitúan en tu cuerpo y reconectarte con ellos. Puedes expresarlos de muchas formas: hablando, llorando, moviéndote, bailando, gritando, temblando... cualquier cosa que movilice tu energía. Entonces, sentirás que te cuidan y que hay menos soledad en tu vida; que el mundo que te rodea te protege. Ya nada da tanto miedo. Dentro de esta red de contención, puedes permitirte sentir tu dolor y dejar que otros te acepten con bondad. Es como si, por fin, pudieras volver a respirar.

Las dos primeras etapas del crecimiento postraumático pueden ser intensas y sentirse como una devastación del mundo tal como lo conocemos. Sin embargo, como dice el poeta sufí Rumi, la herida es el lugar por donde entra la luz que permite liberar años de dolor y sufrimiento. Esta sensación de amplitud abre la puerta a la tercera etapa: **Nuevas Narrativas**. Este es un período de transición y exploración. Te permites la curiosidad y te abres a otras formas de pensar y de ser. Te sientes más fuerte en tu esencia, con más valor en tu comunidad. El mundo vuelve a tener sentido, pero de otra forma. Recopilas nueva información, haces planes y empiezas a formarte una nueva perspectiva sobre ti mismo y sobre tu entorno; aunque en este punto todo es muy teórico, pues todavía no has interiorizado nada. Sigues probando nuevas identidades para reconstruir la tuya propia y reconoces tímidamente que el mundo puede acogerte y abrirse a ti.

Cuando llegas a la cuarta etapa, la **Integración**, ya has elegido un nuevo conjunto de valores y creencias y te consideras capaz de ponerlos en práctica, de probar tu nueva versión en el mundo. Tienes más autoconfianza y, en general, tus relaciones son más saludables y disfrutas de un mayor control sobre tu vida. Comienzas a expandir la narrativa que has creado —la nueva forma en que te interpretas a ti, a tu relación con los demás y al mundo— para incluir el conjunto de tus vivencias. Eres quien eres debido a todo lo que has vivido. Ahora que has empezado a sanar las heridas de tus traumas, descubres cómo integrar el evento pasado con tu nueva narrativa; el mundo nuevo con el viejo. La Integración puede verse más o menos así: *Soy sobreviviente de violencia doméstica, pero también soy profesora, parte de una familia y una amiga amorosa.*

Mi trabajo se centra en la quinta etapa, a la que he bautizado **Sabiduría y Crecimiento**. Es aquí cuando nuestro trauma se convierte en el catalizador de nuestra transformación. Y es aquí adonde pretendo que lleguen todos.

En esta etapa, comienzas a desarrollar un sentido claro de identidad y pertenencia y te sientes una persona más segura y proactiva. Tal vez hayas descubierto tu misión vital y tu energía y pasión se vean renovadas debido a tu experiencia. Tus prioridades cambian y se enfocan en servir a otras personas, pues has descubierto qué es importante en realidad. Tu vida tiene ahora sentido y propósito. Tras tu encontronazo con el trauma, las fronteras de tu mente se han ampliado y puedes pensar con mayor claridad. Ahora entiendes que existen múltiples formas de hacer las cosas, múltiples oportunidades para que surjan nuevas posibilidades. Muchas personas en esta etapa sienten que han crecido espiritualmente e incluso que han alcanzado niveles superiores de conciencia. Esto a menudo las lleva a sentir el deseo de conectar con otros desde la compasión, lo que incrementa su voluntad de convertirse en una parte activa de sus comunidades.

Cada una de las cinco etapas aborda el trauma, la recuperación y el crecimiento a través de tres lentes diferentes, pero interconectadas: nuestra relación con nosotros mismos, nuestra relación con los demás y nuestro yo en el mundo.

El yo: se refiere a nuestra comprensión de quiénes somos o, dicho de otro modo, a nuestra identidad. El yo es el poder de nuestra fortaleza personal. Al fortalecer nuestra relación con nosotros mismos, aprendemos a amar todo nuestro ser: tanto nuestras vulnerabilidades como nuestra resiliencia; tanto nuestro yo destrozado como nuestro yo seguro.

Los demás: este aspecto aborda cómo somos en las relaciones. Se refiere al poder a través de las conexiones; es decir, a cómo nos relacionamos con los demás. Es cómo existimos más allá de nosotros mismos como individuos, cómo nuestra fortaleza se revela en nuestro vínculo con los otros.

El mundo: se refiere a cómo entendemos el mundo y en qué medida podemos escoger entre interactuar con o retirarnos de él. En ocasiones, llamamos a esto «libre albedrío», lo que puede brindarnos una sensación de control sobre nuestro entorno. Aquí vemos el mundo o bien caótico o manejable, como un lugar sin posibilidades o lleno de ellas. Es nuestro poder individual que se manifiesta en el mundo.

En la Segunda parte, profundizaré en cada paso a lo largo del camino hacia la consciencia y el crecimiento, compartiendo ejemplos de las historias que contaré en las próximas páginas e introduciendo también algunas nuevas. Así, podremos observar cómo personas con experiencias distintas —y con diferentes reacciones a dichas experiencias— avanzan a través de las etapas desde el sufrimiento hasta el crecimiento. Propongo también algunas estrategias para incorporar estas etapas en tu propia vida, con el fin de que te beneficies de ellas en tu propio camino hacia la sanación (ejercicios, reflexiones y trucos sencillos para que experimentes con ellos).

NAVEGAR LAS CINCO ETAPAS

1. **La Etapa de Reconocer: Aceptación Radical.** Reconocemos y aceptamos el dolor de nuestra experiencia pasada y el control que ha tenido sobre nuestras vidas.
2. **La Etapa del Despertar: Seguridad y Protección.** Nos refugiamos en la seguridad de un terapeuta, un mentor o un grupo de personas en quienes confiamos.
3. **La Etapa de Redefinir: Nuevas Narrativas.** Nos damos permiso para imaginar una vida llena de nuevas posibilidades y conexiones.
4. **La Etapa del Ser: Integración.** Aceptamos la sabiduría nacida de nuestras experiencias pasadas y la integramos en una nueva concepción de nosotros mismos, nuestras relaciones y el mundo.
5. **La Etapa de la Transformación: Sabiduría y Crecimiento.** Alcanzamos un estado que sentimos como un hogar, un lugar donde podemos nutrir el cuerpo y el alma, la independencia y la conexión y avanzar hacia una vida más consciente de servicio y de amor incondicional.

Capítulo 2

El trauma de la vida cotidiana

> «Yo os digo: es preciso tener todavía caos dentro de sí para poder dar a luz a una estrella danzarina».
>
> —FRIEDRICH NIETZSCHE

> «El verdadero viaje de descubrimiento no consiste en buscar nuevos paisajes, sino en tener nuevos ojos».
>
> —MARCEL PROUST

De niños, confiamos en que nuestros cuidadores nos guíen, nos mantengan a salvo y nos vigilen. Cuando logran ser lo «suficientemente buenos» y nos proporcionan un entorno de crianza seguro y enriquecedor, nuestro mundo tiene sentido. Es fiable y predecible y, a menos que ocurra algo que destruya estas creencias, las mantendremos a lo largo de los años. Así, mientras nos hacemos mayores, es posible que creamos subconscientemente que a las personas buenas les suceden cosas buenas y que, por el contrario, las cosas malas solo les suceden a las personas malas o descuidadas. Quizá pensemos: *Como soy una persona buena, amable y trabajadora, un ser humano decente, soy invulnerable a la tragedia y a las enfermedades graves. Soy fuerte y tengo el control. Mi fe es inquebrantable.*

Pero entonces sucede algo. Sufrimos una experiencia tan impactante que nos sacude hasta la médula, como una trágica pérdida en la familia o un diagnóstico de cáncer terminal. De repente, sentimos como si nos hubieran arrojado al epicentro de un terremoto: todo se quiebra y se desmorona a nuestro alrededor, poniendo en duda cuanto dábamos por cierto y haciéndonos creer que, de alguna forma, la culpa es nuestra. Nos sentimos abrumados, indefensos y confundidos; indignos y avergonzados. Si tan solo hubiéramos prestado más atención, sido más bondadosos, trabajado más, rezado más... Esta es una respuesta al trauma.

El trauma no surge del evento, sino de cómo lo interpretamos, de los recursos que tenemos para lidiar con él y de la forma en que lo procesamos. Nuestra respuesta va ligada al sentido que damos a dicha experiencia, pero no es necesariamente proporcional a su intensidad. Podemos tener un accidente de carro y salir ilesos. Alguien a quien amamos puede morir y nosotros, tras llorar su pérdida, seguir adelante. Podemos perder nuestra casa en un incendio o huracán y no bajar la cabeza. Y luego, un día, nos despiden o descubrimos que nuestra pareja está teniendo una aventura, o somos agredidos a plena luz del día en el camino de vuelta a casa y nuestro mundo se derrumba. Lo que sucede hace que nos cuestionemos qué significa ser esta persona, en este cuerpo. *¿Por qué me pasó esto? ¿Qué hice mal? ¿Por qué se me castiga?*

Entonces, llega la desconexión; nos disociamos de nosotros mismos y de los demás. Una ruptura así puede destruir la conexión con nuestra red de apoyo y destrozar nuestro sentido de pertenencia; cortar la relación que tenemos con la comunidad y privarnos del sentido más básico de identidad. Esto se ve exacerbado si el evento traumático ocurre durante la infancia y lo provocan las mismas personas —padres, educadores, amigos y familiares— que deberían cuidar de nosotros.

La psicóloga social y política Ronnie Janoff-Bulman denomina a esta desconexión como una «ruptura del sistema de creencias». David Trickey, psicólogo y codirector del Consejo de Trauma del Reino Unido en Londres, la llama «ruptura en la creación de significado». Todos tenemos ciertas suposiciones que nos ayudan a navegar el mundo, sistemas de creencias a través de los cuales procesamos la información y traemos orden al caos. Estos están ligados a cuestiones fundamentales, como la autoestima, nuestra fe en la bondad de los demás, los sentimientos de confianza, seguridad e intimidad, e incluso nuestra concepción de la muerte y la pérdida.

La historia de mi paciente Alejandro lo ilustra a la perfección. Alejandro nació y creció en Venezuela, en el seno de una familia de clase media con recursos muy limitados. Cuando tenía once años, el clima político y cultural del país se volvió más inestable y su familia sintió que sus vidas estaban en peligro, así que decidieron emigrar a los Estados Unidos. En realidad, no querían abandonar su hogar, pero pensaron que el sacrificio valdría la pena porque sus vidas serían mejores allí. Se mudaron a una ciudad del Medio Oeste y Alejandro y su hermano pequeño entraron en una escuela pública. Para cuando llegó a la secundaria, Alejandro se había convertido en un fantástico jugador de fútbol y vivía por y para ese deporte. Ya se habían puesto en contacto con él varios cazatalentos y sabía con certeza que tendría éxito como jugador profesional.

A medida que se acostumbraban a su nueva vida, los padres de Alejandro a menudo mencionaban lo seguros que se sentían en los Estados Unidos y cuán predecible era el país, con un Gobierno estable en el que podían confiar. Creían que ser buen estudiante y trabajar duro bastaba para encontrar el éxito y la felicidad en este país.

Todas sus creencias se transformaron en una sola tarde, cuando un pistolero abrió fuego en la escuela de Alejandro y mató a varios adolescentes. Muchos otros resultaron heridos, incluido Alejandro. El joven logró llamar a su padre, quien estaba con su abuelo de ochenta años (de visita desde Venezuela en esas fechas). La familia quedó devastada. Todo cuanto habían dado por cierto se había hecho añicos. Las lesiones de Alejandro —las balas lo alcanzaron en los pulmones, las piernas y las caderas— destruyeron sus sueños de convertirse en jugador profesional de fútbol y, con ellos, su identidad. La familia se esforzó por reconstruir su vida, pero no lograba situarse en un mundo que ya no se sentía seguro ni tenía sentido. El abuelo nunca ha superado el trauma y todavía revive el impacto de lo ocurrido aquel día: la llamada telefónica, la escena en la escuela, el dolor y el sufrimiento.

La palabra «trauma» proviene de *trâvma*, una palabra griega que significa «herida» o «lesión». El *Diccionario de la Real Academia Española* lo describe como «un choque emocional que produce un daño duradero en el inconsciente». Puede surgir de un único evento —como un accidente trágico, una agresión o un divorcio complicado— o de uno reiterativo, como años de abuso. Trasciende el estatus socioeconómico, la edad, el género, la cultura, la etnia y la orientación sexual. Toda persona pasará por algún evento traumático en su vida; incluso nacer puede ser una experiencia traumática. La doctora Judith Herman, autora de *Trauma y recuperación*, afirma que el trauma psicológico es «la aflicción de los desvalidos». Despoja a la víctima de «la sensación de control, conexión y significado» con una fuerza abrumadora.

Los distintos rostros del trauma

El trauma a menudo se asocia con experiencias de vida excepcionales —como un tiroteo en una escuela— que se consideran terribles casi por unanimidad. Y con razón. Atrocidades como guerras, genocidios, ataques terroristas, pandemias globales, terremotos y otros desastres naturales son ejemplos de eventos traumáticos. La destrucción resultante es evidente y podemos atestiguar su poder para destrozar familias y comunidades y, por consiguiente, empatizar con su dolor.

Este tipo de traumas también puede ser provocado por acciones violentas dirigidas a individuos y, lamentablemente, conocemos muchos ejemplos: personas atacadas verbal o físicamente debido a su raza, clase social, orientación sexual, expresión de género, tamaño y forma de sus cuerpos, apariencia física o creencias religiosas y espirituales; la cantidad de hombres y mujeres negros asesinados por la policía que han quedado grabados en video para impedirnos negar o apartar la mirada de lo sucedido; el asesinato y la persecución de mujeres trans; la violencia contra grupos marginalizados como la comunidad LGBTIQ+, musulmanes y judíos, inmigrantes y asiáticos estadounidenses, muchos de los cuales terminan en el noticiero vespertino.

El trauma también puede ocurrir a puerta cerrada, en el seno de la familia o entre extraños. A menudo estas situaciones se ocultan a propósito, debido a la vergüenza o al miedo, y entre ellos se encuentran: la violencia doméstica, la violencia sexual, la negligencia, las adicciones, dinámicas familiares disfuncionales y el abuso físico, emocional o sexual durante la infancia.

Por último, el trauma también puede ser consecuencia de heridas invisibles o microagresiones infligidas en aquellos percibidos como sospechosos, «extraños» o diferentes. Por definición, estas heridas no siempre son fáciles de identificar, pero pueden cortar como el filo de un cuchillo. Hombres y mujeres asiáticos que sufrieron escarnio y fueron culpados de causar la pandemia del Covid-19; hombres racializados que ven cómo los otros se cambian de acera para no cruzarse con ellos; personas con discapacidad que son objeto de burla, de lástima o de infantilización… Y estos son solo unos pocos ejemplos de muchos.

Como inmigrante latina, he vivido estos microtraumas de primera mano. Cuando llegué a los Estados Unidos desde Venezuela, me instalé en Boston. Era psicóloga clínica y había encontrado un muy buen empleo en un hospital de la ciudad donde trabajaba directamente con pacientes. Me encantaba. Sin embargo, mi vida fuera de lo profesional no era tan buena. A veces, los empleados de las tiendas se negaban a venderme lo que quería porque, por cómo hablaba, dudaban de que pudiera pagarlo. Cuando fui a hacer las gestiones para sacar el permiso de conducir, el empleado, al escuchar mi marcado acento, frunció el ceño y dijo: «No eres bienvenida aquí. ¿Por qué no regresas a tu país?». Hablar español con un amigo en el T (el metro de Boston) a menudo desencadenaba miradas y comentarios despectivos, como: «En este país hablamos inglés». Las microagresiones pueden ser abiertas o sutiles; por ejemplo, cuando una persona blanca descarta la experiencia de una persona negra diciendo cosas como: «Estás siendo demasiado sensible».

Ya sea público o privado, flagrante o sutil, el trauma es una respuesta fisiológica a un evento que ocurre repentinamente y sin previo aviso. Pero no es el evento en sí mismo. Como dice el experto en trauma y médico Gabor Maté: «El trauma no es lo que *te* sucedió. Es lo que sucede *dentro de ti* debido a lo que te sucedió». Es cualquier cosa que sobrepasa la capacidad de una persona para hacer frente a su experiencia emocional e integrarla. Cuando no podemos procesar las emociones relacionadas con el evento, estas quedan atrapadas en nuestro cuerpo y nos mantienen en un «estado perpetuo de indefensión y terror», explica Bessel van der Kolk en su influyente libro *El cuerpo lleva la cuenta*.

El trauma siempre es relacional

Incluso cuando parece personal, el trauma es relacional, cultural y político. Es relacional porque las personas somos seres sociales y lo que le sucede a un individuo repercute en su familia y en su comunidad. Es cultural y político porque la experiencia de un individuo existe integrada en el contexto de las creencias y valores de su cultura. Su identidad —ya sea su raza, nacionalidad, género, orientación sexual, clase social o religión— y cómo esta se valora dentro de su cultura y clima político, moldean su experiencia. En otras palabras, el trauma es contextual.

Por ejemplo, cuando una mujer sufre violencia doméstica, el trauma no es únicamente individual, pues va ligado también a su familia y a un sistema cultural y político que le ha otorgado a un hombre poder y control sobre su esposa e hijos. En el caso de María, cuando su padre la vendió al viejo brujo que la violó y torturó, lo hizo con impunidad. Era el cabeza de familia en una cultura que nunca cuestionaba la autoridad de un padre o esposo. Cuando las personas sucumben a la adicción al alcohol o las drogas, lo que subyace puede ser una historia de abuso o negligencia durante la infancia, o una vida de pobreza y violencia. Una mujer que es agredida o violada en un país que institucionaliza la desigualdad de género y discrimina a las mujeres puede enfrentar consecuencias impensables si denuncia a su agresor o intenta acceder a un tratamiento médico; por el contrario, una mujer en un país más igualitario a menudo dispone de más recursos para enfrentar la situación.

Incluso dentro de una misma cultura, las personas pueden tener experiencias similares con resultados radicalmente diferentes. Aquellos cuyas vidas son menos valoradas sufren más. Las desigualdades de raza y género a menudo determinan las consecuencias de un evento. Una estudiante blanca de una universidad de la Ivy League dispondrá de bastantes recursos —como un centro de tratamiento de emergencia para violaciones, terapeutas y asesoramiento legal—, mientras que una inmigrante racializada en la misma ciudad podría enfrentar dificultades para encontrar ayuda o incluso a alguien que crea en el dolor que siente. Una joven criada en una familia muy religiosa puede sentirse demasiado avergonzada para buscar ayuda, y temer que su familia la culpe y la eche de la casa, por lo que no logrará acceder a los recursos que podrían haberla ayudado.

Cada cultura tiene su propio trauma. Para muchas personas de comunidades marginalizadas, el trauma no solo está relacionado con una acción o evento específicos, sino que también puede surgir del miedo a la posibilidad de dicho evento. Incluso algo aparentemente mundano como manejar, por ejemplo, puede provocar una reacción de terror en personas negras que temen legítimamente ser discriminadas por su raza y detenidas por la policía, arrestadas o algo peor. Los latinos y otros inmigrantes temen ser arrestados y deportados, incluso habiendo nacido en los Estados Unidos o teniendo sus papeles en regla.

Judith Herman dice que las víctimas de cualquier tipo de trauma necesitan un contexto social que afirme su experiencia y las proteja de un mayor daño psicológico. A nivel individual, es posible recurrir a la familia, la pareja, los amigos y tal vez a la comunidad espiritual en busca de apoyo. En el caso de la violencia cultural a gran escala, explica, el contexto social «se crea mediante movimientos políticos que dan voz a los desamparados». Sin un contexto social, los traumas individuales y colectivos a menudo chocan con el silencio y la negación, la represión y la disociación. Existen muchos ejemplos de esto, como los «desaparecidos» en Argentina, la esclavitud en los Estados Unidos o el genocidio armenio. Las víctimas solo pueden comenzar a sanar cuando son reconocidas y validadas en un contexto social.

Mucho antes de llamarse TEPT

El trauma no fue reconocido oficialmente como un trastorno psicológico hasta que apareció en la tercera edición del DSM (*Diagnostic and Statistical Manual of Mental Disorders* o Manual diagnóstico y estadístico de los trastornos mentales) en 1980. Sin embargo, sus efectos físicos y psicológicos en el campo de batalla son de sobra conocidos desde hace cientos, sino miles, de años. En los tiempos bíblicos, por ejemplo, aquellos que sufrían de «pusilanimidad» en combate eran mandados de vuelta a casa para evitar que su miedo se contagiara y afectara a sus compañeros de armas. Históricamente, cualquier respuesta psicológica o emocional adversa a la guerra se veía como un defecto del carácter o una debilidad moral. Durante la Guerra Civil estadounidense, muchos soldados jóvenes regresaron a casa con «nostalgia» o un «corazón de soldado» debido al estrés del combate. Los soldados de la Primera Guerra Mundial regresaban con «neurosis de guerra», que era considerada el efecto fisiológico de soportar explosiones intensas. Se culpaba al soldado por ser mental y emocionalmente débil para seguir adelante y luchar. En la Segunda Guerra Mundial, los soldados sufrían de «fatiga de combate». Los psiquiatras a menudo les daban tiempo libre para descansar y recuperarse antes de forzarlos a regresar al campo de batalla, pues por aquel entonces se creía que los hombres se sentían mejor entre sus compañeros de armas.

Pero pocos profesionales de la medicina se enfocaban en la angustia psicológica duradera experimentada por aquellos que regresaban de la guerra y trataban de reintegrarse a su vida anterior. Según Herman, esto cambió con el movimiento antibélico de los años sesenta y setenta. Tras presenciar la enorme cantidad de soldados que regresaban de la Guerra de Vietnam con dificultades para reintegrarse a la vida civil, y que enfrentaban sentimientos suicidas, adicción a las drogas o al alcohol y sufrían *flashbacks* traumáticos incapacitantes, los manifestantes instaron a los políticos, a la Administración de Veteranos y a los profesionales médicos a tomar en serio el trauma de posguerra. Finalmente, se acuñó el término «trastorno de estrés postraumático» para describir lo que les sucedía a los excombatientes. Formalmente, el TEPT se define como un trastorno de salud mental o una respuesta de estrés incapacitante que ocurre tras experimentar o presenciar un evento traumático abrumador. Como resultado, poco a poco se implementaron regulaciones para proteger a los veteranos y a sus familias[1].

Más allá del TEPT

Sigmund Freud trató de darle un contexto social al trauma ya desde finales del siglo XIX, cuando hizo un descubrimiento sorprendente sobre sus orígenes. Había sido discípulo de Jean-Martin Charcot, un neurocientífico francés y conocido anticlerical, quien utilizaba métodos científicos rigurosos para comprender los síntomas neurológicos de la histeria, una afección provocada por un «útero errante» (*hysterika* en griego significa «útero»). Charcot concluyó que afectaba al sistema nervioso de la mujer y también observó que sus síntomas —amnesia, ceguera temporal, epilepsia, ansiedad y dolor uterino— eran psicológicos y podían aliviarse mediante la hipnosis. Sin embargo, Freud y otros dos importantes psiquiatras, Pierre Janet y Josef Breuer, descubrieron algo mucho más siniestro: la histeria era el efecto psicológico de recuerdos traumáticos reprimidos.

Los psiquiatras decidieron escuchar a sus pacientes femeninas —una idea bastante radical por aquel entonces— y se sorprendieron al descubrir que no solo hablaban libremente sobre sus experiencias, sino que se sentían mejor después de hacerlo. Los médicos les habían brindado un lugar seguro para contar sus historias. Fue el comienzo de lo que Freud denominó «psicoanálisis» y Janet llamó «análisis psicológico». El trabajo de Janet, que sigue vigente, se centró en los *síntomas* del trauma, especialmente en la disociación y la depresión. Freud, por su parte, quiso conocer la *causa* de esos síntomas. Quedó consternado al descubrir experiencias de abuso sexual e incesto en la primera infancia ocultas en los recuerdos reprimidos de sus pacientes femeninas. En cada una de ellas. Con el paso del tiempo, llegó a creer que todos los síntomas «histéricos» tenían su origen en el trauma sexual. El trabajo temprano de estos dos psiquiatras fue sorprendentemente visionario, pero la teoría de Freud provocó ciertas críticas casi desde el principio.

Freud estaba ansioso de presentarle esta «teoría de la seducción» al mundo. Sin embargo, su teoría sobre los recuerdos reprimidos no fue bien recibida entre sus colegas: casi todos hombres y sin duda incómodos con el descubrimiento, llegaron incluso a acusarlo de locura. Freud se vio obligado a retractarse de su diagnóstico en 1905 y declaró que los recuerdos traumáticos de las mujeres eran meras fantasías y expresiones de deseos sexuales reprimidos, no de abusos.

Tuvieron que pasar otros cien años antes de que las experiencias de trauma de las mujeres fueran tomadas en serio y la teoría de Freud sobre la represión sexual comenzara a perder relevancia en los círculos psicológicos y en la sociedad en general[2]. Así como a la sociedad le tomó tiempo reconocer los efectos traumatizantes de la guerra, también tardó en admitir que la violencia sexual contra mujeres y niñas era un problema grave. Como señala Herman en *Trauma y recuperación*, este cambio comenzó en la década de 1970, cuando las mujeres se organizaron y protestaron para forzar un cambio social. En la década de 2010, el movimiento #MeToo, junto con organizaciones por los derechos de las mujeres, tomó el relevo y exigió más medidas de protección contra la violación, la coerción y el acoso sexual. Como consecuencia, la violación, que antes se definía como sexo no consentido, se redefinió como un acto de violencia que podía ser cometido tanto por la pareja como por extraños.

Síntomas del TEPT

INTRUSIVOS	FÍSICOS	REACTIVOS	COGNITIVOS	CONDUCTUALES
Pensamientos intrusivos	Fatiga	Irritabilidad	Problemas de concentración	Evitación de lugares, personas o situaciones desencadenantes
Pesadillas	Insomnio	Ataques de cólera	Dificultad para tomar decisiones	Retirada de la vida social y aislamiento
Flashbacks	Dolores de cabeza	Comportamientos temerarios o autodestructivos	Problemas para recordar aspectos importantes del evento traumático	Abuso de sustancias
Recuerdos recurrentes involuntarios	Pérdida de apetito	Hipervigilancia	Confusión	Comportamientos autodestructivos
Sueños angustiantes	Hiperactividad	Problemas de concentración	Disociación	Agitación, irritabilidad u hostilidad
	Tensión muscular	Trastornos del sueño	Pensamientos y sentimientos negativos	
	Taquicardia		Creencias distorsionadas sobre uno mismo y los demás	

Nos ha llevado mucho tiempo reconocer que, tras todos estos malentendidos, diagnósticos, síntomas y comportamientos yace una vivencia traumática que explica el sufrimiento en la vida de una persona. Desafortunadamente, aún nos queda un largo camino por recorrer.

La experiencia subjetiva del trauma

Hemos avanzado mucho en cómo definimos y abordamos el trauma desde la época de Freud. En la actualidad, el trauma tiene una definición bastante clara: es una respuesta emocional que ocurre cuando un acontecimiento que experimentamos supera nuestra capacidad para manejarlo; cuando «sobrepasa nuestro sistema nervioso y altera la forma en que procesamos e interpretamos nuestros recuerdos», según el doctor Van der Kolk. También él afirma que el trauma «no es la historia de un evento pasado, sino la huella actual de ese dolor, horror y miedo que vive en nuestro interior». Las secuelas del trauma residen en el cuerpo y en nuestras células y pueden manifestarse de diversas formas: como dolores crónicos musculares y articulares, dolores de cabeza, problemas estomacales, agitación, ansiedad o disociación, entre otros síntomas y comportamientos. El trauma afecta a nuestra química cerebral y a nuestro sistema nervioso. También influye y cambia nuestra genética, que heredamos de nuestros padres, un proceso que examinaremos en mayor profundidad en el Capítulo 5.

Aunque es fácil asociar el trauma con eventos vitales importantes, a lo largo de mi carrera también he visto las pequeñas formas en que este afecta al día a día de las personas. A menudo llamamos a estas adversidades o perturbaciones mundanas «traumas con *t* minúscula» y a los catastróficos «traumas con *T* mayúscula». Pero la realidad es que no tenemos forma de juzgar la experiencia de otras personas (y tampoco nos corresponde hacerlo). Desde afuera, podría parecer que alguien no está pasando por gran cosa, pero para esa persona lo que está experimentando es gran cosa. Pensemos en un divorcio. Para una persona, esta experiencia puede ser devastadora y dejarla abrumada y temerosa. Puede sentir que no es digna de amor, que nunca lo encontrará de nuevo, que se va a quedar sola para siempre.

Para otra, sin embargo, el divorcio puede no ser agradable, pero, visto desde otra perspectiva... no está tan mal.

Hace poco recibí a una nueva paciente, Lana, que me contó que algo horrible le había sucedido unas semanas atrás durante una reunión familiar. Me relató cómo su esposo terminó ebrio en plena fiesta. Era la primera vez que lo veía en ese estado y su ira fue en aumento mientras lo observaba hacer el ridículo. Me pregunté si podría haber algún otro motivo por el que se hubiera visto tan afectada, así que la animé a hablar más del tema. Entonces me reveló que su padre había sido alcohólico. Su suegro también, pero su esposo no tomaba prácticamente nunca. Y no solo eso: durante la misma sesión, rememoró haber sufrido abusos sexuales cuando era joven. El atacante fue un hombre mayor y claramente en estado de embriaguez. Así, aunque quizá el incidente en sí mismo pudo no ser devastador para su vida —y una persona con otro bagaje podría haberlo vivido de otra forma—, desencadenó en ella recuerdos traumáticos.

Una característica que hace que un evento se considere traumático es que este se perciba como abrumador y, por lo tanto, como más difícil de gestionar. En situaciones conocidas, podemos utilizar los recursos y estrategias de afrontamiento de los que ya disponemos, pero, cuando los eventos nos sobrepasan, estos recursos pueden ser insuficientes. Además, si estos eventos vitales se prolongan en el tiempo, es probable que causen más problemas crónicos y una angustia psicológica significativa.

La conducta de su esposo consumió a Lana. No podía dejar de pensar en ello. ¿Cómo iba a volver a confiar en él? Otra persona podría haberlo considerado un desliz y dejarlo pasar. Pero ella no pudo.

Un despido también puede ser en potencia tanto un «trauma con *T* mayúscula» como uno con «*t* minúscula»; depende de la persona. Mi paciente Felipe quedó destrozado al perder su empleo en

Wall Street. No podía creerlo. Su trabajo había sido un sueño hecho realidad y significaba todo para él. Se definía a sí mismo según lo que hacía y el cargo que tenía. Pasaba largas horas en la oficina y era amigo de muchos de sus colegas. Me contó que la decisión de la empresa de despedirlo lo tomó por sorpresa. Al provenir de una familia filipina muy tradicional, se enorgullecía de mantener económicamente a los suyos. Cuando ya no pudo hacerlo, se sintió castrado, confundido y avergonzado. La experiencia le hizo cuestionarse su identidad y sus capacidades como esposo y padre; tanto que, durante mucho tiempo, no fue capaz de buscar otro empleo. Por otro lado, tengo otra paciente que también perdió un trabajo que amaba. Aunque al principio se sorprendió y se sintió decepcionada, aceptó las cosas como eran y no tardó en encontrar otro empleo.

Cualquier evento importante en la vida —como un divorcio, la independización de los hijos, la pérdida de un empleo o mudarse a una nueva ciudad— puede interpretarse de manera diferente según cada persona, sus circunstancias particulares y cómo lo procesa.

El trauma disfrazado

El trauma emocional está en la raíz del sufrimiento humano. Se disfraza de trastornos de salud mental, comportamientos destructivos y problemas de salud crónicos. Puede persistir en el tiempo, ocultarse en nuestro subconsciente durante generaciones e incluso ser normalizado por la cultura o sociedad en la que vivimos. El trauma puede ser una reacción a un evento reciente o a experiencias pasadas que continúan moldeando e influyendo en el presente. Se siente a nivel individual en forma de emociones no procesadas almacenadas en nuestros cuerpos, pero también se experimenta en el ámbito familiar, social, político y cultural en el que vive el individuo.

Existen muchos tipos de trauma, los cuales exploraremos con

mayor detalle en los capítulos siguientes. Por ahora, me limitaré a describir brevemente los más comunes.

- **Agudo**: un evento singular, como una violación, un robo en el hogar o un accidente terrible.
- **Crónico**: la exposición prolongada a ciertas experiencias, como guerras o situaciones de combate, racismo, violencia de género o incluso tratamientos habituales para una enfermedad, como quimioterapia, radiación o diálisis.
- **Complejo**: una serie de eventos en los que se sufre un daño de forma repetida, y este daño se acumula, como explotación, negligencia o abandono o abusos sexuales reiterados.
- **Colectivo**: una respuesta de un grupo específico de personas, una comunidad o una cultura entera que ha experimentado un evento o serie de eventos traumáticos, como un genocidio, una guerra, un desastre natural, un desplazamiento forzado, una pandemia global, un terremoto, un tiroteo masivo, accidentes de avión o ataques terroristas. La reciente pandemia es un buen ejemplo de un trauma colectivo.
- **Histórico**: las heridas emocionales y psicológicas a lo largo de la vida de una persona —e incluso a través de varias generaciones— que provienen de un trauma grupal masivo, como la esclavitud, un genocidio, el colonialismo (por ejemplo, las Primeras Naciones en las escuelas residenciales indígenas en Canadá) y el internamiento (por ejemplo, los japoneses que vivían en los Estados Unidos durante la Segunda Guerra Mundial).
- **Intergeneracional**: las secuelas que las personas experimentan de segunda o tercera mano y que han pasado de una generación a la siguiente sin que nadie necesariamente sea consciente de esta transmisión. Estas pueden incluir comportamientos repetitivos resultantes de violencia doméstica, alcoholismo, guerra,

tortura, depresión crónica u otros síntomas de trauma físico o emocional. Las estrategias de afrontamiento y las conductas adaptativas desarrollados como respuesta al trauma también pueden transmitirse de una generación a la siguiente.

- **Indirecto o secundario**: la forma en que alguien que no ha sido testigo directo de una experiencia traumática absorbe e integra aspectos de esta en su propia vida, funcionando como si de verdad hubiera pasado por ella. Esto se da a veces en terapeutas, amigos íntimos o familiares o en el seno de un grupo.
- **Del desarrollo**: exposición repetitiva o continua a experiencias dañinas que ocurren en momentos vulnerables de nuestras vidas —de bebés, en la primera infancia, durante la adolescencia o incluso en nuestra vejez— y en el seno de las relaciones entre los niños y sus cuidadores[3]. Similar al trauma complejo, el trauma del desarrollo puede incluir negligencia o abandono; abuso o agresiones físicas, emocionales o sexuales; coerción o traición; o incluso el mero hecho de presenciar violencia de género, violencia física o muerte. A menudo ocurre dentro del sistema de crianza primario del niño e interfiere con el apego y el desarrollo saludables.

Con frecuencia me preguntan cuánto tiempo se necesita para sanar del trauma y si es más fácil recuperarse de una respuesta al trauma que de otra. Diría que depende. Puede llevar semanas, años o incluso décadas. La respuesta al trauma de cada persona es diferente y no existe un cronograma para la recuperación. En general, sanar del trauma histórico puede ser particularmente difícil, pues este va mucho más allá de lo que haya sucedido en el pasado; es lo que continúa sucediendo, así que no es posible darle cierre.

El trauma del desarrollo también puede ser complicado de sanar por varias razones, entre ellas, que el abuso y la negligencia durante la infancia pueden provocar cambios neurológicos que dificultan el control de las reacciones emocionales intensas, según un artículo de 2015 en *Psychology Today* escrito por el doctor David Sack[4]. Pero también es importante resaltar que ninguno de estos desafíos interfiere en la posibilidad de alcanzar el crecimiento postraumático.

Estilos de apego y trauma

La forma en que nos vinculamos con nuestros padres a una edad muy temprana —nuestro estilo de apego— determina cómo enfrentamos y procesamos el trauma. Dependiendo de la calidad de ese vínculo, este puede protegernos contra la adversidad o convertirse en fuente de una experiencia traumática. He aquí cuatro estilos de apego que han sido ampliamente investigados a lo largo de los años, acompañados de varias afirmaciones en primera persona para reflexionar sobre cada uno:

- **Seguro**: si te criaste con padres (o cuidadores) que se ocuparon de ti, que respondieron a tus necesidades y se aseguraron de que te sintieras una persona amada y segura, es probable que, en la edad adulta, te sientas de la misma manera en tus relaciones primarias. Puedes conectar con facilidad y disfrutar de un alto nivel de interdependencia y confianza en tus relaciones.

  Me siento cómoda con la cercanía.
  Confío en que soy valioso y digno de amor.
  Me comunico abierta y honestamente.
  Puedo depender de mi pareja y ser independiente al mismo tiempo.
- **Evitativo**: las personas con este estilo de apego suelen ser emocionalmente distantes y estar orgullosas de no necesitar a nadie. Si esto te resulta familiar, es posible que te hayas criado con padres desconectados, ausentes o emocionalmente distantes. Es posible que hayas tenido una madre con problemas de adicción

o que haya priorizado otras relaciones en lugar de estar contigo. Otros adultos en tu vida en quienes pensabas que podías confiar también te fallaron. Los comportamientos que presenciaste y aprendiste en tu niñez dan casi la certeza de que tendrás una relación complicada con tu pareja y, muy probablemente, una relación distante con tus hijos. Las relaciones interpersonales no serán fáciles para ti a no ser que te comprometas a pasar por algún tipo de transformación.

Me cuesta entender mis sentimientos o incluso saber si los tengo.
Quiero una relación, pero la cercanía puede sentirse incómoda y misteriosa.
Enfrento problemas emocionales por medio de la razón y la lógica.
Evito el conflicto a toda costa.
No dependo de nada ni nadie.

- **Ansioso**: a este estilo de apego a veces se lo llama «hambre emocional». Es posible que te hayas criado con padres inconsistentes a la hora de expresar su amor y cuidado. A veces eran buenos y cariñosos; otras, eran emocionalmente abusivos y te rechazaban o te dejaban llorar en lugar de reconfortarte. Sus señales mixtas dificultaron que supieras qué esperar y cómo actuar. Al entrar en la edad adulta, puede ser difícil tener una relación saludable y amorosa; puedes anhelar una conexión emocional, incluso cuando la relación no justifica tal compromiso, sentir ansiedad, celos, inseguridad o ser muy dependiente.

  Temo el rechazo y el abandono.
  Necesito reafirmación, pero me resulta difícil confiar en alguien.
  Cuido de los demás, pero a menudo siento resentimiento.
  Necesito que me escuchen y validen.

- **Desorganizado**: este estilo de apego está arraigado en el miedo y se considera el más difícil o inseguro. Durante la infancia, tu fuente de seguridad se convirtió en una fuente de miedo y abandono. Si te criaste en un hogar en el que el cuidado era inconsistente e impredecible, quizá hayas llegado a temer por tu seguridad. A menudo, el miedo proviene de haber estado en una situación doméstica volátil en la que has sido testigo o víctima de violencia. Este estilo de apego dificulta tener relaciones saludables como adulto, especialmente con tu pareja y tus hijos. Aunque anhelas la intimidad y el amor, temes que las mismas personas de las que deseas recibirlos te lastimen.

Mi experiencia interna a veces es caótica y confusa.
Me acerco... luego me alejo.
Te acepto... luego te rechazo.
Tengo una imagen propia negativa.
Mis padres eran impredecibles y abusivos.
Tengo miedo.

De todos estos estilos de apego, el apego seguro es un factor de protección potente frente a la adversidad. Puede proporcionar recursos y resiliencia para enfrentar la experiencia traumática. Por otro lado, un apego desorganizado puede ser un apego traumático y dejarnos más vulnerables a sus efectos a lo largo de nuestras vidas. Trabajar cualquiera de estos estilos de apego puede resultar en crecimiento postraumático. (Profundizaré más en cómo estos estilos de apego protegen o dificultan nuestro crecimiento en el Capítulo 4).

Pérdida ambigua y trauma

Aunque todo trauma supone algún tipo de pérdida —la muerte de alguien cercano, la pérdida de nuestro hogar en un incendio o desastre natural, la pérdida de un empleo—, casi siempre implica también algún tipo de resolución. Pero ¿qué hay de las pérdidas que experimentamos y que no tienen posibilidad de cierre? Pauline Boss, investigadora y profesora emérita de la Universidad de Minnesota, denomina a este tipo de trauma «pérdida ambigua» y afirma que es el peor tipo de pérdida. Autora de varios libros, incluido *La pérdida ambigua*, la doctora Boss define este concepto como «cualquier pérdida que sea poco clara y que carezca de resolución». Son las «pérdidas menos los hechos», dice.

Existen dos tipos de pérdida ambigua: físicamente ausente, pero emocionalmente presente, y emocionalmente ausente, pero físicamente presente.

FÍSICAMENTE AUSENTE (PERO EMOCIONALMENTE PRESENTE)

Esto ocurre cuando alguien se va sin despedirse. Según lo describe la doctora Boss, la persona está físicamente ausente, pero psicológicamente sigue presente. Algunos ejemplos pueden incluir a un padre o madre ausentes en un divorcio, a un progenitor ausente en una adopción, a bebés dados en adopción o a una familia separada por la migración que no sabe si alguna vez logrará reunirse. Una persona puede desaparecer en una guerra, caerse al mar, ser secuestrada, ser víctima de un ataque terrorista o de un desastre natural… todas estas situaciones en las que no hay forma de saber si vive o no. ¿Durante cuánto tiempo nos aferramos a la esperanza de encontrarla? ¿O cuán pronto la damos por muerta?[5]

Por ejemplo, cuando las Torres Gemelas de Nueva York fueron derrumbadas el 11 de septiembre de 2001, miles de personas experimentaron una pérdida ambigua. Como joven psicóloga clínica, tuve la fortuna de trabajar junto a la doctora Boss para ayudar a las familias de los inmigrantes que fallecieron en el ataque. Muchas de estas personas eran indocumentadas o no hablaban inglés. No fueron tomadas como familiares ni hubo ninguna clase de reconocimiento o aceptación colectiva de su pérdida, lo que la hizo especialmente difícil.

La pandemia del Covid-19 es otro ejemplo de un evento que

causó una pérdida ambigua significativa. Miles de personas murieron en hospitales en cuarentena, sin que sus familias pudieran despedirse, y otras miles quedaron atrapadas en ciudades o países sin poder reunirse con sus familias.

EMOCIONALMENTE AUSENTE (PERO FÍSICAMENTE PRESENTE)

Esto ocurre cuando las personas se despiden sin marcharse de verdad. La pérdida ambigua puede ocurrir cuando alguien todavía está físicamente presente en nuestras vidas, pero está desconectado emocional o psicológicamente. Este tipo de pérdida ambigua puede incluir a un padre mayor que ha sufrido un derrame cerebral, está en coma o sufre de Alzheimer o demencia; a un niño con una lesión cerebral traumática; a un cónyuge o adolescente con depresión crónica o adicción a las drogas, el alcohol o la tecnología; o a un miembro de la familia adicto al trabajo o en una situación de desamor. Este tipo de pérdida ambigua dificulta que los miembros de una familia estén presentes los unos para los otros. Cuando esto sucede, explica la doctora Boss, los roles pueden volverse confusos y nadie sabe muy bien cómo actuar o qué hacer.

UN POCO DE AMBOS

Hay momentos en los que ambos tipos de pérdida ambigua pueden superponerse y causar aún más sufrimiento. He visto que esto sucede, por ejemplo, tras un divorcio particularmente conflictivo, cuando los niños se sienten abandonados tanto por el progenitor que se fue físicamente como por el que quedó atrás, que ha caído en una depresión y está emocionalmente desconectado.

Al igual que otros tipos de trauma, la pérdida ambigua es relacional y solo se puede sanar estableciendo conexiones con otras personas, ya sean terapeutas, compañeros expertos o personas que también han experimentado pérdidas catastróficas similares[6].

Confundir el estrés con el trauma

Sin importar de qué tipo sea o cómo lo llamemos, es evidente que el trauma es estresante. Pero el estrés y el trauma no son lo mismo. El estrés lo experimentamos todos los días. A menudo pensamos en él como algo negativo y constantemente tratamos de aliviarlo, pero no tiene que ser así. Según la psicóloga de Stanford Kelly McGonigal, autora de *Estrés: el lado bueno*, si aprendemos a aceptar el estrés, puede sernos útil para crecer y aprender de nuestras experiencias[7]. El estrés es lo que nos permite actuar con decisión, tener conversaciones difíciles, iniciar proyectos desafiantes e incluso entablar nuevas relaciones. Cuando nos enfrentamos a la adversidad o a cualquier tipo de desafío en nuestras vidas, nos da el coraje —la capacidad mental, emocional y física— para lidiar con ellos y superarlos. Percibimos y reaccionamos a lo que sucede en el momento presente y luego, cuando todo ha pasado, descansamos, nos recuperamos y volvemos a empezar. Ese es el lado positivo del estrés.

Así que el problema con el estrés no es experimentarlo, sino no saber cómo salirnos de ahí, lo que puede volverlo crónico. Cuando entramos en pánico o nos estresamos y no logramos tranquilizarnos, nuestro sistema nervioso se atora en alerta máxima y puede dejarnos paralizados. Nos sentimos abrumados, no podemos funcionar y cualquier cosa nos sobrepasa. Si esto no se controla, puede desestabilizar el sistema nervioso y causar problemas mentales y físicos graves; a menudo, durante años.

Lo que sucede en nuestro interior

Somos seres relacionales, lo que significa que todas nuestras experiencias suceden en relación con otros. El funcionamiento interno de nuestro cuerpo no es una excepción. Sin que tengamos que pensarlo, nuestro cerebro y sistema nervioso trabajan juntos escaneando nuestro cuerpo; facilitando la comunicación entre este y nuestra mente, entre nosotros y el entorno; percibiendo los estados emocionales de las personas que nos rodean para intentar mantenernos sanos y salvos. Según el doctor Stephen Porges, padre de la «teoría polivagal», esto es posible gracias a la intervención del nervio vago, una parte imprescindible del sistema nervioso autónomo. El nervio vago es el más largo del cuerpo y conecta al cerebro con nuestros sistemas internos más importantes. Su nombre proviene del latín *vagus*, que significa «errante» o «vagabundo»; parte de la base del cráneo, desciende por el cuello hacia los pectorales superior e inferior, pasa a través del diafragma y llega hasta la cavidad abdominal. A lo largo del camino, «visita» y activa varias estructuras y la mayoría de los órganos del cuerpo. Escanea también señales de peligro y seguridad; responde con una sensación de calma cuando nos sentimos conectados con las personas a nuestro alrededor y moviliza los recursos de nuestro cuerpo para mantenernos a salvo al percibir peligro.

Al sentirnos amenazados, ya sea de manera física o psicológica, nuestro sistema nervioso reacciona de modo automático sin que tengamos que hacer conscientemente nada al respecto. Cuando nuestras vidas están en peligro, cuando nos sentimos emocionalmente amenazados o inseguros, para protegernos respondemos de una de estas cuatro formas: luchar, huir, paralizarnos o acatar. Estas respuestas son mecanismos de defensa naturales que usamos para nuestra supervivencia física y emocional.

Lucha o huida: cuando algo nos asusta, la respuesta de lucha o huida nos permite disponer de la fuerza, concentración y velocidad necesarias para luchar contra la amenaza o huir de ella.

Nuestro cuerpo dedica tanta energía como le sea posible para que esto ocurra. Nuestra adrenalina se dispara, la presión arterial aumenta y sentimos que el corazón está a punto de salírsenos del pecho. Todos nuestros sentidos se agudizan y nos vuelven hiperconscientes de nuestro entorno. En el modo de lucha, psicológicamente es muy probable que entremos en cólera con facilidad y que nos cueste mantener el control. En cambio, en el modo de huida querremos alejarnos lo máximo posible del conflicto. No queremos ni verlo ni oírlo, así que haremos cualquier cosa para evitar el dolor.

Parálisis: cuando nos sentimos tan amenazados que no podemos hacer nada más que rendirnos, nuestro cuerpo entra en un estado de parálisis, lo que indica que nuestra respuesta parasimpática está en modo defensivo. El miedo nos inmoviliza. El lado dorsal (o posterior) del nervio vago lo apaga todo: nuestra frecuencia cardíaca disminuye y, literalmente, vaciamos nuestros intestinos. Psicológicamente, en el estado de parálisis no podemos tomar decisiones ni medidas. Como mecanismo de supervivencia, sirve para darnos tiempo de planear nuestro próximo movimiento. La parálisis es un estado de disociación donde nos insensibilizamos, «hacemos el muerto» durmiendo y nos desconectamos de la vida, de nuestras sensaciones físicas, de nuestros pensamientos y emociones y de los demás. En otras palabras, nos disociamos del dolor.

Complacencia: esta es la respuesta en la que buscamos «complacer y apaciguar», una forma de evitar conflictos y llamar la atención sobre uno mismo. A veces, ser excesivamente amable es la única forma de sobrevivir a un evento potencialmente violento o traumático. Una respuesta de complacencia a veces puede ayudar a apaciguar o calmar a alguien que está enojado o que actúa de manera amenazante, como durante un robo, un secuestro o un abuso sexual, o al interactuar con una pareja o un padre narcisistas.

Volver al equilibrio: en una respuesta saludable de supervivencia, cuando pasa la amenaza, volvemos al equilibrio. Nuestro sistema se recalibra y la respuesta parasimpática toma el control. Descansamos, lo que provoca que nuestra frecuencia cardíaca vuelva a la normalidad y nuestra respiración se relaje de nuevo. Esto nos permite reflexionar sobre lo que acaba de ocurrir. Y luego, ya está.

Los problemas surgen si nos quedamos atascados en la respuesta de lucha-huida-parálisis complacencia. Los residuos de la experiencia traumática se quedan atrapados en nuestro cuerpo mucho después de que el evento inicial haya ocurrido y el sistema nervioso es incapaz de distinguir entre lo que sucedió en el pasado y lo que está sucediendo ahora. La respuesta natural de supervivencia de nuestro cuerpo se convierte en una respuesta crónica al trauma que puede acarrear efectos fisiológicos y emocionales graves. He aquí un ejemplo: conozco a una joven que estuvo a punto de ser arrollada por un tren mientras cruzaba en su carro las vías, que no tenían luces ni barreras de advertencia. El vehículo se quedó atascado en ellas, pero la joven logró salir y ponerse a salvo justo antes de que el tren arrollara y destruyera su carro. Su respuesta de huida la salvó del peligro. El problema es que cada vez que escucha el silbato del tren o tiene que cruzar las vías, entra en pánico.

Por supuesto, basta con una experiencia, un sonido, un olor, un sabor o incluso una frase —cualquier cosa que desencadene de alguna forma un recuerdo de la experiencia original— para que el cuerpo reaccione de nuevo. En el caso de esta joven, iba de camino a una cita y, mientras cruzaba las vías del tren, las campanas comenzaron a sonar y las luces a parpadear. Tan pronto terminó de cruzar, se detuvo a un costado y comenzó a hiperventilar y a temblar sin control. Revivía el accidente como si estuviera sucediendo en aquel mismo instante.

Respuestas al trauma

LUCHA	Agresividad, ataques de cólera, irritabilidad, actitud controladora, exigencias, toma impulsiva de decisiones, comportamiento «rudo», actitud de *bully*, crítica
HUIDA	Evasión del conflicto, actitud distraída, siempre en movimiento, mantenerse ocupado, trabajar demasiado, perfeccionismo, necesidad de sobresalir
PARÁLISIS	Prudencia, bloqueo, problemas para tomar decisiones, aislamiento, falta de motivación, insensibilidad, inmovilidad, colapso, quedarse congelado de miedo, sentirse muerto por dentro
COMPLACENCIA	Necesidad de satisfacer a todo el mundo, dificultades para decir que no, falta de límites, poner a otros por delante, evitar el conflicto, priorizar las necesidades ajenas, sentirse abrumado, pérdida del «yo», codependencia, obsesión con encajar

Cuando no nos recuperamos naturalmente de un evento traumático y nuestros mecanismos de defensa se cronifican, esto puede desembocar en un diagnóstico de trastorno de estrés postraumático (TEPT). Algunos de los síntomas típicos del TEPT incluyen hiperactivación, intrusión, disociación o evasión y cognición negativa.

Hiperactivación: todo es sospechoso en la hiperactivación —ruidos fuertes, una voz enojada, un movimiento repentino. La mente ve un peligro potencial en todas partes —aunque no haya ninguno— y a menudo reacciona de manera irritada, irracional e incluso agresiva.

Tu cuerpo se sobresalta ante el más ligero sonido, contacto o movimiento. Pueden aparecer trastornos de sueño y la seguridad parecer esquiva. No te sientes cómodo en tu cuerpo y no confías en nadie, ni siquiera en las personas más cercanas. Las respuestas exageradas y los cambios de humor bruscos son síntomas de hiperactivación.

Intrusión: ocurre cuando el trauma pasado sigue interfiriendo en nuestra vida. Nada se siente seguro, no podemos dejarlo ir ni seguir adelante. Es impredecible y puede aparecer en cualquier momento sin previo aviso. Los traumas pasados se manifiestan en forma de pesadillas, terrores nocturnos o sueños angustiantes, *flashbacks* y reacciones en las que actuamos como si el evento traumático estuviera sucediendo en el momento presente. Nos inundan los recuerdos del trauma, que literalmente nos invaden desde otra área del cerebro (la amígdala) e impiden la creación de nuevos recuerdos explícitos en tiempo real (en el hipocampo). La amígdala es donde se almacenan los recuerdos emocionales o inconscientes (a menudo llamados «recuerdos implícitos»), y las neuronas de la amígdala se alimentan del miedo; no solo del miedo real, sino también del recuerdo del miedo. Por eso, de acuerdo con el doctor Rick Hanson, el estrés crónico y el trauma fortalecen e incrementan estas neuronas y mantienen vivos los recuerdos, dificultando así la creación de nuevos recuerdos en el momento presente.

Disociación/Evasión: sucede cuando el miedo o el dolor se vuelven demasiado intensos para gestionarlos y la mente se disocia o desconecta. Cuando nos sentimos impotentes o abrumados frente a una experiencia aterradora, el sistema nervioso parasimpático interviene para protegernos del dolor. Produce un estado alterado de conciencia que nos permite escapar de nuestra situación por medio del abandono de nuestro cuerpo, es decir, de insensibilizarnos y aislarnos. También puede manifestarse cuando algo desencadena el trauma y convertirse en nuestra respuesta por defecto, que puede manifestarse de muchas formas: disociación, negación, evitación de cualquier recordatorio externo del evento traumático original, fobias y distanciamiento. En casos extremos, puede manifestarse como despersonalización y desrealización. En otras palabras, nos convertimos en observadores externos de nosotros mismos y vemos el mundo que nos rodea en un estado distante de irrealidad, similar a un sueño.

Del trauma al crecimiento

Quizá te cueste creer que las personas puedan sanar y crecer a partir del tipo de trauma que he descrito. Sin embargo, lo hacen. Para ser sincera, no es un camino fácil y los pasos a veces pueden parecer imposibles. Lo que sé a ciencia cierta es que, si tenemos la disposición para esforzarnos y nos comprometemos plenamente con el proceso, el crecimiento postraumático ofrece un camino hacia una vida más rica y conectada; no a pesar de lo que hemos pasado, sino debido a ello. En el próximo capítulo, profundizaré en lo que es el CPT e, igual de importante, en lo que no es.

Capítulo 3

¿Qué es el crecimiento postraumático?

> «Nos deleitamos en la belleza de la mariposa, pero rara vez admitimos los cambios por los que ha pasado para lograr esa belleza».
>
> —MAYA ANGELOU

> «La herida es el lugar por donde entra la luz».
>
> —RUMI

Cuando una experiencia traumática hace añicos nuestro mundo y solo nos queda recoger los pedazos, la posibilidad de sanar y transformarnos a partir del sufrimiento puede parecer una fantasía. Ya es bastante difícil dejar atrás lo sucedido para poder lidiar con las realidades mundanas de la vida como para encima pretender superarlo. Pero el hecho es que, al aceptar la adversidad y trabajar a través del dolor, podemos darle sentido a nuestra experiencia. Podemos crecer a partir de nuestros traumas e incluso transformarnos por completo. De eso se trata el crecimiento postraumático.

Las personas suelen hablar de transformaciones. A menudo afirman haber sido transformadas y describen cómo han «cambiado para mejor», cómo se sienten más fuertes y resilientes, e incluso cómo se han convertido en una versión mejor y más autoconsciente de sí mismas. Lo cual me parece maravilloso. De verdad. Sin embargo, cuando hablo de la transformación que ocurre como resultado del CPT, me refiero a otra cosa. Piensa en una oruga. Para convertirse en mariposa, esta criaturita (formalmente denominada «larva») debe perder toda su «orugosidad». Debe descomponerse, despojarse de todo: de su forma, su ecosistema, su manera de moverse por el mundo... De todo. De hecho, si te asomaras a la crisálida en medio de la metamorfosis, lo que verías no sería una mariposa parcialmente formada ni una larva parcialmente descompuesta. Todo cuanto verías sería lo que la bióloga de vida silvestre Lindsay VanSomeren llama «mazacote rosado», una sopa rica en nutrientes. Ni rastro de la oruga. En otras palabras, la oruga debe morir para renacer como algo completamente nuevo. Al mismo tiempo —y esto es importante— VanSomeren señala que la mariposa nunca llegaría a ser lo que es sin su «orugosidad», sin las enzimas y los sistemas nervioso y respiratorio proporcionados por la larva. La oruga incluso tiene los denominados «discos imaginales», que son «pequeños grupos de células que coinciden con las estructuras que necesitarán como adultas»[1], como alas, ojos, antenas y demás. De igual manera, la llegada de la mariposa al mundo no puede ser ni interrumpida ni asistida. La criatura alada debe poder abrirse camino completamente formada o morirá. Es un brillante y dramático ejemplo de transformación en la naturaleza.

Cuando se trata de transformación humana, hace tiempo que pienso en el *kintsugi*, o «carpintería de oro», una forma de artesanía tradicional japonesa para reparar cerámica rota, como la metáfora perfecta del CPT. El *kintsugi* proviene del *wabi-sabi*, la cosmovisión japonesa que honra la belleza en la imperfección y la impermanencia. Al reparar las grietas en un tazón de cerámica, por ejemplo, o al unir de nuevo sus pedazos rotos, el objetivo no es ocultar las imperfecciones resultantes, sino realzarlas e integrarlas por medio de un barniz mezclado con polvo de oro (o a veces plata esterlina), creando algo único y a menudo más hermoso que el original.

Todos tenemos pedazos rotos en nuestro interior, heridas que nos recuerdan experiencias que preferiríamos olvidar. Pero, como escribió el cantautor Leonard Cohen, en todo hay una grieta, y es ahí por donde entra la luz; por donde la sabiduría, la conexión y la compasión pueden penetrar en nosotros. El barniz representa el valor de nuestras heridas. El *wabi-sabi* nos invita a reconocer la belleza en nuestras imperfecciones, a celebrar nuestra singularidad y nuestra ruptura. Como escribió Ernest Hemingway: «El mundo nos rompe a todos, y después muchos somos fuertes en los lugares rotos». De eso se trata el CPT.

El CPT nos permite experimentar el trauma y la sanación de manera simultánea, pues ambos son ciertos. Estaba rota, ahora estoy entera. Pero este «estar entera» incluye los fragmentos rotos, que han sido rearmados de una forma totalmente diferente, más sostenible, más hermosa y, en última instancia, más útil. Sin embargo, es importante tener en cuenta que, en el CPT, al igual que en el *kintsugi*, el reparar lo que está roto es solo una parte del proceso. También estamos reimaginando, reinventando y reescribiendo una nueva historia sobre nosotros mismos. Una historia que no niegue nuestras heridas del pasado, sino que se sazone en su propia «sopa de nutrientes».

Como psicóloga clínica especializada en trauma, el CPT ha sido el foco de mi trabajo durante casi treinta años. A lo largo de este tiempo, me he planteado preguntas como: *¿Y si es posible ir más allá de la sanación tras una experiencia traumática? ¿Y si, tras recuperar la salud, una persona puede trascender y transformarse?* De hecho, no solo es posible, sino que también es factible. El CPT es la etapa donde ocurre la verdadera transformación, pero alcanzarlo implica un viaje que a menudo es difícil. Mi modelo de cinco etapas es el proceso para llegar hasta ahí. Es el plan que nos lleva del trauma a la sabiduría y al crecimiento. Las cinco etapas —que describiré en detalle a lo largo del libro— van desde la Aceptación Radical del trauma hasta la búsqueda de seguridad, el experimentar un cambio de perspectiva, ser capaces de integrar las antiguas formas de ser con una nueva comprensión y, finalmente, crecer y volvernos más sabios.

LAS CINCO ETAPAS DEL CRECIMIENTO POSTRAUMÁTICO

1. **La Etapa de Reconocer:** Aceptación Radical
2. **La Etapa del Despertar:** Seguridad y Protección
3. **La Etapa de Redefinir:** Nuevas Narrativas
4. **La Etapa del Ser:** Integración
5. **La Etapa de la Transformación:** Sabiduría y Crecimiento

Me gusta ofrecer un espacio para el proceso tanto como ser testigo de su resultado en innumerables pacientes. Es un privilegio que me tomo muy en serio. Conozco muchas historias increíbles de transformación que compartiré a lo largo del libro. Individuos, familias e incluso comunidades enteras que han experimentado atrocidades horribles, además de personas que han sufrido el desamor y la adversidad en su vida cotidiana. Antes de zambullirnos en estos ejemplos, situemos el concepto de crecimiento postraumático en su contexto histórico.

Una definición

Yo no inventé el crecimiento postraumático: este ha formado parte de la experiencia humana desde tiempos inmemoriales. A menudo aparece en la mitología, glorificado como el viaje de transformación de un héroe. Innumerables películas retratan a un protagonista que sufre una experiencia traumática y que, impulsado por esta experiencia personal, se convierte en héroe. Me vienen a la cabeza Luke Skywalker y la Princesa Leia en *Star Wars*, Bruce Wayne en *Batman*, Diana en *Wonder Woman*, T'Challa en *Black Panther* y la saga de *Harry Potter*. También existen otros ejemplos atemporales e históricos. Relatos clásicos como *la Odisea*; historias indígenas centradas en animales o en los hijos de dioses, parábolas religiosas como la de Siddhartha, quien perdió a su madre al nacer y se iluminó como Buda, y muchas historias bíblicas. A menudo, el trauma es un requisito para convertirse en héroe o heroína y alcanzar la iluminación.

Ya sea en un relato o en la vida real, por lo general el héroe recibe un llamado a abandonar lo conocido y aventurarse en lo desconocido, donde debe encarar los desafíos y reunir el coraje para vencer a sus demonios o domar a sus dragones. Joseph Campbell, conocido experto en mitología comparada, explica que el viaje es una transformación, un «rito de paso espiritual» durante el cual el héroe debe morir para poder renacer.

Como concepto psicológico, el CPT fue acuñado por los psicólogos Richard Tedeschi y Lawrence Calhoun en la Universidad de Carolina del Norte a mediados de los años noventa. Su investigación y práctica clínica demuestran que el CPT es un término que describe tanto los cambios positivos experimentados por las personas a raíz de eventos horribles como el proceso que atraviesan para lograrlo[2].

Tedeschi afirma que, mediante el CPT, una persona puede descubrir nuevas capacidades para relacionarse con los demás, confiar en sí misma y apreciar la vida. Dice que estas «son capacidades que no existían antes de la experiencia traumática o que, si lo hacían, la persona no era consciente de ellas». A través del proceso de CPT, el individuo comienza a entender la sabiduría y la belleza ocultas en sus heridas como regalos que cambian por completo la forma en que ve el mundo y cómo participa en él.

La transformación que las personas experimentan a raíz de este trabajo ofrece muchos regalos: un nuevo sentido para sus vidas, una sensación de paz interior, conexiones más profundas con los demás y con un poder superior, y una consciencia más fuerte del yo. El CPT es una forma de hallar propósito a través del sufrimiento y de construir una vida más allá de las complicaciones que el trauma trae consigo. Describe la experiencia de personas que no solo se recuperan del trauma, sino que lo utilizan también como trampolín hacia un crecimiento mayor. El proceso rara vez es lineal y exige la voluntad de salir de la zona de confort con atención consciente y apertura para recibir los regalos que esperan al final del camino: la sabiduría y el crecimiento. Por eso, a veces comparo el proceso de CPT con una mariposa emergiendo de una crisálida. Como escribe Rupi Kaur: «No te conviertes de golpe en una mariposa. El crecimiento es un proceso». Debemos estar dispuestos a dejar de ser una oruga para convertirnos en una mariposa; su transformación no ocurre de la noche a la mañana y la nuestra tampoco. Se necesitan paciencia y esfuerzo para liberarnos, para salir por fin de la oscuridad hacia la luz, más hermosos de lo que hubiésemos podido imaginar y con las alas que necesitamos para volar.

Veo ejemplos de CPT por todas partes, incluso en personas que nunca han oído hablar de ello o que no disponen del léxico para poner su experiencia en palabras. Por ejemplo, al describir su propio crecimiento después de un trauma, el psicoterapeuta Ralph De La Rosa, autor de *Don't Tell Me to Relax*, hizo una evaluación honesta y sincera del proceso sin siquiera mencionarlo:

> Creí que mi objetivo era sanar del trauma. Al fin y al cabo, aquello era lo que me consumía. Y sí, sané. Es lo más difícil que he hecho en la vida. Parecía que iba a durar para siempre. Pero no fue así. Mientras hacía el trabajo de sanar, al mismo tiempo ocurría algo totalmente distinto. Me estaba convirtiendo en quien siempre debía haber sido. Al principio, explorar mi dolor me pareció una carga que debía soportar porque la vida había sido cruel conmigo. Pero se convirtió en el trabajo espiritual más profundo que pude haber realizado. No era un camino que alguien me hubiese enseñado ni una fantasía religiosa transmitida por una autoridad, sino que cobró vida una presencia espiritual honesta, genuina, espontánea y creativa. Les estaré eternamente agradecido a todas las heridas, a todas las personas que me lastimaron y me despreciaron. Me dieron un material que se alquimizó en algo verdaderamente hermoso[3].

El CPT puede surgir de muchos tipos de traumas como el duelo, las enfermedades crónicas, las discapacidades, el diagnóstico de cáncer y los infartos, así como de la dificultad para lidiar con problemas médicos de padres o hijos. También puede resultar de circunstancias inesperadas o violentas, como los incendios en el hogar, las inundaciones, los accidentes de tránsito, las violaciones y los abusos sexuales, el embarazo adolescente, la difícil situación de los refugiados, la guerra y los secuestros, entre otros.

Gloria es un ejemplo asombroso de alguien que recorrió el camino del trauma y sufrimiento extremos para crecer a partir de ellos. Se crio en el campo, a las afueras de Buenos Aires, en una familia con muy pocos recursos. Siempre quiso estudiar ingeniería, así que, trabajando desde una edad temprana, logró ahorrar el dinero suficiente para mudarse a Nueva York, donde esperaba poder asistir a la universidad. Mientras se adaptaba a una nueva ciudad en un país nuevo, Gloria encontró trabajo en una agencia que, sin que ella lo supiera, había estado involucrada en prácticas ilegales. A pesar de no saber nada de lo que había sucedido, la imputaron, la arrestaron y la encerraron en la prisión de Rikers Island, donde, con la ayuda de una guardia femenina, la violaron repetidamente presos y funcionarios por igual. Le negaron comida, le dieron golpizas y la obligaron a soportar condiciones inhumanas. Para cuando fue liberada, estaba prácticamente en estado catatónico. Entonces fue ingresada en una clínica psiquiátrica, pero había perdido incluso el habla y no estaba en condiciones de participar en ninguno de los programas de terapia… hasta que descubrió el arte como forma de autoexpresión.

Cuando le dieron el alta, decidió emprender el largo y deliberado camino de la sanación. Una parte de esa experiencia consistió en aprender a expresarse mejor a través de su arte y, con un buen sistema de apoyo y mucha orientación, empezó a asimilar lo que le había sucedido y pudo canalizar el dolor de su profundo trauma en sus pinturas. Con el tiempo, se volvió cada vez más fuerte física, emocional y espiritualmente y, por el camino, desarrolló una nueva identidad y estableció relaciones más saludables. Su vida cobró sentido y adquirió un propósito. Ahora Gloria aboga por las mujeres encarceladas y trabaja con grupos que luchan por el cierre de Rikers Island. También es inventora y artista y tiene una vida con la que antes ni siquiera hubiera soñado.

La historia de Gloria ilustra cómo alguien puede superar un trauma severo que le ha cambiado la vida y salir fortalecido de la experiencia. Pero no son solo estas tremendas atrocidades las que nos abren al crecimiento, sino también todo tipo de traumas comunes y mundanos, como perder un empleo, tener problemas en la escuela, ser excluido de un círculo social, sufrir acoso, divorciarse o mudarse de casa o de ciudad. Amanda Gorman, la primera ganadora del premio Youth Poet Laureate en los Estados Unidos, quien recitó su poema «The Hill We Climb» frente a miles de personas en la investidura del presidente Joe Biden en 2020, es un ejemplo inspirador de alguien que ha convertido la dificultad en éxito. Amanda ha sufrido un trastorno sensorial auditivo desde niña, lo que le complicó el procesamiento del lenguaje. También tuvo un impedimento del habla que le dificultaba pronunciar ciertos sonidos. En lugar de verlo como una discapacidad o una debilidad, llegó a aceptarlo como su superpoder. En una entrevista con Oprah, Amanda dijo que sentía que su experiencia la había convertido en una mejor escritora. «Cuando aprendes a hablar inglés a través de la poesía, alcanzas una profunda comprensión de la fonética, del tono y de la pronunciación, así que considero mi impedimento del habla no como una debilidad o una discapacidad, sino como una de mis mayores fortalezas». Aquello que había sido su vulnerabilidad —su incapacidad para articular sonidos— se convirtió en su mayor talento. De hecho, pasó a hablar frente a millones de personas e inspiró a otros a alzar la voz contra la injusticia.

Crecimiento colectivo

Tal como ya lo hemos planteado, el trauma puede ser una experiencia tanto individual como colectiva. Y lo mismo ocurre con el crecimiento postraumático. Parejas, familias y comunidades enteras pueden experimentar un CPT colectivo, zambulléndose juntas en la profundidad del dolor y la sanación. Tedeschi afirma que: «Puede darse una determinación por parte de las comunidades de abordar la tragedia por medio de la búsqueda de un desenlace positivo». Incluso las ciudades o los países pueden crecer juntos. A esto se lo llama «crecimiento postraumático colectivo». En otras palabras, aquellos que comparten el dolor, que sufren juntos, también pueden unirse y compartir la sanación.

Pensemos en lo que sucedió en Nueva Orleans después del huracán Katrina. Cynthia Mitchell, una maestra jubilada, relató en un correo electrónico su experiencia como residente de un vecindario muy afectado por la catástrofe. Había estado trabajando como administradora de casos severos para la organización NO/AIDS, donde ayudaba a encontrar viviendas de protección oficial para personas que carecían de hogar de manera crónica. En su tiempo libre, era fotógrafa y narradora, así que a menudo visitaba distintos vecindarios para entrevistar a sus residentes. Tras el paso de Katrina, ayudó a sus amigos a reconstruir sus hogares y ella misma compró y renovó una casa en un área casi totalmente destruida por el huracán. Esto cuenta de su experiencia:

> En mi trabajo en Nueva Orleans después de Katrina, fui testigo de cómo muchas personas trataban de ayudarse entre sí, ya fueran vecinos, amigos, familiares o extraños, para contribuir a aliviar la pérdida colectiva. Parecía que todas las barreras de clase, raza, edad y estilo de vida se hubiesen derrumbado en pos de lo más importante: las personas. Más allá de compartir generadores, duchas y comidas, la gente compartía compañía, buenos deseos, una mano amiga e historias de sus propias luchas y supervivencia. A diferencia de lo que se mostró en los medios de comunicación justo después de la crisis, la mayoría de los ciudadanos y residentes se unieron para aportar lo que pudieran. Fueron héroes de lo cotidiano.

Recordemos que el trauma no se trata del evento en sí mismo, sino del efecto emocional y psicológico que este tiene en aquellos que lo presenciaron o lo sufrieron. Cualquier acontecimiento que desafíe profundamente tus creencias fundamentales puede hacer que empieces a cuestionarte cómo funciona el mundo, qué tipo de persona eres, qué tipo de vida llevas y qué futuro te espera. Puede brindarte la oportunidad de crecer y cambiar. Lo mismo ocurre con una familia, una comunidad o una nación. Es algo que he visto en innumerables ocasiones con las comunidades a las que he ayudado a lo largo de los años.

En este trabajo, he sido testigo de cómo las personas se apoyan mutuamente, se unen para exigir un cambio sistémico y comparten sus recursos para ayudar a sus vecinos. Me cuentan cómo la experiencia ha sanado las heridas en sus comunidades y cómo ha contribuido a su crecimiento colectivo.

Crecimiento postraumático indirecto

Lo asombroso del crecimiento después del trauma es que incluso las personas que no han experimentado el trauma en su propia piel, pero lo han presenciado de primera mano, pueden manifestar crecimiento personal. A este fenómeno se lo llama «crecimiento postraumático indirecto». Al estar cerca de alguien que está pasando por el proceso de crecimiento, a menudo terminamos creciendo nosotros mismos, tanto psicológica como emocional y espiritualmente. Esto incluye, entre otros, a los hijos y cónyuges de sobrevivientes de cáncer, a las familias de veteranos de guerra y a aquellos que luchan contra la adicción a las drogas y el alcohol; a los trabajadores sanitarios y a terapeutas especializados en el trauma, así como a amigos o parejas de víctimas de violación, *bullying*, racismo u otras formas de discriminación. En otras palabras, a los cuidadores de los sobrevivientes del trauma.

Cuando ocurrieron los atentados del 11 de septiembre de 2001, yo vivía en Manhattan y trabajaba como psicóloga con refugiados y personas marginalizadas en los cinco distritos de la ciudad de Nueva York. Luego de los ataques contra el World Trade Center fui testigo de un sufrimiento y un trauma increíbles, pero también de un crecimiento impresionante. Al ser yo misma refugiada e inmigrante, también formaba parte de esa comunidad; al ser psicóloga, sin embargo, también pertenecía a la comunidad terapéutica. Como vivía en la ciudad, sentí el horror cuando las Torres Gemelas se derrumbaron. Estaba conectada con lo que sucedía y me comprometí a hacer cuanto estuviera a mi alcance para apoyar a las personas marginalizadas que sufrieron la destrucción y la pérdida de una forma desproporcionada. Ser testigo de la fuerza y la entereza que demostró tanta gente —y de la increíble transformación que ocurrió después— también me transformó a mí.

Desmitificar los mitos

Antes de seguir hablando sobre lo que es el crecimiento postraumático, veamos lo que no es. En primer lugar, el CPT no es un resultado automático o inmediato que surge a raíz del trauma; requiere tiempo y la voluntad de superar la adversidad y alcanzar el crecimiento. Es importante que cualquier persona que trabaje con individuos en proceso de asimilar su trauma recuerde que el CPT es un proceso que no puede apresurarse sin correr el riesgo de retraumatizar al paciente. Si se empuja a la persona a enfrentar su trauma muy deprisa o con demasiada agresividad, no dispondrá todavía de los mecanismos de afrontamiento para gestionar lo que surja de ahí y podría terminar reviviendo su experiencia traumática.

Aprendí esto de primera mano en 2001. En los días posteriores al colapso de las Torres Gemelas, la Cruz Roja contactó a un grupo de psicólogos de la ciudad para pedirnos que ayudáramos a los sobrevivientes. Junto a muchas otras personas, pasé los días y semanas siguientes con las víctimas, escuchándolas y animándolas a contar sus historias. Con el paso de los días, nos dimos cuenta de que esta intervención no estaba siendo útil. Les estábamos haciendo *revivir* la experiencia en lugar de crear una oportunidad para que sanaran de ella. Estábamos retraumatizándolas en lugar de apoyarlas. Este proceso ocurrió demasiado temprano: todavía estaban atravesando el trauma.

He aquí algunos de los mitos más comunes respecto al CPT:

Mito n.º 1: El trauma es igual para todos. Nadie experimenta el trauma de la misma manera, ni se recupera igual. El trauma y su recuperación son subjetivos. Cada persona tiene sus propias respuestas individuales para enfrentar la adversidad, para lidiar con ella y para sanar. El camino hacia el crecimiento es único para cada uno y debe ser honrado y respetado.

Mito n.º 2: El trauma nunca puede traer nada bueno. Esta idea errónea proviene de un modelo médico que se basa únicamente en los síntomas y las consecuencias negativas del trauma. Se enfoca en lo que falta y en lo que se ha perdido. Este modelo entiende todo tipo de trauma como un trastorno que debería ser tratado exclusivamente con medicamentos, terapias intensivas y, a menudo, hospitalización. Al hacerlo, desestima tanto la evidencia anecdótica como los datos cuantitativos que, una y otra vez, sugieren que las personas que experimentan trauma también pueden alcanzar una mayor sabiduría y crecimiento después de la experiencia. Todos los terapeutas que creemos en que el CPT es posible lo vemos todo el tiempo en nuestro trabajo con individuos, familias y comunidades.

Mito n.º 3: El tiempo lo cura todo. Cada vez que escucho esta frase sacudo la cabeza. Es un dicho que oculta y perpetúa una falsa idea sobre la sanación. No es el tiempo el que cura las heridas ni alivia el dolor y el sufrimiento. El tiempo no tiene nada de mágico. Limitarse a dejar pasar el tiempo no basta. Lo que haces durante el tiempo que tienes es lo que marca la diferencia. Es cómo avanzas a través del proceso lo que te lleva del dolor a la sanación y al crecimiento.

Mito n.º 4: El CPT es el siguiente paso por naturaleza. No necesariamente. Tampoco es fácil. Requiere intención y determinación, así como un compromiso de tiempo y esfuerzo. Y no olvides que tiene su propio cronograma y no se puede apresurar. La curación requiere valentía, vulnerabilidad y un cierto nivel de fe en el proceso; una entrega en la que renunciamos al control de nuestra vida, ya sea por defecto, por casualidad o porque no tenemos otra opción.

Mito n.º 5: El CPT es una ilusión. Hay quienes creen que el crecimiento después del trauma es meramente subjetivo; que no es más que la percepción de la persona que ha pasado por la experiencia traumática. En realidad, existen abundantes pruebas que demuestran que el CPT ocurre de verdad. El CPT no es una forma de ocultar el trauma cambiando nuestro comportamiento o reprimiendo los síntomas para afirmar que han desaparecido. Crecer a partir del trauma no es lo mismo que negarlo o disociarnos del sufrimiento que creó en nuestra vida. Eso es evasión y negación, que son la antítesis de la transformación. El crecimiento requiere que enfrentemos el trauma y establezcamos una relación con él.

Mito n.º 6: El CPT no es más que un enfoque positivo del trauma. Hay corrientes de pensamiento psicológico que pretenden hacer que todo sea positivo. *¡El trauma es fantástico! ¡De verdad sirve para crecer!* El CPT exige la voluntad de reevaluar nuestra vida en un nuevo contexto que creamos nosotros mismos, lo cual implica examinar y explorar el evento traumático para después integrarlo en nuestra nueva vida. Es difícil, doloroso y a menudo necesita que toquemos fondo antes de pretender emerger de nuevo.

Mito n.º 7: El CPT acaba con el TEPT. No siempre. El CPT no es necesariamente un estado permanente. Exige un mantenimiento continuo. De hecho, como dice Tedeschi, aunque suene contraintuitivo, puedes experimentar TEPT y CPT al mismo tiempo. Es la lucha con la angustia lo que lleva al crecimiento. El CPT puede ocurrir en incrementos. Por ejemplo, quizá trabajes en sanar el trauma en tu relación de pareja y esto te brinde un entendimiento más profundo de cómo la vives, límites más saludables y una conexión más amorosa con tu pareja. Y, sin embargo, en otras áreas de tu vida, como tus relaciones en el trabajo o los conflictos con tus padres, puede que te quede mucho trabajo por hacer. El CPT no es un camino lineal.

Mito n.º 8: La resiliencia y el CPT son lo mismo. Para nada. Se ha vuelto muy popular hablar de la resiliencia como forma de superar el trauma. Sin embargo, la resiliencia no nos ayuda a crecer desde la adversidad: nos ayuda a lidiar con ella. La resiliencia es la capacidad de volver a tu estado original tras un evento estresante. Es un mecanismo de afrontamiento desarrollado para gestionar estas experiencias de manera más efectiva. El CPT, por otro lado, es la oportunidad de crecer y expandirnos más allá de donde estábamos al principio, no a pesar del trauma, sino gracias a él. Va más allá de la psicología para abarcar también la neurociencia, la espiritualidad, la sanación holística y la compasión. De hecho, en ocasiones la resiliencia puede dificultar la posibilidad de alcanzar el CPT —algo de lo que hablaré más en el próximo capítulo— porque las personas resilientes aparentan verse poco afectadas por su trauma. Sin embargo, aquellos que atraviesan el proceso de crecimiento después del trauma sí que pueden desarrollar resiliencia en el camino hacia la curación y la transformación.

Resiliencia vs. CPT

Resiliencia	Crecimiento postraumático
• Levantarse	• Paso adelante
• Puede ser un rasgo de la personalidad	• Se desarrolla como consecuencia del trauma
• No exige cambios profundos	• Puede redefinir la personalidad del individuo
• No exige necesariamente haber tenido una experiencia traumática	• Exige haber sido expuesto en algún momento a un estrés intenso
• No implica que las creencias se vean profundamente sacudidas	• Sacude profundamente las creencias y cambia las prioridades
• No exige que una persona busque un nuevo sistema de creencias o un nuevo paradigma	• Exige un cambio de paradigma
• No necesariamente asegura que vaya a darse un crecimiento	• Resulta en un desarrollo psicológico positivo frente a las dificultades o a la adversidad
• Asume la capacidad de lidiar con la vida tras la adversidad	• Propicia comportamientos y actitudes que antes no existían
	• Puede no ocurrir sin cierta dosis de incomodidad, pero esta se reduce con el tiempo

Mito n.º 9: El CPT nos permite ver el mundo color de rosa. Aunque mucha gente me dice que siente que, en retrospectiva, su experiencia fue «lo mejor que le ha pasado», e incluso expresa gratitud, es importante recordar que en ningún caso nadie está insinuando que la tragedia y la pérdida no fueran dolorosas. El rabino Harold Kushner, autor de *Cuando a la gente buena le pasan cosas malas*, admite que la experiencia de perder a su querido hijo Aaron, quien murió a los catorce años, lo convirtió en un consejero más comprensivo, en un rabino más compasivo y en una persona más amorosa. Pero también dice: «Renunciaría a todo lo que gané sin pensármelo dos veces si pudiera recuperar a mi hijo. Renunciaría a todo el crecimiento y a la profundidad espiritual que he alcanzado debido a esto y volvería a ser el que era quince años atrás: el padre de un niño brillante y feliz. Pero no puedo elegir»[4].

Otro ejemplo dramático proviene de un grupo de refugiados camboyanos con los que trabajé, que huyeron de la violencia y el genocidio del régimen de Pol Pot que gobernó su país de 1975 a 1979. Estas personas habían sobrevivido a traumas que pocos de nosotros podemos siquiera imaginar: hambruna, enfermedades, amenazas constantes de tortura y muerte, la pérdida de familiares, su cultura y su tierra natal. La mayoría de los refugiados con los que hablé eran muy claros respecto a lo que habían tenido que soportar y a la transformación que habían experimentado en consecuencia. Como me dijo S. L.: «Nunca hubiese escogido pasar por el trauma, pero ahora que ya está hecho, me alegro. De lo contrario, no sería quien soy hoy».

Mito n.º 10: El CPT es un viaje solitario. Aunque debemos creer en la posibilidad y en nuestra capacidad de crecer tras el trauma, la sanación no es algo que podamos hacer solos. Necesitamos a alguien que nos guíe, que nos ofrezca un entorno seguro y protegido. Nuestro trauma es relacional, sistémico y cultural; es el resultado de una desconexión de nosotros mismos, de los demás y del mundo. Por lo tanto, nuestra sanación y transformación deben implicar reconectarnos y encontrar un sentido de pertenencia. Para crecer a partir del trauma, debemos permitirnos recibir apoyo de los demás, de nuestra familia, amigos e incluso dentro de un contexto cultural más amplio.

Crecimiento a partir del trauma: la paradoja

¿Cómo es posible que algo positivo pueda surgir de algo tan terrible como el trauma? ¿De dónde sacamos la fuerza cuando lo que hemos pasado nos ha destruido por completo? De la pérdida surge la ganancia, de la enfermedad surge la salud, en la debilidad encontramos la fuerza; la soledad nos lleva a la conexión y nuestra angustia trae crecimiento. Podemos atravesar la noche oscura del alma antes de ver la luz, estar desesperadamente perdidos antes de ser encontrados. Esta es la paradoja del crecimiento postraumático. Como dice Peter Levine, experto en trauma, autor de *Waking the Tiger* y fundador de la Experiencia Somática, el trauma tiene el poder de destruir y el poder de transformar. En las semillas de la oscuridad y la desesperación reside el potencial de que la vida germine en luz.

Puedo ilustrar mejor esta paradoja si comparto la historia de mi paciente Bill. Bill formaba parte de un cuerpo de bomberos en el sur de Manhattan. Adoraba su trabajo y le encantaba pertenecer a un equipo bien avenido. Estaba en la cúspide de su carrera cuando, el 11 de septiembre de 2001, el World Trade Center se derrumbó. Bill se unió a los numerosos miembros de los servicios de emergencia —bomberos, policías, voluntarios de la Cruz Roja y otros profesionales— que se apresuraron a la zona con la esperanza de salvar la vida de las miles de víctimas atrapadas en las torres. Fue testigo de escenas horripilantes, de personas que saltaban por las ventanas hacia su muerte, de los cuerpos esparcidos por lo que luego se conocería como la Zona Cero; muchos de sus amigos y colegas murieron en su intento por rescatar a otros. Bill quedó completamente traumatizado por la experiencia, lo que lo hizo sentir aún más solo. Se distanció emocionalmente de su esposa, de sus hijos y de sus amigos, pues sentía que nunca podrían entender por lo que había pasado. Casi no hablaba con nadie y no soportaba que lo tocaran. Todo era demasiado abrumador. Empezó a beber mucho y odiaba ir a trabajar. Cuando otros expresaban preocupación, él insistía en que todo iba bien. Él estaba bien. Nada había cambiado.

Y luego, un día, se descubrió parado en el puente George Washington. Quería morir. No le quedaban fuerzas, su vida no tenía sentido y estaba listo para saltar. Sin embargo... no lo hizo. Algo lo detuvo el tiempo suficiente para darse cuenta de que necesitaba ayuda.

Paradójicamente, aquello que estuvo a punto de destruirlo fue lo que lo salvó. A través de nuestro trabajo juntos, pudo atravesar poco a poco las cinco etapas del CPT y comenzó a ver que su sanación pasaba por restablecer una conexión con su comunidad, en lugar de separarse de ella; que su curación individual estaba ligada a la curación colectiva de esa comunidad. Decidió buscar el apoyo de otros bomberos y miembros de los servicios de emergencia que habían pasado por el mismo trauma que él. Comenzó a creer que podía superar el dolor cuando experimentó por primera vez el apoyo y la comprensión de sus compañeros. Con el tiempo, el proceso lo llevó a crear una extensa comunidad de apoyo en el centro financiero de la ciudad para todos aquellos profesionales y vecinos que habían vivido los horrores del 11 de septiembre. A través de su propio crecimiento y transformación, Bill pudo ayudar a transformar el dolor y el sufrimiento de las personas a su alrededor. Encontró una fuerza y un propósito renovados al poder ayudar a los demás.

CPT: del trauma al crecimiento

DE	**A**
Culpabilidad	Compasión por uno/a mismo/a
Vergüenza	Vulnerabilidad y aceptación
Pérdida	Ganancias
Sufrimiento	Sentir tanto felicidad como dolor
Una mentalidad FIJA y cerrada	Una mentalidad abierta y DE CRECIMIENTO
Rigidez	Flexibilidad
Una única forma de ver el trauma	Múltiples puntos de vista y perspectivas
Criticarse a UNO MISMO y a otros	Aceptación radical PROPIA y de otros; AMOR PROPIO
Desestimar y negar	Validación y AUTOALIVIO
Reaccionar	Acción y tomar decisiones conscientes
Repetir	Reparar
Repetir ciclos; repetir compulsivamente; repetir mecanismos de afrontamiento inadecuados	Reparación; crear nuevos comportamientos, nuevas creencias, nuevos paradigmas
Cargar y repetir traumas pasados, ancestrales y generacionales	Convertirse en una figura de transición; romper el ciclo del trauma; detener el ciclo

Crear nuevas historias, nuevas identidades y nuevos caminos

Liberarse de las reacciones al trauma, gozar de más libertad en cómo respondemos con base en verdaderos valores significativos

Las dimensiones del crecimiento postraumático

Creo que cualquiera puede pasar por las etapas del crecimiento postraumático y obtener una fuerza personal renovada, una conexión más profunda consigo mismo, con los demás y con el mundo que le rodea. Quizá no sea un camino fácil de recorrer, pero puede hacerse. Para empezar, exige ser conscientes de que el CPT es posible; después, trabajar con un terapeuta, facilitador o mentor especializado en trauma que comprenda y señale un camino hacia el CPT; contar con el apoyo de la familia, de amigos y de la comunidad; y, por supuesto, estar dispuestos a saltar al fuego, sanar las heridas del trauma y renacer.

Entonces, ¿cómo se ve el CPT? En la década de 1990, Tedeschi y Calhoun identificaron cinco «áreas de crecimiento», que incluyen la apreciación de la vida, la fuerza personal, las relaciones con los demás, las nuevas posibilidades y el cambio espiritual. Estas todavía son válidas hoy en día y en mi trabajo veo constantemente pruebas de este crecimiento. Echemos un vistazo a estas áreas a través de la lente de mi propia investigación y experiencia clínicas.

APRECIACIÓN POR LA VIDA

En el *Pirkei Avot*, un libro de enseñanzas éticas judías, hay un dicho que se traduce así: «¿Quién es el rico? Aquel que se regocija con lo que le corresponde». En otras palabras, alguien feliz con lo que tiene; alguien con una profunda apreciación por la vida. Tras pasar por un evento traumático y superarlo, todo se ve más brillante y acogedor. Las personas a menudo experimentan un sentido elevado de gratitud, alegría y regocijo y el compromiso renovado de aprovechar la vida al máximo. Están agradecidas incluso por las cosas que antes daban por sentadas, como respirar, comer y pasar tiempo con amigos. Los pequeños desafíos cotidianos ya no parecen tan importantes. Les parece más fácil experimentar placer y permanecer en el momento presente. Tienen más confianza y claridad y, al haber sobrevivido a un trauma, saben que pueden enfrentar cualquier cosa que se les ponga por delante, incluso traumas futuros.

FUERZA PERSONAL

Curiosamente, el mundo se convierte en un lugar menos aterrador cuando alguien ha experimentado un crecimiento después del trauma. He escuchado a mis pacientes decir: «¡Si sobreviví a eso, puedo con cualquier cosa!» o «¡No tenía ni idea de que fuera tan fuerte! ¡Ya nada puede detenerme!». Estos sentimientos son bastante comunes en personas que han pasado por un infierno personal y han sobrevivido. Es como el viejo dicho: «Lo que no te mata, te hace más fuerte».

Todos hemos escuchado historias sobre las proezas sobrehumanas de fuerza y resistencia de personas en crisis, algo así como la conocida imagen de un padre levantando la parte trasera de un carro para rescatar a un niño atrapado. Trabajo con padres de niños enfermos o de alto riesgo que me dicen que se sorprenden ante lo fuertes que son —tanto física como emocionalmente— y con cómo logran enfrentar sus dificultades con ecuanimidad. Quienes huyen de zonas de guerra, o aquellos que han ahuyentado a un intruso, o los que han sobrevivido a un incendio devastador, a menudo afirman que no saben cómo pudieron hacer lo que hicieron, pero que ahora confían en su capacidad de hacer lo que tenga que hacerse. La fuerza que sienten no es un poder ordinario o mundano: es su superpoder, una fuerza particular que surge cuando más se necesita.

Incluso en su día a día, los sobrevivientes pueden sentir que finalmente tienen la fuerza para defenderse a sí mismos o a sus familias y tomar el control de sus vidas. Algunas personas descubren que están más dispuestas a admitir su vulnerabilidad y su ternura tras experimentar el CPT. Han aprendido que tratar siempre de ser fuertes e inquebrantables ya no les sirve. Sus experiencias les han enseñado que hay fuerza en la vulnerabilidad y en la capacidad de admitir que todos tenemos inseguridades y que nos necesitamos los unos a los otros.

RELACIÓN CON LOS DEMÁS

El trauma a menudo ayuda a las personas a reconocer tanto su propia vulnerabilidad como la ajena. Me gusta pensar en esto como en un ejercicio de empatía que nos permite sentirnos más cómodos con la intimidad y facilita la conexión con los demás a un nivel más profundo y consciente.

Recuerda que cuando estamos sumidos en el trauma, estamos también desconectados, disociados de nosotros mismos y de los demás. Por el contrario, en el CPT gozamos de una sensación nueva (o renovada) de pertenencia y somos más receptivos a los sentimientos y necesidades de los demás; estamos más conectados con las personas que amamos. Por otro lado, quizá las relaciones superficiales dejen de interesarnos a pesar de que volvamos a disfrutar de juntarnos con otras personas. Hemos evolucionado y sentimos la necesidad de desprendernos de antiguas amistades que ya no nos sirven, que ya no nos traen alegría ni nos hacen sentir bien. Esto no siempre sucede de inmediato, por supuesto, pero no es raro que cambiemos completamente de grupo de amigos.

La empatía no se limita necesariamente a las personas que conocemos. Es posible que descubramos que somos más sensibles a las luchas de los demás y nos demos cuenta de la importancia de reconocer su sufrimiento. Nos volvemos más compasivos —juzgamos y criticamos menos— cuando interactuamos con alguien en la calle o hablamos con quien atiende un comercio o un trabajador del sector de servicios. Empezamos a darnos cuenta de que otras personas pueden estar atravesando sus propios traumas o reaccionar de ciertas formas debido a algo que les ha sucedido.

Cuando trabajo con hombres y mujeres jóvenes que han pasado por experiencias dolorosas, me sorprende lo importante que es, después del trauma, compartir sus experiencias con honestidad y compasión con personas cercanas. Expresar de manera más abierta lo que significa ser amigos o estar en una relación comprometida.

A veces, cuando hemos pasado por nuestras propias dificultades, podemos querer compartir nuestras experiencias con otros como forma de ayudarlos en circunstancias similares. Estas interacciones pueden sentar las bases para programas de apoyo mutuo, trabajo comunitario o incluso movimientos más grandes.

NUEVAS POSIBILIDADES

El crecimiento no se trata de cuánto dinero ganamos o de cuánto reconocimiento obtenemos por el éxito que alcanzamos. Se trata de transformar nuestra relación con nosotros mismos, con nuestra comunidad y con el mundo. Se trata de calidad de vida, de estar en paz con quienes somos como personas y de nuestra relación con quienes nos rodean. Puede abrirnos a nuevas oportunidades —tanto en nuestra vida personal como profesional— y hacernos ver con más claridad las posibilidades que se presentan. Estar abiertos nos permite cambiar la trayectoria de nuestra vida, pues nuestra vida ya no es la misma y *nosotros* tampoco. Después de lo que hemos pasado, sentimos que *todo* es posible, que no hay muro demasiado alto. Vemos oportunidades en lugar de obstáculos; una sensación de emoción reemplaza a la ansiedad, y el miedo da paso a la creatividad y la alegría. Ampliamos nuestra idea de lo que es posible.

La definición de quiénes somos cambia cuando hemos pasado el

CPT. Tenemos ganas de considerar nuevas y distintas posibilidades más alineadas con nuestras prioridades. Se sienten más auténticas, más en armonía con nosotros. Ya no estamos dispuestos a desperdiciar nuestra vida en cosas sin importancia.

TRANSFORMACIÓN ESPIRITUAL

El trauma a menudo despierta preguntas fundamentales sobre el sentido de la vida y la importancia de un despertar espiritual. Cuando hemos pasado por la adversidad, el haber sobrevivido puede sentirse como si se nos hubiera concedido una segunda oportunidad; una para crecer y transformarnos. Cuando las personas pasan por las etapas que conducen al CPT, es inevitable que experimenten alguna clase de apertura hacia una conexión renovada y más elevada con la vida. Comienzan a comprender que forman parte de algo mucho más grande que ellas mismas, que están conectadas con todo lo que las rodea y que han adquirido una perspectiva espiritual que va más allá del mundo material.

En mi trabajo, he visto muchos ejemplos de despertares espirituales postraumáticos que han llevado a mis pacientes a tener una relación más consciente, amorosa y conectada con su cuerpo, mente y espíritu, además de con el resto de la gente en sus vidas y con el mundo. A veces, cuando alguien experimenta un despertar, regresa a la religión de su infancia, pero también puede explorar una nueva fe; otros buscan nuevas conexiones espirituales por medio de la introspección a través de la meditación o la oración, o de estar en comunidad con personas en su misma situación; a otros les atrae brindar ayuda desinteresadamente y están ansiosos por compartir su sabiduría con una comunidad más amplia. Esta sabiduría a menudo les permite encontrarles un sentido a sus experiencias pasadas —e incluso enriquecerse gracias a ellas— para poder utilizar lo que han aprendido en la vida y mostrárselo a los demás.

El camino hacia el crecimiento

Aunque creo firmemente que, con el apoyo y la determinación suficientes, y con un compromiso pleno con el proceso cualquiera puede lograr el crecimiento postraumático, también soy consciente de que no es un paso automático y que puede ser un viaje largo y arduo. ¿Qué facilita el proceso y qué lo inhibe, haciendo que sea menos probable que suceda? ¿Qué lo hace tan difícil para algunos y no para otros? ¿Qué se interpone en el camino y qué podemos hacer para aumentar nuestra capacidad de pasar del trauma al crecimiento? En el próximo capítulo, exploraremos algunos elementos, a los que llamo «factores variables», que pueden incrementar o reducir nuestra capacidad de avanzar hacia el CPT.

Capítulo 4

Factores variables

«Y llegó el día en que el riesgo que corría por quedarse firme dentro del capullo era más doloroso que el riesgo que corría por florecer».

—ANAÏS NIN

Como comenté en el capítulo anterior, el crecimiento después de un trauma no es automático, sino que exige tiempo, esfuerzo y constancia. El camino desde el trauma hasta el crecimiento postraumático nos lleva de lo conocido a lo desconocido, de la muerte psicológica al renacimiento, y nos regresa a casa completamente transformados. El proceso de CPT es una invitación a examinar en profundidad nuestros traumas tempranos, además de otras experiencias estresantes, no como trastornos o síntomas de una enfermedad, sino como una forma de tomar consciencia y estar presentes.

No todo el mundo está listo o siquiera dispuesto a pasar por la incomodidad y los desafíos que requiere alcanzar el CPT. Y no pasa nada. Lo entiendo. Hay quien quiere dejar atrás su experiencia traumática y seguir con su vida. O quien prefiere incrementar su resiliencia. Hay ciertos factores que pueden aumentar las probabilidades de alcanzar el CPT y otros que las disminuyen. Y de esto voy a hablar aquí: de los factores que facilitan u obstaculizan una transformación completa, el CPT. Los llamo «factores variables» porque, según la situación, pueden facilitar el crecimiento o complicarlo; a veces se combinan con otros factores para crear un contexto más protector y otras, por el contrario, se enredan y se convierten en un estorbo.

Muchas de estas variables llevan años siendo estudiadas. A principios de la década de 1980, el científico conductual estadounidense Norman Garmezy, cuya investigación se centraba en el trauma infantil, propuso lo que llamó un conjunto de «factores protectores» que, consideraba, influyen en el resultado del trauma. Agrupó estos factores en tres categorías: aquellos inherentes al individuo, aquellos existentes en la familia y aquellos presentes en la comunidad en general. Aunque la mayoría de sus investigaciones se centraron en el trauma infantil, estos factores pueden influir en personas de cualquier edad y parecen trascender barreras étnicas, de clase y geográficas. Si bien nada puede salvaguardarnos completamente de futuros traumas, ya que este forma parte de la experiencia humana, algunas variables pueden ayudarnos a enfrentar de forma más saludable lo que nos sucede. Es importante recordar que el trauma es relacional y contextual, al igual que el proceso de sanación. De hecho, uno de los factores protectores es el apoyo familiar y social. Cuando nos sentimos cuidados, cuando podemos confiar en aquellos responsables de mantenernos a salvo, cuando experimentamos un apego seguro, tenemos una cierta defensa contra el mundo exterior: un amortiguador que puede mitigar el impacto o suavizar el aterrizaje. Es como estar rodeados por unos brazos cuidadores o ser amados y protegidos por la comunidad; no tener que enfrentar el mundo solos.

Ciertos rasgos de personalidad también juegan a nuestro favor, en especial durante la infancia, como la resiliencia, la extroversión, la curiosidad, la capacidad de autorregulación emocional, la disposición a pedir ayuda y la apertura a nuevas experiencias. Un fuerte sentido de pertenencia, así como buenas relaciones interpersonales y adecuados sistemas de apoyo social fuera de la unidad familiar, también han demostrado ser beneficiosos. Trataremos muchos de estos factores variables a lo largo del capítulo. Empecemos con la resiliencia, un concepto con el que muchos estarán ya familiarizados.

Resiliencia: un arma de doble filo

Cuando el mundo parece un lugar peligroso e impredecible, es normal que las personas quieran saber cómo sobrevivir, desarrollar la voluntad, aprender a escoger la felicidad y cultivar la resiliencia. La resiliencia —la capacidad de recuperarse deprisa de las dificultades— puede ayudarnos a aguantar la tormenta provocada por una experiencia traumática y otorgarnos la capacidad de afrontamiento necesaria para seguir con nuestras vidas. La paradoja, sin embargo, es que también puede impedirnos emprender el proceso de crecimiento postraumático. Entonces, ¿cuál de las dos es? ¿Incrementa o disminuye la resiliencia nuestra capacidad para sanar nuestro trauma y transformarnos? Como casi todo lo que tiene que ver con la naturaleza humana, depende.

Anita y Dante son dos hermanos que vinieron a verme tras un evento muy estresante que ocurrió en su familia. Veían a su padre como una persona inestable y egocéntrica, que abusaba física y emocionalmente de su madre y que la engañaba a menudo con otras mujeres. Finalmente, fue descubierto en varias transacciones ilegales y terminó en la cárcel. Su madre, sola, abusada y desmoralizada, era absolutamente codependiente tanto de su esposo como de sus propios padres. No asumía ninguna responsabilidad por sus acciones o emociones y, en muchos aspectos, era muy infantil.

Cuando su padre fue encarcelado, la madre decidió que debía cuidar de sí misma y abandonó a su suerte a Anita y a Dante, quienes tenían dieciocho y veinticinco años respectivamente. Aunque ambos se habían criado en una dinámica familiar bastante disfuncional, sus respuestas fueron muy diferentes.

Con sus dieciocho años, Anita se sintió responsable de su padre. Viajó a menudo a visitarlo y trabajó sin descanso con abogados para sacarlo de la cárcel. Él la llamaba constantemente para quejarse de que se sentía solo y decirle que la necesitaba con él porque no soportaba esa sensación. En pocos meses, Anita sufrió una crisis psicótica. Todo el trauma, las responsabilidades y las demandas de su padre la llevaron al límite. Sufrió todos los síntomas: rabia, rebeldía, impulsividad, era incapaz de controlar sus acciones y empezó a pelear con todo el mundo, incluidos su padre y su hermano. Terminó hospitalizada y medicada. Fue de terapeuta en terapeuta en busca de ayuda y todos la diagnosticaron como enferma mental. Pero cuando acudió a mi consulta, fue claro para mí que estaba traumatizada. No era una crisis psicótica, no era una enferma mental. Estaba destruida debido al interminable trauma que era su vida. Anita estaba profundamente conectada con sus emociones —lo sentía *todo*— pero no disponía de herramientas para procesarlas. Ahora, muy poco a poco, por fin está emprendiendo la primera etapa del CPT; asustada, pero esperanzada.

Por su parte, Dante está bien; es una persona generalmente resiliente y capaz de lidiar con sus problemas. Pasó un tiempo intentando ayudar a Anita, pero ahora prefiere centrarse en su propia vida. Me dijo que es consciente de que su padre es inestable y ausente y que no puede contar con su madre. Acepta sus limitaciones y puede gestionar su situación. La verdad es que apenas piensa en su familia. Prefiere concentrarse en lo suyo y no involucrarse con nadie. Tiene muchos amigos y una nueva novia con quien espera casarse pronto. En definitiva: es increíblemente resiliente y tampoco ve el motivo para reflexionar sobre la disfunción de su familia. Lo tiene superado. Anita teme que Dante se derrumbe en cuanto se case. Sin duda esa es una posibilidad, pero también puede seguir como hasta ahora.

No cabe duda de que la resiliencia desempeña un papel crucial en la recuperación del trauma. De ninguna manera pretendo minimizar eso. A menudo, protege a las personas de verse paralizadas por su ansiedad y estrés crónicos, y evita que caigan en una depresión o en conductas autodestructivas, o que queden atascadas en el TEPT. Las personas resilientes son capaces de hacer frente con éxito a exigencias formidables sin experimentar el deterioro típico de aquellas que enfrentan desafíos similares. Las familias, comunidades y culturas también pueden ser resilientes. Esta resiliencia les proporciona los medios y las herramientas necesarios para apoyarse mutuamente, disfrutar de un liderazgo fuerte, fomentar la estabilidad y mantenerse enfocadas en su propósito central y sus metas futuras. Yo misma fui testigo de esta capacidad dentro de mi comunidad inmigrante en Venezuela.

Da la impresión de que, hoy en día, la resiliencia está en boca de todos. Se han escrito libros, creado talleres e impartido charlas TEDx en torno a este tema. Todos nos hablan de la resiliencia como algo bueno. Y sin duda puede serlo. La resiliencia tiene muchos beneficios. ¿Significa eso que la resiliencia es necesaria para el CPT? No tiene por qué serlo. Pero, antes de llegar a eso, definamos el concepto.

Primero: la resiliencia no es lo mismo que el CPT. La resiliencia consiste en recuperarse; el CPT es catapultarse, elevarse por encima del estado previo al trauma. La resiliencia es una habilidad que desarrollamos, no algo por lo que pasamos. Es la capacidad de recuperarnos rápidamente de la adversidad, de ser fuertes frente al trauma, a las dificultades y a duros desafíos. Es un conjunto de habilidades que provienen de una combinación de factores biológicos, psicológicos y sociales y que pueden reducir los efectos del estrés agudo o crónico y fomentar nuestra adaptación a los desafíos de la vida. Cuando las personas tienen relaciones fuertes y positivas, y una buena autoestima, es menos probable que se pierdan en su pasado, que culpen a otros de sus propios errores o que se vean a sí mismas como víctimas indefensas. A lo largo de mi trayectoria como psicóloga clínica y terapeuta de trauma, he visto esto innumerables veces con mis pacientes.

Hace varios años, empecé a trabajar con Miranda, la joven que mencioné en la introducción. Su madre murió aproximadamente un año después de que ella se casara. Pero no acudió a mí para hablar sobre su madre, sino de sus problemas matrimoniales. Me contó que ella y su esposo estaban teniendo dificultades de comunicación y que esto se veía exacerbado porque tenían cuatro hijos pequeños. Me habló de su ansiedad y de sus ocasionales ataques de pánico y me pidió consejos sobre cómo actuar cuando no lograra calmar sus nervios.

Tras algunas sesiones, mencionó casi de pasada que su madre había fallecido. Sin embargo, me empezó a contar que habían tenido una relación estrecha, que su muerte había sido repentina y de qué formas esta la había afectado. Me dijo que siempre habían estado muy unidas y que había sido una figura tan importante en su vida que a veces incluso sentía que estaba en la sala con nosotras. Habló de ella recordando cosas que le decía, su forma de ver la vida y cómo actuaba en situaciones determinadas. Toda la familia había querido mucho a su madre y su muerte había sido un golpe muy duro para ella.

A pesar de la intensidad de su pérdida, Miranda se había entregado de lleno, con pasión y conciencia, a todo lo que hacía, sin darse el lujo de desmoronarse. Se había convertido ella misma en madre y en una doctora muy respetada, al igual que su padre. Como venía de una familia conservadora, se encargaba de todo: cocinar, limpiar, cuidar de los niños y organizar las agendas de la familia. A veces incluso bromeaba diciendo que su esposo, totalmente inútil en las tareas del hogar, era más bien un quinto hijo. Con todo, lograba estar materialmente presente para sus pacientes, para su familia e incluso para sí misma. Era práctica y eso la hacía capaz de lidiar con cualquier cosa… ningún problema era demasiado grande. Cuando se veía invadida por la ansiedad, no se interesaba mucho en explorar de dónde venía. Por el contrario, lo que quería era que le diera consejos útiles para manejar sus emociones y seguir con su vida. Ya sentía que había progresado en muchos aspectos —se había vuelto capaz de reconocer y expresar sus sentimientos—, así que no veía motivo para complicar las cosas profundizando demasiado en su pasado. Prefería centrarse en el presente y mirar hacia el futuro.

Miranda es lo que yo llamaría resiliente. En cierto sentido, es la personificación de la resiliencia, que proviene del latín *resilire*, que significa «rebotar, recuperarse». Sin duda, ella ha demostrado la capacidad de recuperarse rápidamente de la adversidad. Manifiesta «fortaleza de carácter, firmeza y adaptabilidad», todos sinónimos comunes de resiliencia, y se siente bien con la vida que ha creado.

La resiliencia nos permite soportar una tragedia sin derrumbarnos. Nos ayuda a encontrar un equilibrio en nuestras vidas y puede mantener a raya la angustia. En ese sentido, la resiliencia es de verdad un factor positivo para enfrentar el trauma. Como Miranda, las personas resilientes suelen ser miembros muy exitosos de la sociedad: buscan sobresalir y están convencidas de que su trauma es un recuerdo lejano o que lo sanaron hace mucho. Pueden experimentar depresión y ansiedad ligeras, sufrir reveses emocionales o rememorar recuerdos traumáticos, pero nada de eso les impide tener éxito en la vida. La resiliencia es de vital importancia en nuestra capacidad para recuperarnos del trauma, vivir una vida normal y no quedarnos atrapados en el sufrimiento del TEPT.

La paradoja de la resiliencia

Por más importante que sea la resiliencia en la recuperación del trauma, esta también puede obstaculizar la transformación. De hecho, puede impedir que alcancemos el crecimiento postraumático. ¿Por qué? Porque las personas resilientes son flexibles y pueden adaptarse a la adversidad; tienen una buena capacidad de afrontamiento. La resiliencia nos permite regresar a la homeostasis, a donde estábamos antes de la tragedia. Es una forma de protegernos tanto a nosotros como a quienes amamos de un sufrimiento futuro. No me malinterpretes: la resiliencia ha ayudado a muchas personas a enfrentar la adversidad y a seguir con sus vidas; eso es bueno. Pero la resiliencia no brinda la oportunidad de crecer a partir de nuestras experiencias, de transformarnos e incluso de prosperar debido a lo que hemos sufrido. No nos permite hacernos más fuertes, darle un significado a nuestro dolor, facilitar y promover la búsqueda de un sentido y un propósito, o crecer tanto emocional como espiritualmente. En otras palabras, experimentar el CPT.

A menudo, las personas resilientes superan las dos primeras etapas de mi modelo de CPT —aceptar que estás sufriendo y buscar terapia u otras formas de apoyo— y luego son capaces de volver a la normalidad rápidamente. La psicología positiva y las expectativas sociales animan a las personas a hacer precisamente eso.

Pero el CPT no funciona así. El proceso nos exige que hagamos algo verdaderamente radical y a menudo bastante traumático. Las personas que pasan por el proceso de CPT parten de sentirse destruidas e incapaces de recuperarse. Desde el mismo primer paso del proceso de sanación, el CPT requiere que derribemos las barreras que nos impiden reconocer nuestro sufrimiento y aceptar radicalmente nuestro dolor. Nadie puede empezar el proceso de crecimiento y transformación hasta que se derrumba, hasta que se ha visto sacudido o sacudida hasta la médula. La definición misma de resiliencia —«La capacidad de recuperarse, adaptarse y ser resistente, pero flexible, robusto y fuerte»— no deja espacio para estos terremotos psicológicos que sacuden el alma. La resiliencia anhela el orden; la transformación es de todo menos eso. Los sentimientos son desorganizados, caóticos y confusos; expresarlos o incluso nombrarlos es complicado. Pero, si no dejamos aflorar las emociones, frenamos o bloqueamos lo que estamos experimentando e impedimos que la tristeza, el miedo o la depresión se expresen. La transformación exige la destrucción de lo que solía ser para poder imaginar nuevas posibilidades. Un compromiso de crecer a través del sufrimiento que nos permita renacer. Pero esto es imposible sin aceptar primero, consciente y radicalmente, nuestro dolor.

Aunque las personas resilientes a menudo siguen siendo altamente funcionales después de un trauma, este corre el riesgo de quedar sepultado e irresuelto. Esto significa que puede manifestarse ocasionalmente —tal vez incluso años después— hasta que se le permita salir a la luz y sea tratado. A veces resurge cuando menos se espera, cuando algo aparentemente desconectado del evento inicial desencadena el trauma y te lleva al borde del precipicio. Puede suceder cuando tienes un hijo o cuando viajas a algún lugar que te recuerda a tu juventud, o cuando suena una canción que solías escuchar y que has vinculado a un recuerdo.

Esto le sucedió a mi paciente Isabel, una mujer de poco más de cuarenta años, increíblemente resiliente y capaz, que vino a verme poco después del nacimiento de su segundo hijo. Estaba superdeprimida y, cito textualmente, hecha «un desastre ansioso». A medida que contaba su historia, quedó claro para ambas que no sufría de depresión posparto, como había creído, sino de una respuesta traumática relacionada con una experiencia de su infancia que llevaba mucho tiempo olvidada.

Isabel me contó que había emigrado a los Estados Unidos hacía quince años, sola y casi sin saber el idioma, para inscribirse en la universidad, donde estudió Economía. Tenía una relación complicada con su madre, una mujer emocionalmente distante, pero decidió empezar con ella de cero cuando dejó su país. Amaba su vida en su país adoptivo. Encontró un excelente trabajo poco después de graduarse y conoció al hombre con el que se casó. Tras ciertas dificultades iniciales, logró quedar embarazada y empezar una familia con su primera hija, Daniela. Desde entonces, trabajó arduamente junto a su esposo para crear un ambiente estable y amoroso. Cuando Daniela tenía cinco años, justo al inicio de la pandemia, Isabel volvió a quedar embarazada. A medida que se acercaba el momento de dar a luz, se percató de que necesitaría ayuda para cuidar de Daniela. Se puso en contacto con su madre y le ofreció pagarle el viaje a los Estados Unidos si estaba dispuesta a ayudarla, pero su madre no respondió. Isabel le rogó que viniera al menos hasta el nacimiento de la bebé, pero ella, como de costumbre, se negó a priorizar las necesidades de Isabel y, a pesar de sus súplicas, no se presentó.

Isabel reconocía que el nacimiento de su bebé Jessie junto con la negativa de su madre la sumieron en un estado de depresión y ansiedad. Le costaba sostener a Jessie, se sentía incómoda tocando su cuerpo desnudo e incluso la lactancia le resultaba incómoda, algo que nunca le había ocurrido con Daniela. Entonces, una tarde, mientras se preparaba para amamantar, tuvo un *flashback* perturbador. Imágenes de un hombre; ella de muy niña, tal vez con cuatro o cinco años; una sala de juegos en casa de un amigo de la familia; el hombre entrando en la habitación y tocándola por todas partes. No recordaba nada más sobre ese día. Cuando intentó hablar con su madre al respecto, ella se cerró y se negó a decir nada. Cuando empezó a unir las piezas, se dio cuenta de que necesitaba ayuda. Me dijo que estaba dispuesta a hacer lo que fuera necesario para sanar su trauma, para que su depresión no afectara su capacidad para cuidar de sus hijas y para que su respuesta a los recuerdos de su infancia no fuera también una causa de sufrimiento para ellas.

El CPT nos exige sacar todo a la luz, incluso nuestros traumas más profundamente enterrados. Esto no solo cambia la forma en que nos relacionamos con ellos, sino que también nos transforma. Irónicamente, las personas menos resilientes, aquellas más traumatizadas, a menudo son las más propensas a experimentar el CPT. Suelen sentir que no tienen nada que perder, que sus vidas se han vuelto insoportables y que algo debe cambiar. Como dice el psicólogo Richard Tedeschi: «Recuerda, es la lucha contra la angustia lo que conduce al crecimiento, no el evento traumático en sí mismo».

La resiliencia es beneficiosa en la primera infancia y también puede ser un resultado o un subproducto en el proceso de CPT. A través del proceso de CPT podemos volvernos más resilientes al estrés y a las dificultades de la vida cotidiana.

Entre los factores variables, la resiliencia y los mecanismos de afrontamiento pueden facilitar o, paradójicamente, obstaculizar el CPT; otros factores también pueden incrementar nuestra capacidad para crecer y transformarnos… o mantenernos estancados. Echemos un vistazo a algunos de esos factores desde el punto de vista relacional: el yo (rasgos de personalidad y atributos), el otro (relaciones interpersonales) y el mundo (contexto cultural).

El yo

Rasgos de personalidad y atributos. Las características de nuestra personalidad influyen en la forma en que enfrentamos los eventos vitales, y en nuestra capacidad para recuperarnos de la adversidad o avanzar hacia el crecimiento. Y la investigación lo respalda. El modelo de factores protectores de Norman Garmezy muestra que la resistencia, la autonomía, la sociabilidad y la autoestima positiva contribuyen a la resiliencia infantil. A partir de mediados de la década de 1950, en un estudio cuantitativo en la isla de Kauai, las doctoras Emmy Werner y Ruth Smith también analizaron los factores protectores en niños en situación de riesgo. Uno de sus descubrimientos más importantes fue que los niños sociables, curiosos, naturalmente optimistas, abiertos y extrovertidos, y que habían desarrollado fuertes vínculos con sus cuidadores, estaban mejor preparados para enfrentar la adversidad[1].

Otros estudios han señalado que los niños con más asertividad, mayor autonomía, una buena autoestima y que creen que tienen el control sobre sus vidas —lo que los psicólogos denominan «locus de control interno»— tienen menos problemas para recuperarse de experiencias traumáticas. El control interno, el sentido de logro y el optimismo pueden protegerlos de las secuelas estresantes de un evento traumático y crear resiliencia. Estos rasgos de personalidad parecen seguir siendo protectores durante la edad adulta.

En mi experiencia clínica, he visto cómo algunos de estos factores pueden facilitar u obstaculizar el crecimiento postraumático. Consideremos, por ejemplo, el optimismo. El optimismo «realista» puede hacernos creer que tenemos la capacidad de superar los problemas que se nos pongan por delante. *Con la confianza, las habilidades y el sistema de apoyo que tengo, sé que puedo con esto.* Sin embargo, demasiado optimismo también puede ocultar cómo nos sentimos realmente —*No, en serio, estoy bien*— y eso puede impedir que se nos ofrezca el apoyo que necesitamos: *¡Guau! ¡Pero qué resiliente eres! ¡Te recuperaste en nada!*

Todos estos rasgos pueden hacer que confiemos en nuestras propias fortaleza y capacidad para enfrentar la adversidad y recuperarnos. Ser extrovertidos y tener objetivos también puede favorecer notablemente el crecimiento. Cuando dirigimos nuestra energía y recursos hacia afuera, podemos centrarnos en lo que debemos hacer, en cómo hacerlo y en quién necesita nuestra atención. Sin embargo, cuidado: a veces, toda esta energía puede impedirnos mirar hacia adentro, lo que limita nuestra capacidad para pedir ayuda y ver la posibilidad de crecer. Puede hacernos pasar por alto, ignorar o incluso ni siquiera percibir lo que realmente está sucediendo en nuestro interior.

Habilidades cognitivas: parece ser que el procesamiento cognitivo —la capacidad de procesar información y utilizarla con eficacia— nos ayuda a comprender lo que está sucediendo en nuestro cuerpo y mente, a interactuar inteligentemente con los demás y a funcionar a diario en el mundo. El procesamiento cognitivo, entendido como forma de CPT, puede ocurrir cuando estamos lo suficientemente angustiados para querer entender lo que nos está sucediendo, encontrarle sentido al sufrimiento y aprender de él. He aquí dos ejemplos de factores variables cognitivos:

- **Mentalidad de crecimiento vs. mentalidad fija:** los estudios sostienen que a los niños y adultos con una mentalidad de crecimiento —en contraposición a una mentalidad fija— se les da mejor imaginar formas de solucionar las dificultades. Carol Dweck, la profesora de Psicología de la Universidad de Stanford que acuñó este concepto, afirma que una mentalidad de crecimiento es un factor más importante para el éxito que un coeficiente intelectual alto o que un talento fuera de lo común. Una mentalidad de crecimiento ve posibilidades en lugar de escenarios apocalípticos; una mentalidad fija solo ve fracaso: *Nunca podré hacer nada bien. Soy un perdedor. No puedo sacar nada positivo de esta experiencia.* Las personas con una mentalidad fija creen que nunca serán diferentes de lo que son en un momento dado, que su inteligencia y habilidades son estáticas y que, si pudieran cambiar, ya lo hubiesen hecho. Aquellos con una mentalidad de crecimiento creen que pueden aprender de sus errores, que son capaces de lograr cualquier cosa si se esfuerzan lo suficiente. Es decir, que pueden crecer a partir de su experiencia[2].

Es importante, sin embargo, que los terapeutas, mentores o quien sea que brinde acompañamiento experto no traten de forzar demasiado deprisa una mentalidad de crecimiento ni de imponer un cambio de perspectiva que la persona quizá no esté lista para asumir. De hacerlo, esto podría tener el efecto contrario y la persona podría terminar con un trauma mayor.

- **Rumiación intrusiva vs. rumiación deliberada:** no es necesario pasar por un evento traumático o angustiante para entender cómo se siente quedarse atrapado en pensamientos obsesivos. ¿Quién no le ha dado vueltas a un pensamiento con la esperanza de entender algún evento o alguna conducta? «Rumiar» literalmente significa darle vueltas a algo en la cabeza, mascarlo. Aunque esto pueda parecer perjudicial para el CPT, no siempre es así. La rumiación es en realidad una de las formas en que la mente procesa y trata de darle significado a un evento. Hay dos clases de rumiación: intrusiva y deliberada; ambas son factores importantes en la creación de significado. La rumiación intrusiva (u obsesiva) es un proceso involuntario que ocurre cuando no podemos dejar de pensar en un evento traumático. Damos demasiadas vueltas a las cosas, repitiendo el evento una y otra vez en nuestra mente, analizando cada aspecto de la historia, centrándonos en las emociones y detalles negativos; algo que, según numerosos estudios, es capaz de provocar un gran malestar emocional[3]. Puede sentirse como haber perdido el control sobre nuestros pensamientos y las imágenes que generan. La rumiación intrusiva nos mantiene atrapados en el pasado y puede provocar un TEPT o una respuesta de estrés crónico[4]. Por otro lado, la rumiación deliberada (o constructiva) es un esfuerzo consciente por comprender y dar significado a una experiencia. Es un autoexamen intencional que conduce a la autorrealización, una forma de estudiar el pasado para entender el presente y detener los efectos del trauma en el futuro. *¿Cómo sucedió esto? ¿Qué puedo aprender de lo que pasó?* A través de la rumiación deliberada, buscamos descubrir los aspectos positivos de nuestra experiencia, la sabiduría en la herida, ambos factores que pueden ayudarnos en el camino hacia el crecimiento.

Como con todos los factores variables, no puede afirmarse que una clase de rumiación obstaculice o favorezca el crecimiento en todos los casos. Casi todo depende del momento y de la gravedad de la amenaza. Por ejemplo, puede ser imposible rumiar deliberadamente cuando acaba de ocurrir algo terrible, cuando todavía estamos lidiando con el horror. Es demasiado pronto. En estos casos, la rumiación intrusiva puede ser un mecanismo de afrontamiento y una estrategia de supervivencia, una forma de observar y reconocer lo sucedido, y tiene el potencial de ser tan útil como la rumiación deliberada para darle un significado temprano a la experiencia. Todo esto es para decir que tanto la rumiación intrusiva como la deliberada desempeñan roles vitales en la posibilidad del CPT.

El otro

Cómo nos relacionamos con otras personas y de qué tipos de apoyo disponemos, especialmente durante la infancia, puede influir en cómo procesamos el trauma durante la edad adulta, cuán probable es que sanemos y en qué medida podemos crecer gracias a él. Los recursos previos al trauma a menudo determinan cómo enfrentamos lo que se interponga en nuestro camino.

Relaciones interpersonales. Como el trauma es relacional, sobra decir que, para poder desarrollar expectativas claras sobre el mundo y nuestro lugar en él, necesitamos apoyo, amor y constancia por parte de aquellos que, se supone, son responsables de nuestro cuidado. Como afirma el doctor Van der Kolk: «Cuán amado te sentiste de niño es un excelente indicador para predecir cómo manejarás todo tipo de situaciones difíciles más adelante en la vida». Ese amor y ese apoyo no siempre provienen de nuestros padres, ni tienen por qué hacerlo. Es posible que hayamos desarrollado ese vínculo con nuestros abuelos u otros cuidadores, maestros, entrenadores, mentores e incluso con los padres de un amigo cercano, cuyo apoyo dejó una huella en nuestras jóvenes vidas.

Aquellos naturalmente extrovertidos y sociables durante la infancia podrán conectarse más fácilmente con otros cuando sean adultos, lo que, a su vez, puede ayudarlos a manejar circunstancias difíciles. Por otro lado, quienes fueron retraídos y a menudo se sintieron ansiosos o impotentes durante la infancia, serán más vulnerables a los efectos de situaciones traumáticas o adversidades crónicas. Esas personas tienen menos probabilidades de convertirse en adultos bien adaptados y mayor posibilidad de sufrir problemas de salud mental en el futuro.

Por supuesto, los factores de resiliencia o vulnerabilidad, conexión o aislamiento y sociabilidad o inhibición pueden ser predictivos, pero no son absolutos, incluso durante la infancia. Criarse con fuertes vínculos familiares o comunitarios, tener seguridad en uno mismo, ser extrovertido y saber cuándo pedir ayuda puede darnos las herramientas necesarias para recuperarnos eficazmente de un trauma en la edad adulta, pero no la motivación para trabajar hacia el CPT. Para aquellos que se criaron en un hogar caótico o disfuncional, y que fueron más vulnerables durante la infancia, su historial de TEPT puede convertirse en «el motor de la transformación», como lo llama el psicólogo Stephen Joseph en su libro *What Doesn't Kill Us*, y dirigirlos hacia el camino del CPT más adelante en la vida.

Como a menudo trabajo con comunidades marginadas y personas que han sufrido atrocidades indecibles, me he encontrado muchas veces con esta contradicción. Por ejemplo, quizá recuerdes a mi querida amiga María Trusa, de la República Dominicana. Al haberse criado en una familia caótica, de niña dispuso de muy pocos recursos (o de ninguno), ya fueran internos o externos, y sufrió enormemente a manos de un abusador. Sin embargo, de adulta eligió el CPT para darle sentido a sus experiencias y transformar su dolor en propósito.

Estilos de apego. Gran parte de lo que aprendemos sobre nosotros mismos, nuestras relaciones con los demás y el mundo nos lo enseñan durante la infancia las personas que tienen la responsabilidad de cuidarnos. En la mayoría de los casos, estas son nuestros padres o abuelos, pero también podría ser un maestro o entrenador en quien depositamos nuestra confianza, un mentor o líder espiritual. De niños, aprendemos escuchando, observando e imitando las palabras, acciones y reacciones de los adultos más cercanos. Aprendemos lo que significa mantener vínculos observando a otros e imitando su comportamiento. Recibimos mensajes sobre nuestros propios cuerpos al percatarnos de cómo otros los tratan y hablan de ellos. Nuestra autoestima y valía están íntimamente ligadas con cómo nos tratan nuestra familia y nuestros seres queridos. Y todo esto se almacena en nuestro cuerpo.

Como comenté en el Capítulo 2, la relación que tenemos con nuestros cuidadores primarios durante la infancia —lo que los psicólogos llaman «estilo de apego»— se convierte en la base de las relaciones que sostenemos en la edad adulta, especialmente con nuestra pareja y nuestros hijos. También puede determinar cómo respondemos a eventos traumáticos. Puedes haber tenido un apego seguro durante la infancia —con padres cálidos y amorosos— o uno inseguro —con padres o cuidadores emocionalmente distantes (estilo de evasión), inconsistentes en mostrar u ocultar su amor (estilo ansioso) o que crearon un ambiente volátil e inestable en el que temías por tu seguridad (estilo desorganizado)—. Aquellos con apegos evitativos, ansiosos o desorganizados en la infancia por lo general son más vulnerables a la adversidad y, al mismo tiempo, más propensos a pasar por el proceso de crecimiento como adultos. Aquellos con un apego seguro suelen tener menos probabilidades de sentirse abrumados por un evento traumático y no necesariamente son propensos a experimentar CPT. Veamos por qué.

Supongamos que te criaste con una relación cálida y amorosa con tu madre, tenías buenos amigos de tu edad y excelentes relaciones con otros adultos presentes en tu vida. Te sentías seguro y feliz. Lo más probable es que ahora también tengas (o vayas a tener) una relación saludable con tu pareja e hijos. Es posible que te resulte más fácil confiar en los demás, buscar apoyo cuando lo necesites, ser afectuoso y recibir afecto y equilibrar tus deseos de conexión e independencia, tanto para ti como para tu pareja e hijos. Investigaciones muestran que un estilo de apego seguro te ofrece una mayor protección contra los efectos adversos del trauma durante la infancia y más adelante en la vida. La sensación de poder enfrentarte a lo que venga.

Sin embargo, puede ocurrir un evento tan traumático que destruya tu confianza y tu sentido de seguridad, y haga que te derrumbes. Que te traumatices. Solo entonces surge la posibilidad de CPT.

Esta fue la experiencia que vivió Julián cuando era niño. Había crecido en Colombia, donde estaba rodeado de amor. Era el menor de seis hermanos que adoraban a su hermanito. Sus padres eran cariñosos y protectores, pero también animaban a los niños a ser independientes y creativos. Tanto en el pequeño pueblo donde vivían como en la escuela a la que asistía, todo el mundo parecía conocer a Julián y disfrutar de su compañía. Pero la situación política en el país era muy inestable, la violencia no dejaba de aumentar y los robos y secuestros se volvían más habituales. Preocupados, los padres de Julián se llevaron a la familia a Miami, donde planeaban solicitar asilo. Cuando les anunciaron a Julián y a sus hermanos que no regresarían, él no podía creerlo. Quiso saber por qué nadie se lo había dicho. No había podido despedirse de sus amigos, de sus maestros ni del conserje de la escuela, a quien tanto aprecio le tenía. *Van a preocuparse o a pensar que me fui sin despedirme a propósito.*

Entonces, Julián cayó en una depresión. Se negó a aprender inglés, no quería hacer amigos y lloraba todos los días. *¡Solo quiero volver a mi casa!* Su sufrimiento sumió a toda la familia en la desesperación; siempre había sido el más positivo y alegre, así que aquello los preocupaba mucho. Estaba traumatizado. Finalmente, un año más tarde, cuando la familia pudo regresar a Colombia para recoger sus pertenencias, Julián pudo despedirse como necesitaba. Gracias a que su familia fue paciente y lo apoyó —y a que Julián aceptó ir a terapia— pudo recuperarse y encontrar su lugar en Miami. Hoy en día le va bien: ha encontrado una manera de expresar sus emociones a través del arte y tiene buenos amigos para hacerle compañía.

Sentido de pertenencia. Esto parece evidente, ¿verdad? Si nos sentimos desconectados de nosotros mismos, de los demás y de la cultura en general, sufrimos. Cuando formamos parte de algo más grande que nosotros, cuando sentimos que encajamos en algún lugar, tenemos más fuerza para enfrentar cualquier situación. No estamos solos. Durante la infancia, por supuesto, nuestro sentido de pertenencia está íntimamente ligado a un apego saludable con nuestros padres u otras personas cuya tarea es mantenernos seguros, alimentados y amados. Como adultos, a menudo organizamos nuestras vidas en torno a pertenecer y a identificarnos con ciertos grupos en particular. Por ejemplo, puedes ser miembro de un grupo de trabajo o de una organización de voluntariado, o formar parte de un círculo de amigos cercanos. Hay quienes se sienten cómodos en grupos pequeños y unidos, mientras que otros encuentran sentido perteneciendo a un círculo mucho más grande, como una organización política o de justicia social, un grupo que apoya y honra su orientación sexual o etnia, o una comunidad religiosa o espiritual.

Según Dan Siegel, profesor clínico de Psiquiatría en la Escuela de Medicina de UCLA y director del Instituto Mindsight, la conexión es la clave de la transformación y «un factor subyacente en la recuperación de enfermedades mentales». Afirma que la desconexión no solo es una fuente de adicción y depresión, sino también una forma de trauma, porque «estamos diseñados para pertenecer»[5]. Sentirse parte de algo puede ser un factor protector ante dificultades relacionadas con problemas de salud mental y frente al trauma y la adversidad.

En su libro *Trauma y recuperación*, Judith Herman escribe:

> La solidaridad de un grupo proporciona la protección más poderosa contra el terror y la desesperación y es el antídoto más fuerte contra la experiencia traumática. El trauma aísla, el grupo recrea un sentido de pertenencia. El trauma avergüenza y estigmatiza, el grupo atestigua y afirma. El trauma degrada a la víctima, el grupo la exalta. El trauma deshumaniza a la víctima, el grupo restaura su humanidad.

Continúa diciendo que llega un momento en que, con un simple acto de generosidad, una persona puede recuperar la sensación de conexión. El sentido de pertenencia proporciona una sensación de seguridad a quien ha sufrido un trauma y es capaz de poner en marcha el proceso de CPT.

El trauma puede mantenernos aislados de los demás e impedir que nos sintamos parte de algo más grande. *Me siento sola, incluso cuando estoy con otras personas. Me siento ajeno, sin nada que ofrecer. No quiero que los demás sepan lo destrozada que me siento.* Esta necesidad de pertenencia puede conducir a alguien hacia el CPT. Por ejemplo, cuando trabajaba con Alejandro, cuya existencia quedó destrozada tras un tiroteo escolar que segó la vida de diecisiete personas, me contaba a menudo que se sentía aislado y solo. Reconoció que se sentía desconectado, en parte, por haber vivido horrores que otros ni siquiera podrían imaginar.

Si bien tener un sentido de pertenencia puede ayudarnos a sentirnos conectados con otros, también puede mantenernos separados de nosotros mismos. Mientras que pertenecer forma parte del proceso de CPT, también puede obstaculizarlo o impedirlo. ¿Cómo? Al retenernos en nuestra «zona de confort». Nos sentimos lo bastante protegidos y nuestras necesidades están relativamente satisfechas y no queremos arriesgarnos a renunciar a eso. Además, aunque el sentido de pertenencia nos proporcione una identidad —algo importante—, también puede inhibir nuestra individualidad y evitar que nos diferenciemos o nos distingamos del grupo en su conjunto. Eso en sí mismo puede ser limitante y traumático. Un excelente ejemplo de esto queda ilustrado en la serie de televisión *Unorthodox*, que se basa en la historia real de una joven perteneciente a una comunidad judía jasídica muy unida en Brooklyn, Nueva York. Obligada a cumplir con las exigencias de su cultura, se casó contra su voluntad a los diecinueve años y se sometió a las expectativas que se le imponían como mujer casada, que incluían empezar a tener muchos hijos de inmediato. Tras un año sin lograr quedar embarazada, huyó de Brooklyn y terminó en Berlín, donde poco a poco construyó una nueva vida por su cuenta, libre de las restricciones que sentía en su comunidad.

El mundo

Contexto cultural y ambiental. Como ya sabemos a estas alturas, el trauma no ocurre en el vacío, y el crecimiento postraumático tampoco. Hay muchos factores que influyen en si podremos enfrentar el trauma y superarlo o si sucumbiremos a una respuesta de estrés postraumático incapacitante. Algunos de estos factores variables incluyen: el tipo de trauma (agudo o crónico), su momento y gravedad, la edad que teníamos cuando ocurrió el evento traumático inicial, la cultura de la que provenimos y las creencias que sostiene sobre el trauma que experimentamos, y nuestra clase social, así como nuestra etnia, género, afiliación religiosa y preferencia sexual. Veamos cómo algunos de estos factores variables influyen en la posibilidad del CPT.

- **Edad, momento y gravedad**: la mayoría de los investigadores coinciden en que, cuanto más jóvenes experimentamos un evento traumático, más tiempo permanece el trauma en nuestro cuerpo y más difícil es sanar y crecer gracias a él. Si bien, a grandes rasgos, estoy de acuerdo con esto, algunos pacientes me han dicho que lo que presenciaron en batalla, o el sufrimiento de perder un hijo a causa de la violencia, por ejemplo, supera cualquier experiencia que hayan tenido durante la infancia. Es posible que no hayan logrado sanar de sus traumas del pasado, pero afirman que fue la gravedad de la experiencia más reciente lo que los empujó al límite, traumatizándolos todavía más y, a la postre, llevándolos a escoger el camino hacia el CPT. A veces, el momento en que ocurre un evento, la etapa de la vida en la que nos encontramos, puede elevarlo de molesto o manejable a catastrófico; como la proverbial gota que colma el vaso. El momento también puede influir en si alguien está listo y dispuesto a hacer el duro trabajo de transformar el dolor en sabiduría o si hacerlo supera sus capacidades presentes.

- **Creencias culturales:** la cultura en la que vivimos, así como sus creencias, pueden determinar la probabilidad de que se reconozca el trauma por el que estamos pasando y de que exista la posibilidad de sanación, para ayudarnos a darle sentido a nuestro dolor. En otras palabras, algunas comunidades son más abiertas y brindan más apoyo en el proceso de sanación que otras. Los sistemas culturales en los que vivimos nos brindan un conjunto de reglas, un lenguaje para comprender los valores, creencias y expectativas sobre cómo funciona la sociedad. Para la mayoría de la gente, eso proporciona una cierta comodidad y seguridad. Al fin y al cabo, tu fuerza puede provenir de sentirte querido y aceptado en una comunidad más amplia. Cuando existen servicios y organizaciones diseñados para garantizar el derecho de los ciudadanos a estar saludables y ser felices y libres, los individuos y las comunidades pueden prosperar. Cuando las culturas disponen de sistemas informados sobre el trauma —es decir, que reconocen y están preparados para responder a él—, significa que están dispuestas a satisfacer las necesidades únicas de su población. Veo esto aplicado con éxito a nivel cultural cada vez que voy a Bután, un país que valora la felicidad colectiva de sus ciudadanos por encima de todo. El índice de Felicidad Nacional Bruta de Bután, establecido en la constitución del país, considera el bienestar psicológico, la salud, la diversidad y la resiliencia cultural y ecológica, la educación y la vitalidad de la comunidad, entre otros, como derechos humanos esenciales.

Los factores culturales también pueden contribuir al sufrimiento de ciertos grupos dentro de una sociedad, como cuando las identidades de estos no son valoradas, o cuando una sociedad o cultura no ha reconocido o procesado su propio trauma. Cuando esto sucede, las reglas impuestas por la sociedad pueden volverse dañinas e impedir el acceso de sus miembros a la sanación y el crecimiento. Por ejemplo, en una cultura que no honra los derechos de las mujeres y que ha implantado leyes que restringen su autonomía e independencia, una mujer temerá sufrir represalias si denuncia que ha sido violada, por lo que puede optar por guardar silencio. Como resultado, será prisionera de su trauma y se sentirá sola y excluida del apoyo familiar y comunitario. En otras culturas más inclusivas, sus posibilidades de acceder a terapia de CPT serían mucho mayores. Algunas comunidades pueden disfrutar de ciertas libertades que les están vedadas a otras más marginadas dentro de la misma sociedad debido a su afiliación religiosa, raza, orientación sexual o estatus migratorio. Los refugiados que huyen de la violencia en sus países de origen pueden terminar viviendo en condiciones difíciles sin solución aparente, mientras que otros tienen la suerte de llegar a una cultura que los acepta y pueden beneficiarse de organizaciones y servicios que se centran en su salud mental y en sus necesidades físicas. Por ejemplo, durante el tiempo que trabajé en el Programa Bellevue para Sobrevivientes de Tortura en la ciudad de Nueva York, apoyamos a refugiados de todo el mundo con servicios psicológicos, sociales y físicos, lo que finalmente los ayudó a prosperar en la comunidad. Allí encontraron mayores posibilidades de sanar tanto del trauma que habían sufrido en sus países de origen como del de establecerse en un país extranjero.

Como habrás podido notar, todos estos factores contribuyen en cierta forma a nuestra experiencia postraumática, ya sea impidiendo nuestro acceso al crecimiento o abriendo la puerta a nuestra transformación. Ninguno conduce o refrena al CPT por sí solo: hay múltiples factores en juego que interactúan con la voluntad y determinación individual.

Ahora que conoces los factores variables, echemos un vistazo más amplio al trauma. Hasta ahora, nos hemos centrado principalmente en las dificultades por las que pasan las personas cuando la fuente del trauma está muy clara. Ese tipo de trauma puede ser obvio, pero no es el único. Los traumas también pueden ser ancestrales y transmitirse de generación en generación. Pueden permanecer ocultos, sin procesar y enterrados tan profundamente en nuestro interior que ni siquiera nos damos cuenta de que existe una razón para nuestro sufrimiento. Nuestro trabajo es desenterrarlos, sacarlos a la luz para que puedan ser sanados y detener el ciclo del trauma intergeneracional. En el próximo capítulo, exploraré cómo entraron en nosotros, cómo podemos aprender de ellos y cómo liberarlos.

Capítulo 5

El legado intergeneracional del trauma

«En la historia colectiva, como en la historia individual, todo depende del desarrollo de la consciencia».

—CARL GUSTAV JUNG

Las experiencias traumáticas de aquellos que nos precedieron están arraigadas en la cultura en la que vivimos y pueden dificultar el proceso (y el resultado) del crecimiento postraumático. Este trauma intergeneracional proviene de nuestros padres, abuelos, bisabuelos y asciende a lo largo de nuestra línea ancestral. Estos traumas preexistentes se transmiten fisiológica, psicológica y socialmente y pueden determinar cómo lidiamos con las dificultades de la vida y le hacemos frente a la adversidad.

Mi paciente Paula y su hija Guadalupe son buenos ejemplos de esto. Siete hombres de la familia de Paula abusaron sexualmente de ella entre sus tres y trece años, incluyendo primos y tíos. En nuestra primera sesión juntas, me contó que se crio sintiéndose culpable, avergonzada e inferior, llena de ansiedad y depresión y, comprensiblemente, con una profunda desconfianza hacia los hombres. Me dijo que necesitaba ayuda porque temía haberle transmitido todo esto a su hija Guadalupe, aunque nunca le había contado nada sobre sus experiencias pasadas. Guadalupe ahora tiene los mismos miedos que su madre sin haber pasado ella misma por ninguna experiencia traumática importante. Como adulta, Guadalupe tiene una reacción visceral —o una desconfianza aparentemente irracional— contra los hombres. Tiene también problemas de confianza en sí misma y falta de amor propio, y ha entrado inconscientemente en relaciones perjudiciales sin entender por qué le ocurre todo eso. El trauma que ha heredado de su madre está ligado a —y es indistinguible de— cualquier experiencia futura. De igual manera, los hombres que abusaron de Paula también podrían haber estado repitiendo comportamientos abusivos que habrían experimentado en la infancia. Así, también habrían estado transmitiendo el patrón de abuso de las generaciones que los precedieron. Todo perpetrador es también víctima.

La investigación y la experiencia clínica confirman que las personas como Guadalupe, cuyos familiares o antepasados sufrieron traumas, son más propensas al trauma. Algunos de nuestros valores, creencias y principios pueden habernos sido transmitidos inconscientemente por generaciones pasadas y haber dado forma a cómo entendemos el mundo y nuestro lugar en él, a cómo nos relacionamos y a cómo tomamos decisiones.

Por supuesto, también es importante entender que el trauma no es lo único que puede ser transmitido. Podemos heredar todo tipo de creencias y experiencias de nuestros antepasados, incluyendo su resiliencia, fuerza, alegría y sabiduría. En este capítulo, profundizaré en cómo ocurre la transmisión tanto presente como intergeneracional desde una perspectiva psicológica, neurológica y emocional.

El trauma es contagioso: el efecto dominó

Esta tendencia a repetir traumas de generación en generación en el seno de una familia o de un grupo hace que los traumas sean altamente contagiosos. Sé que suena inverosímil. ¿Cómo podría afectarte una experiencia que le sucedió a otra persona años atrás? Una experiencia en la que ni siquiera participaste (o que ocurrió mucho antes de tu nacimiento). ¿Y cómo podrías ser tú mismo responsable de pasar el trauma a la próxima generación sin darte cuenta? Es, tal vez, incluso más incomprensible que exista la posibilidad de «contagiarse» del trauma de otra persona con solo escucharlo o presenciarlo, o incluso verlo en las noticias. Sin embargo, es un hecho que ambos casos son ciertos.

Existen pruebas de este contagio del trauma desde una perspectiva neurológica, cultural y celular. La transmisión puede ser horizontal, es decir, que nos vemos afectados al relacionarnos directamente con sobrevivientes de trauma o al presenciar o escuchar atrocidades; o vertical, es decir, que heredamos el trauma a través del ADN de nuestros padres, abuelos, bisabuelos, y así sucesivamente a lo largo de nuestra línea ancestral.

TRANSMISIÓN HORIZONTAL

Neurológica. Comencemos por la explicación más sencilla: los humanos somos seres naturalmente empáticos, así que sentimos las alegrías y tristezas ajenas. El trauma es contagioso de la misma manera en que lo es la risa. ¿Alguna vez has visto reír a una bebé y te has descubierto riendo con ella, aunque no tuvieras ni idea de qué era tan gracioso? ¡Su alegría es contagiosa! O tal vez hablaste con alguien que estaba ansioso, triste o pasando por un momento traumático, o leíste algo al respecto, y compartiste estas emociones como si la experiencia fuera tuya. Ese dolor también es contagioso. Parece ser que, cuanto más empáticos somos, más nos afectan los sentimientos y experiencias de otras personas. Un artículo publicado en *Scientific American* alude a investigaciones que sugieren que «entre el 10 % y el 20 % de las personas cercanas a individuos con TEPT "adquieren" ellas mismas el trastorno. Las cifras exactas varían según el estudio y el grupo estudiado (como terapeutas, trabajadores sociales o familiares)»[1]. A esto se lo llama «trauma indirecto» o «trauma secundario».

¿Cómo es esto posible? Parece ser que el cerebro no necesariamente distingue entre una experiencia real y una imaginada. Según la psicóloga Judith Daniels de la Universidad de Groningen en los Países Bajos, nuestro cerebro es capaz de registrar el trauma incluso cuando «no hay una señal *directa* de los órganos sensoriales que pueda guardarse en la memoria del cerebro». Lo hace, explica, porque «las regiones del cerebro que procesan las imágenes visuales tienen una superposición muy fuerte con las regiones que procesan la experiencia visual imaginada». En otras palabras, resulta que no importa si la información proviene directamente de los sentidos o de nuestra imaginación[2].

La explicación biológica del contagio del trauma se encuentra en las células cerebrales llamadas «neuronas espejo», que se encuentran en el centro del cerebro. Estas neuronas «emocionales» se activan cuando experimentamos algo traumático y, más relevante en este caso, cuando escuchamos o somos testigos de que alguien está siendo traumatizado. Según el psicólogo Daniel Goleman, estas funcionan rastreando «el flujo y movimiento emocionales, e incluso las intenciones de la persona con la que estamos, y replicando este estado percibido en nuestro propio cerebro al estimular las mismas áreas activas en nuestro interlocutor»[3]. No solo nos vemos afectados por los traumas de otras personas, sino que terminamos traumatizados nosotros mismos.

Cultural. Otro tipo de transmisión horizontal ocurre a través del «deseo mimético», una forma de aprendizaje indirecto. Este ocurre todo el tiempo y es un modo importante de aprender de la experiencia ajena a través de la observación, la escucha y la empatía con las acciones de los demás, y de prestar atención a cómo otros reaccionan ante ellas. René Girard, el filósofo e historiador francés que acuñó el término «deseo mimético» a mediados del siglo XX, creía que el deseo humano es altamente imitativo. En otras palabras, que aprendemos lo que deseamos imitando los deseos de otros a quienes admiramos y de la cultura en la que vivimos. También creía que el deseo mimético tenía una desventaja: podía llevar a la violencia. Nuestra cultura está llena de ejemplos de esto. Un niño o adolescente puede querer entablar amistad con un compañero, pero se percata de que otros niños se burlan de ese compañero, tal vez incluso lo acosan o amenazan. Observar su comportamiento puede hacer que el niño cambie de opinión e incluso se vuelva partícipe del acoso.

Uno de los peores escenarios en los que se presenta demasiado a menudo el deseo mimético son los tiroteos escolares. Tras un primer tiroteo masivo en el instituto de Columbine en Colorado, surgió en redes sociales toda una subcultura de jóvenes obsesionados con los perpetradores. Muchos de ellos glorificaban a los asesinos por defender a los débiles y acabar con los *bullies*. Las investigaciones demuestran que gran parte de los perpetradores han sido a su vez víctimas de acoso, en ocasiones extremo. Es todavía peor que muchos de quienes cometen atrocidades admitan haberse visto influenciados por la infamia y notoriedad de los pistoleros de Columbine[4].

Ha habido mucho debate sobre si las películas violentas o los videojuegos normalizan la violencia, especialmente cuando los niños están expuestos a este contenido de manera regular. Un estudio realizado en 2017 que analizó a 17 000 niños de entre nueve y diecinueve años mostró una fuerte correlación entre jugar a videojuegos violentos y demostrar comportamientos agresivos.

TRANSMISIÓN VERTICAL

El trauma también puede contagiarse de generación en generación. Funciona de la siguiente manera: las generaciones que nos preceden nos transmiten su trauma y luego, de manera inconsciente, nosotros se lo transmitimos a nuestros hijos, y así sucesivamente a través de nuestro linaje, nuestra comunidad y nuestra cultura. Pero no solo se imprimen en la memoria celular los residuos de las grandes experiencias traumáticas del pasado. Cualquier cosa puede hacerlo.

He aquí un ejemplo sencillo. Muchos años antes del nacimiento de León, su abuela estuvo a punto de ahogarse en una piscina del vecindario, a pesar de la presencia de un salvavidas. Por supuesto, quedó traumatizada y les inculcó a todos sus hijos, incluida la madre de León, que las piscinas eran lugares horribles y peligrosos. Prohibió nadar a sus niños, no solo en piscinas, sino también en arroyos, lagos y océanos. Como resultado, todos se criaron con pavor al agua y les transmitieron ese miedo a sus propios hijos.

Cuando León fue padre, los miedos heredados de su abuela y su madre se habían amplificado y abarcaban mucho más que las piscinas y los lagos. Por algún motivo, había interiorizado el mensaje de que la vida misma era peligrosa. Por supuesto, mantuvo a sus hijos alejados del agua, pero también se negó a permitirles andar en bicicleta, practicar deportes o aventurarse a menudo al aire libre. Era mucho más seguro quedarse en casa, algo que él mismo prefería hacer. Tanto León como su madre se vieron afectados por el trauma que había experimentado su abuela, y esa experiencia quedó encriptada en sus cuerpos. Especialmente León, que funcionaba desde ese miedo y veía el mundo y la vida a través de una lente traumática, que transmitió a sus propios hijos.

Desafortunadamente, existen ejemplos más extremos de trauma intergeneracional contagioso, que ha afectado a múltiples generaciones. En 2017, Anne Marks, directora ejecutiva de la organización sin ánimo de lucro Youth ALIVE!, habló ante el Congreso de los Estados Unidos sobre la violencia como ejemplo de las formas en que el trauma puede propagarse: «No es solo el estado de la persona herida lo que convierte la violencia en un problema de salud. Es el efecto dominó de la violencia; es la propagación del trauma que instiga un acto de violencia»[5], afirmó durante el discurso. Y continuó diciendo que la violencia puede ser la enfermedad, pero el trauma es el virus que la propaga «desde el incidente hasta la persona, la familia, la calle, el vecindario, la comunidad y la ciudad». Tiene razón. El trauma nunca se limita a la respuesta de una sola persona ante un evento. Si bien penetra en el individuo y afecta su salud física y emocional, también se infiltra en las vidas de los miembros de su familia, de sus seres queridos, de sus hijos y de aquellos con quienes comparte un linaje cultural e histórico. Como demuestran las investigaciones, puede propagarse de generaciones pasadas a la familia y de la familia a las generaciones futuras; de culturas antiguas a sus equivalentes modernos. De modo que sí, el trauma puede tener consecuencias a largo plazo para individuos, familias y comunidades.

La violencia tiene una clara conexión con el trauma y a menudo es perpetrada por aquellos que también la sufrieron. Según el Instituto Nacional de Justicia, el abuso y la negligencia infantil «aumentan las probabilidades de futuros delitos y criminalidad en la edad adulta» en casi un 30 %. En un estudio más reciente, el 75 % de los jóvenes delincuentes reportó haber sido maltratado físicamente durante la infancia. Y el 56 % de los jóvenes que fueron maltratados de niños perpetró más actos de violencia.

A esto se le suma que la probabilidad de que las víctimas de abuso sexual y violencia de género se expongan a situaciones en las que continuarán sufriendo abusos es preocupantemente alta. No es raro que las personas traumatizadas caigan en patrones de conducta compulsivos y repetitivos que reproducen el trauma, lo que a su vez se convierte en un patrón contagioso de abuso, violencia, victimización o adicción; un hecho respaldado por múltiples estudios. Me atrevería a decir que entre las investigaciones más fascinantes se encuentra la de mi mentor y colega Kenneth Hardy, cuyo libro *Teens Who Hurt* y su influyente artículo «Healing the Hidden Wounds of Racial Trauma» mostraron cómo la injusticia racial contribuye al ciclo recurrente de trauma[6]. También vemos pruebas de esto en adultos que sufrieron abusos físicos o sexuales durante la infancia.

Esto se hace más evidente en las relaciones, particularmente cuando son disfuncionales. Constantemente me encuentro con ejemplos de esto: mujeres que sufrieron a manos de sus padres o abuelos se sienten atraídas por hombres que también las maltratan. Como demuestra la historia de mi paciente Paula, a menudo estos mismos hombres tienen un historial de abusos habituales a manos de algún otro miembro violento de su familia, lo que los lleva a abusar de sus hijos, quienes a su vez abusarán de los suyos. Los jugadores cambian, pero el juego es el mismo. Un único evento en la vida de una persona puede afectar a muchas otras en el camino. Por suerte, existen formas de romper el ciclo. La sanación de una sola persona puede llegar a sanar a generaciones pasadas y futuras, cosa de la que hablaré más adelante. El trauma tiene consecuencias a largo plazo, no solo en individuos y familias, sino también en la historia de comunidades y culturas.

Trauma histórico. El trauma intergeneracional no solo ocurre en los ámbitos individual y familiar, sino que también puede afectar a comunidades enteras y contribuir históricamente al sufrimiento de todo un grupo de personas. Thomas Hübl, místico contemporáneo, maestro espiritual y autor de *Healing Collective Trauma*, amplía esa definición de una manera que resuena mucho conmigo:

> Cuando las personas de una cultura o tradición específicas han sido arrancadas de sus hogares y tierras; cuando sus bibliotecas, cementerios, lugares de culto o sitios sagrados han sido profanados o expropiados; cuando su idioma, rituales o costumbres han sido prohibidos, vedados u olvidados; cuando ellas han sido separadas de su gente, humilladas, brutalizadas, torturadas o asesinadas, una herida traumática se clava en la psique colectiva —dejando una huella tanto en los perseguidos como en los perseguidores— y será transmitida durante muchas generaciones.

Aunque en un primer momento este término se acuñó para describir la experiencia de los hijos de los sobrevivientes del Holocausto y de los japoneses internados en campos de prisioneros durante la Segunda Guerra Mundial, el «trauma histórico» denota la experiencia de cualquier conjunto de personas que comparten una historia de opresión, victimización o exposición a un trauma grupal masivo. Por supuesto, es mucho más que eso, pues no solo se integra en los cuerpos de aquellos que experimentaron las atrocidades. Como dice la doctora Maria Yellow Horse Brave Heart, indígena estadounidense, trabajadora social, profesora asociada y experta en salud mental, el trauma histórico es una «herida emocional y psicológica acumulada *a lo largo de generaciones, incluida la vida del individuo* [énfasis mío], que emana de un trauma grupal masivo».

Para que te hagas una idea de cuán prevalente es el trauma histórico, he aquí unos pocos ejemplos: los judíos que sobrevivieron al Holocausto, los armenios que sufrieron un genocidio en Turquía, los camboyanos a manos de los Jemeres Rojos y la tortura y el asesinato de «los desaparecidos» durante la llamada guerra sucia en Argentina; los efectos de la colonización en los pueblos indígenas de América del Norte y del Sur, Australia y otros lugares; los millones de albanokosovares víctimas de la limpieza étnica o que fueron desplazados a la fuerza por los serbios en la década de 1990; el comercio de esclavos en América del Norte y Europa; y los afroamericanos y otras personas no blancas que todavía experimentan un racismo y discriminación flagrantes en los Estados Unidos.

Sea cual sea el grupo, la reacción a ese sufrimiento —lo que la doctora Brave Heart llama la «respuesta al trauma histórico» y el psicólogo e investigador Eduardo Duran llama «herida del alma»— es la misma, lo que crea un efecto profundamente desmoralizador en la psique y la consciencia colectiva de la comunidad. Estos síntomas a menudo incluyen una alta incidencia de abuso de drogas y alcohol, depresión, ansiedad, respuestas de estrés postraumático, dolencias físicas, pensamiento suicida y una sensación de falta de valía. Duran, quien también es autor del libro *Healing the Soul Wound*, cree que esta herida debe ser sanada por las generaciones posteriores, de lo cual hablaremos más en el Capítulo 6. Thomas Hübl secunda muy bellamente las ideas de Duran al escribir:

> ¿Qué puedes hacer cuando las cicatrices no se encuentran en tu cuerpo, sino en tu alma? ¿Y qué sucede cuando estas heridas espirituales existen no solo en ti, sino en todas las personas en tu vida? Hayamos o no experimentado personalmente el trauma, a todos nos afecta —de forma muy tangible— el legado del sufrimiento familiar y cultural. Investigaciones recientes han demostrado que el trauma afecta a los grupos tanto como a los individuos: atravesando familias, generaciones, comunidades y fronteras.

Trauma sistémico. Muchos de los grupos culturales y étnicos que experimentan traumas históricos o colectivos descubren que su sufrimiento se prolonga por culpa de instituciones —leyes, políticas y prejuicios culturales— diseñadas para alejarlos del poder y negarles sus derechos. Esto incrementa el estrés postraumático intracomunitario. El trauma sistémico perpetúa la injusticia y la opresión, afecta, explota y margina a grupos específicos y promulga leyes para codificar, justificar y mantener la desigualdad. El trauma sistémico puede incluir el desplazamiento forzado, el aislamiento, la inseguridad alimentaria, la atención médica inadecuada, la injusticia ambiental y la desigualdad en las oportunidades de acceso a la educación infantil temprana y al empleo.

Un ejemplo contundente de esto es la experiencia que viven las personas negras en los Estados Unidos. La amenaza del odio racial y la brutalidad policial se cierne sobre sus comunidades, instalando en los padres miedo y ansiedad por sus hijos, especialmente los varones, cada vez que salen de casa. Aunque la esclavitud fue legalmente abolida desde 1865, su legado continúa manifestándose de múltiples formas en la cultura. Según Ibram X. Kendi, profesor de Humanidades en la Universidad de Boston y prolífico escritor, se ha llevado a las personas negras a creer que el racismo sistémico es, por algún motivo, culpa suya; que hay algo inherentemente incorrecto en sus actitudes y comportamientos, por lo que se los «esclaviza, segrega y encarcela en masa». Él afirma que es de vital importancia que las personas negras sepan que no hay nada malo en ellas, que las personas negras como grupo no necesitan ser *curadas* del trauma racista. Todo lo que necesitan es ser *liberadas* del él[7].

Patrones de conducta heredados

Como sobreviviente del Holocausto de segunda generación, no me sorprenden los resultados de las investigaciones sobre la transmisión del trauma centradas en sobrevivientes de primera, segunda y tercera generación. Varios estudios, como los realizados por Rachel Yehuda, muestran que, como herederos del trauma, podemos vernos afectados por la vergüenza, el miedo y la culpa de nuestros padres, abuelos o bisabuelos, sin tener siquiera consciencia del origen de esta herencia[8]. Otro estudio de 2019 sobre las consecuencias del Holocausto en los descendientes de las víctimas sugiere que los niños cuyos padres eran ambos sobrevivientes tenían más probabilidades de desarrollar síntomas psicológicos de trauma y de sufrir cambios genéticos, lo que indica claramente que la experiencia de vida de una persona puede afectar a las generaciones posteriores[9]. La transmisión intergeneracional de las experiencias traumáticas no significa necesariamente que estemos destinados a sufrir traumas nosotros mismos. Esta transmisión también puede ser una fuente de resiliencia y fortaleza, a pesar de que las investigaciones señalen nuestra vulnerabilidad. Por ejemplo, dos estudios mostraron que los descendientes de sobrevivientes que cuidan de sus padres y abuelos ancianos tienen un mayor compromiso con ese cuidado que aquellos cuyos padres no experimentaron el Holocausto, quienes además muestran más ansiedad por el estado de sus padres[10].

Me siento particularmente identificada con el trabajo de Irit Felsen, una psicóloga clínica especializada en el trauma de los sobrevivientes del Holocausto, de quien escuché una conferencia hace unos años. Allí habló sobre cómo los hijos de los sobrevivientes son muy conscientes de la inhumanidad y del potencial agresor en el otro, algo perfectamente razonable dadas las atrocidades que sus antepasados soportaron antes y durante la Segunda Guerra Mundial. Debido a esto, dice Felsen, los hijos de los sobrevivientes a menudo muestran una necesidad y capacidad profundas para humanizar cada interacción, para conectar con todo el mundo más allá de lo que podría esperarse, como mecanismo de afrontamiento. Por ejemplo, te conviertes en la «mejor amiga» de la dependienta del supermercado o te muestras excesivamente afectuoso con un profesor. Esto, según Felsen, «a veces se manifiesta como un comportamiento inusualmente afable, por medio del humor, ofreciendo cumplidos y pequeños regalos y, en ocasiones, de manera inapropiada, como sexualizando compulsivamente las interacciones. Todo esto son estrategias para sentirnos seguros con desconocidos, ya que imita una conexión personal».

Durante la guerra, muchos judíos sufrieron de, en el mejor de los casos, escasez de alimentos y, en el peor, de hambre extrema y hambruna, lo que a menudo resultó en una relación ansiosa con la comida. En un pequeño estudio publicado en el *Journal of Nutrition Education and Behavior*, los investigadores Amy Sindler, Nancy Wellman y Oren Baruch Stier descubrieron varios comportamientos específicos que secundaban esto: a los sobrevivientes les costaba desechar alimentos (incluso cuando se habían echado a perder), solían esconder la comida sobrante, la pasaban mal si tenían que hacer filas para comprar alimentos y sufrían de ansiedad cuando el sustento no estaba al alcance de su mano[11]. Esta mentalidad de escasez se ha transmitido a las siguientes generaciones, así que ahora sus hijos y nietos parecen tener la necesidad inconsciente de mantener sus despensas abastecidas de alimentos para asegurarse de que siempre haya suficiente de comer, y a menudo utilizan la comida como forma de demostrar amor. Puedo dar fe de que esto ocurre tanto en mi casa como en las de muchas otras familias judías con las que crecí. Según la doctora Felsen, los descendientes de sobrevivientes del Holocausto sufrieron especialmente durante la pandemia del Covid-19, pues la perspectiva de no poder acceder a servicios sanitarios y el miedo a no tener suficiente comida y suministros desencadenaron recuerdos de lo que sus padres habían pasado[12].

Los hijos, nietos e incluso bisnietos de los sobrevivientes del Holocausto a menudo sienten que han absorbido la ansiedad y la tristeza de sus padres o abuelos. Algunos mencionan una sensación de mal presentimiento —un sentimiento generalizado de preocupación, miedo o malestar— que viene acompañada de la lealtad y el amor inmensurables que sienten por sus mayores. Una forma de expresar estas emociones es convirtiéndose en lo que la doctora Felsen llama «ayudantes empáticos entrenados», siempre atentos al estado emocional de sus padres. Desafortunadamente, no se les da igual de bien atender —o siquiera reconocer— sus propias necesidades emocionales por miedo a que eso lastime a sus padres. A menudo, esto se refleja en cómo interactúan con otras personas. Pueden ser extremadamente empáticos con el sufrimiento ajeno, tanto así que les suele costar diferenciar el dolor de otros del suyo propio. O se involucran demasiado o son completamente indiferentes.

Muchos hijos de sobrevivientes también declaran haber tenido *flashbacks* de eventos que nunca vivieron; son sentimientos que no les pertenecen, pero que, de alguna forma, han absorbido. Estoy muy familiarizada con esa experiencia. Yo tenía una relación muy estrecha con Nana y Lalu, mis queridos abuelos maternos y, como mencioné, los únicos miembros de sus respectivas familias que sobrevivieron a los campos de exterminio nazis. Sufrieron mucho durante la guerra. Aunque yo nunca he experimentado personalmente la guerra, siento que la conozco íntimamente. En ocasiones sueño que me persiguen y tengo la sensación de encontrarme en una batalla. Puedo saborearla, olerla, sentir su energía en mi cuerpo: el miedo y la ansiedad asociados con el combate, la necesidad de huir. Algunos de mis primos han tenido experiencias similares.

Nuestro legado ancestral

¿Cómo es posible que yo conozca la guerra sin haber pasado por nada remotamente similar? He heredado el residuo del trauma de mi Nana y Lalu, lo llevo conmigo y ha influido en mi propia visión del mundo y de mi lugar en él. Mi trauma intergeneracional se desarrolló a través de los mensajes explícitos y subliminales que recibí de mis abuelos mientras todavía vivían. Por medio de las historias que contaban, el dolor que sentían y la sabiduría que impartían, se aseguraron de que el trauma que sufrieron y el genocidio que presenciaron nunca fueran olvidados. Como nieta amorosa, los sentimientos tras sus historias me siguen acompañando mucho después de que ellos se hayan ido. Algunas de las historias eran difíciles de escuchar mientras que otras estaban llenas de la sabiduría y de la alegría que surgieron de las dificultades. He llevado esto en mi interior toda la vida.

En su libro *Wounds into Wisdom*, la psicoterapeuta y rabina Tirzah Firestone escribe que, de niños, nuestras fronteras psíquicas son altamente permeables. Cuando un miembro de la familia experimenta un evento traumático y no logra integrarlo o sanarlo, corre el riesgo de transmitirlo inadvertidamente y de depositarlo en «el yo en desarrollo del niño, que luego se convierte en un reservorio de las imágenes del trauma del adulto, que luego pueden moldear la vida del niño»[13]. Todo esto es un proceso inconsciente y, a menudo, silencioso.

Por ejemplo, cuando una niña se cría en un hogar donde el padre se pone violento cuando toma, a la larga le resultará imposible confiar en la previsibilidad de la vida. Aprenderá que no puede confiarles su seguridad a otros y que el amor no es algo consistente, pues las cosas pueden ir muy, muy bien cuando su padre está sobrio y ponerse muy, muy feas cuando está tomado. Y no hay manera de predecir qué sucederá ni cuándo. Pero he aquí el tema: no solo adapta su conducta para sobrevivir en un ambiente inseguro, sino que también internaliza de forma inconsciente lo que está experimentando. Con el tiempo, esto puede influir en cómo educa a sus hijos y cómo les transmite no solo las conductas adaptativas que la mantuvieron a salvo, sino también las emociones irresueltas con las que todavía carga por el trauma.

Como consecuencia de su respuesta inconsciente al trauma, sus hijos pueden exhibir todo tipo de síntomas emocionales y conductuales de origen aparentemente desconocido y sin haber experimentado ellos mismos ningún trauma relevante. A menudo, esto termina etiquetado como patología mental y se ve reducido a un diagnóstico psiquiátrico —como depresión crónica o trastorno límite de la personalidad, entre otros— cuando, en realidad, pueden ser los efectos de un trauma histórico o intergeneracional irresuelto. El doctor Gabor Maté, médico húngaro canadiense experto en adicciones, secunda esto y afirma que la mayoría de las enfermedades mentales son una «respuesta normal a las anomalías de la sociedad en la que vivimos», y que la mayoría de las patologías de salud mental «tienen su origen en un trauma infantil no resuelto»[14].

Las declaraciones de Maté resuenan con lo que defiendo como cierto basada en mi propia experiencia clínica: que la mayoría de las enfermedades mentales son, en realidad, traumas no resueltos que pueden transmitirse de generación en generación.

El descubrimiento de la epigenética

Durante mucho tiempo, los científicos creyeron que la herencia genética era inalterable; que lo que estaba escrito en el código genético determinaba nuestro comportamiento, nuestra salud y nuestra forma de interactuar con el mundo. Por ejemplo, si una persona es tímida o sufre de ansiedad social, como alguno de sus padres, está condenada a permanecer así. Está codificado en su ADN; es lo que es. Si alguien proviene de una larga línea de alcohólicos, corre un riesgo mucho mayor de convertirse en uno y tendrá que luchar contra esa tendencia para mantenerse sobrio. Sin embargo, a lo largo de los últimos años, las investigaciones han revelado algo bastante sorprendente: tu herencia genética no es lo único que determina quién eres, pues los factores externos y ambientales también tienen un rol en ello. De hecho, tienes la capacidad de modificar la información expresada en tus genes —las cartas que te ha repartido el destino— solo con modificar tu conducta.

Esta buena noticia fue corroborada por Richard Davidson, profesor de Psiquiatría y Psicología en la Universidad de Wisconsin-Madison y fundador del Center of Healthy Minds. Se propuso demostrar que la timidez heredada no era una cadena perpetua. Junto a su equipo, utilizó a Robie el Robot para determinar si la «predisposición genética hacia la timidez» de un niño podía verse modificada por su entorno. Descubrieron que los niños tímidos se volvían más extrovertidos con el tiempo gracias a sus interacciones con Robie el Robot[15]. En *Rasgos alterados*, su libro escrito junto a Daniel Goleman, Davidson muestra que la mente pensante puede transformar el cerebro físico e incrementar nuestra capacidad de modificar nuestros rasgos de personalidad a largo plazo[16].

Todo esto sucede por medio de un proceso llamado epigenética, que es el estudio de cómo los comportamientos y el entorno pueden producir cambios en la expresión génica. Según el Centro para el Control y la Prevención de Enfermedades (CDC, por sus siglas en inglés), la epigenética (que significa literalmente «por encima de la genética») es una capa adicional de instrucciones que se encuentran físicamente sobre nuestro ADN y que cambia químicamente la forma, función y expresión de los genes sin alterar la información en la secuencia misma del ADN. En otras palabras, los cambios epigenéticos son reversibles y, aunque no modifican la secuencia del ADN, sí modifican la forma en que nuestro cuerpo lo lee y lo expresa. Dicho de otro modo, nuestro entorno o estilo de vida —las toxinas en el ambiente, nuestra dieta, cuánto ejercicio hacemos, nuestros niveles de estrés, etc.— pueden determinar qué genes se activan o desactivan, sin cambiar nuestro ADN. Y podemos transmitir estos cambios a la siguiente generación. El ejemplo más conocido para ilustrar la epigenética proviene de la Madre Naturaleza, más específicamente, de las abejas. Las abejas obreras y la abeja reina comparten un mismo ADN, pero tienen dietas diferentes. Según Paul Hurd, el investigador principal de un estudio de 2018 sobre las larvas de abejas, el único motivo por el que una abeja se convierte en la reina es que ciertos genes se activan y otros se desactivan como respuesta a una dieta determinada[17]. Esencialmente, lo que esto demuestra es que la conducta puede modificar la expresión génica sin modificar el ADN.

Apliquemos esto a los seres humanos y al trauma: si alguien sufrió abusos sexuales durante la infancia, pero ha trabajado para sanar de ello, puede desactivar la expresión génica de su trauma (su «cicatriz molecular»). Si lo hace, en lugar de transmitir el trauma a las siguientes generaciones, les transmitirá su sanación. Cuando sanamos nuestros propios traumas, sanamos a otros; cuando otros sanan, el mundo puede comenzar a sanar.

Rachel Yehuda, profesora de Psiquiatría y Neurociencia y directora de los Estudios de Estrés Traumático en la Escuela de Medicina Mount Sinai en la ciudad de Nueva York, es experta en epigenética y TEPT. Al estudiar a hijos de los sobrevivientes del Holocausto que nacieron después de la Segunda Guerra Mundial descubrió que, a pesar de su resiliencia y estrategias de afrontamiento, eran más vulnerables a la depresión y a la ansiedad que aquellos cuyos padres no habían sido afectados por el Holocausto[18]. También reparó en que los niños tenían los mismos desequilibrios hormonales del estrés que estaban presentes en los propios sobrevivientes, a pesar de no haber experimentado el trauma directamente[19].

Mucho se ha investigado sobre los hijos de mujeres que sufrieron experiencias traumáticas durante el embarazo, incluido un estudio realizado por Yehuda con mujeres que tuvieron que evacuar del World Trade Center el 11 de septiembre de 2001. Los estudios han demostrado de forma consistente que estos niños sufrieron de múltiples problemas físicos, emocionales y conductuales, especialmente cuando el trauma materno ocurrió durante el tercer trimestre. Supongamos que una mujer está embarazada y se ve forzada a emigrar a otro país cuyos idioma y cultura desconoce. Ha dejado atrás muchas cosas y no sabe cuáles serán sus recursos. Puede encontrarse en un entorno que no percibe como seguro, no sentirse lo bastante protegida y pasar por momentos de angustia extrema, lo que obviamente afecta a su salud. La ansiedad y la depresión que experimente se transmitirán a su bebé en el útero, lo que puede cambiar la información en los genes del bebé y también su expresión. Debido al malestar de la madre, al trauma y a las dificultades en el útero, el bebé nacerá con reacciones de supervivencia. El bebé habrá absorbido en su sistema nervioso la ansiedad de su madre y habrá internalizado la idea de que su entorno no es seguro. Según varios estudios cuantitativos, existe una alta probabilidad de que el bebé experimente ansiedad y depresión durante su desarrollo[20].

Esto se manifestó, de una manera un poco distinta, en varias de las mujeres con las que trabajé poco después del 11 de septiembre. Lucía es un buen ejemplo. Cuando se derrumbaron las torres, vino desde Honduras buscando desesperadamente a su esposo, quien trabajaba en Windows on the World, un restaurante en el piso 107 del World Trade Center. Lucía tenía siete meses de embarazo cuando llegó a Manhattan. No hablaba inglés y no tenía ni idea de adónde ir ni de con quién hablar. Para cuando recibió ayuda, su ansiedad y miedo extremos habían comenzado a afectar su salud. Dio a luz poco después y el bebé mostró signos de desregulación, incluyendo una mayor respuesta de sobresalto, irritabilidad crónica, incapacidad para calmarse y mayor dificultad para mamar. Todos estos síntomas mostraban que el bebé probablemente había sido traumatizado en el útero. Tanto Lucía como su pequeño necesitaban apoyo psicológico para sanar del trauma.

La buena noticia es que, si la madre logra adaptarse a su situación y proporcionar un entorno amoroso y seguro tanto para sí misma como para su hijo, tiene mayores probabilidades de modificar la información en los genes de su pequeño, hacer ajustes sistémicos y, así, cambiar las creencias y experiencias que tendrá en su vida futura. Tener un apego seguro con su hijo puede disminuir la probabilidad de que este sufra de adulto.

Aunque la investigación todavía está en estadios relativamente tempranos, la epigenética es muy esperanzadora para aquellos que sufren de trauma. Si de verdad podemos modificar nuestra información genética sin alterar nuestro ADN, eso significa que nuestro trauma no tiene por qué ser una cadena perpetua y que no estamos destinados a sufrir sus repercusiones para siempre. Aunque el trauma nos afecta física, mental y emocionalmente, tenemos la capacidad de cambiar su resultado por nuestra cuenta y el poder no solo de sanar del trauma a nivel genético, sino también de detener su transmisión a las generaciones venideras.

La esperanza de la neuroplasticidad

Un concepto relacionado que realmente me gusta, porque también está lleno de esperanza, es el de la neuroplasticidad, que se refiere a la facultad del cerebro para repararse a sí mismo mediante el crecimiento, la reorganización y la reconexión. El cerebro tiene la capacidad de formar nuevas conexiones sinápticas, basadas en nuestras experiencias y la forma en que respondemos al aprendizaje o a las lesiones. Aunque el trauma puede afectar negativamente a todo nuestro ser, tenemos la posibilidad de revertir el daño. Cosas que alguna vez pensamos que eran fijas o permanentes, como nuestros genes y la estructura del cerebro, son más maleables de lo que creíamos. Así como el trauma vive en nuestro cuerpo, debemos buscar la sabiduría inherente a este para ayudarnos a romper el ciclo intergeneracional del dolor y sanar no solo nuestras propias heridas físicas, emocionales y espirituales, sino también las de nuestras familias, nuestras comunidades y el planeta.

Imaginar el crecimiento intergeneracional

Para pasar del trauma al crecimiento postraumático, es necesario tomar consciencia de la transmisión intergeneracional e histórica del trauma y estar dispuestos a transformar las reacciones, creencias y decisiones automáticas e inconscientes que hemos heredado. Si bien es cierto que no es nada fácil sanar del trauma intergeneracional si no nos comprometemos con el CPT, el peso del sufrimiento de nuestros ancestros puede dificultar aún más este proceso. Sin embargo, cuando el sufrimiento del trauma intergeneracional se vuelve insoportable —cuando nos sentimos estancados, repetimos comportamientos poco saludables y sufrimos de ansiedad y depresión— podemos por fin abrirnos a andar el camino del CPT.

En mi trabajo ayudando a personas afectadas por traumas intergeneracionales a alcanzar la sanación, he observado que pasan por la primera etapa —Reconocer— e incluso por la segunda —Despertar—, pero la tercera etapa —Redefinir— suele ser complicada, pues es entonces cuando se las anima a considerar nuevas formas de verse a sí mismas y de interpretar el mundo. Se les pide que sean creativas, que se muestren curiosas y abiertas a perspectivas diferentes. A menudo, se quedan atascadas en esto. Hasta la fecha, han funcionado desde una mentalidad fija basada en las mismas creencias repetitivas que han formado parte del ADN de su familia durante generaciones. Estas formas de ser y pensar están tan arraigadas que puede parecer imposible ver el mundo de otra manera. Pero, cuando lo logren, podrán pasar a la cuarta etapa —la del Ser— y después a la de la Transformación.

Si no abordamos nuestro trauma histórico, tanto psicológica como genéticamente, permaneceremos atrapados en nuestro dolor y nos costará más considerar una nueva perspectiva del mundo y nuestro lugar en él. Por ejemplo, a muchos sobrevivientes del Holocausto y sus descendientes les resulta un tanto complicado sobreponerse a la narrativa que han repetido toda la vida: *Soy una víctima del Holocausto. Soy un sobreviviente de la guerra. Soy un judío perseguido.* La narrativa con la que nos hayamos criado es información que vive en nuestro cuerpo y nos define. Y puede ser un obstáculo para ver más allá de la percepción que tenemos de nosotros mismos e imaginar algo diferente.

La única forma de detener el ciclo del trauma —esta repetición compulsiva de nuestro sufrimiento— es tomar consciencia de nuestras propias heridas. Esto ocurre cuando nos comprometemos con el proceso de CPT. No es fácil, pero ayuda recordar que no solo hacemos esto por nosotros mismos, sino también por las generaciones venideras. Podemos detener la transferencia de nuestro sufrimiento heredado y transmitir la sabiduría sin el dolor asociado. Ahí reside la belleza de la epigenética y la promesa del CPT.

El ejemplo que suelo utilizar con mis pacientes es la historia de Moisés liberando a los judíos de Egipto y guiándolos a la Tierra Prometida. Cuando Moisés rescató a los judíos y los condujo hacia la libertad, llevaban esclavizados más de cuatrocientos años. Según las enseñanzas rabínicas, la travesía por el desierto hacia Israel, la Tierra Prometida, era una distancia muy corta que podría haberse recorrido tranquilamente en una semana. No obstante, les llevó cuarenta años. ¿Por qué? Los sabios enfocan esto desde una perspectiva psicológica y espiritual: no estaban listos. Los judíos deambularon por el desierto —literalmente en círculos— hasta que la generación de aquellos que habían sido esclavos en Egipto murió. La generación más joven, la de los que nacieron en el desierto, no compartía la mentalidad de esclavo de sus mayores, pues había nacido libre. La generación anterior no pudo entrar en la Tierra Prometida porque no estaba lista para dejar atrás su antigua vida. Protestaban: *Danos comida. No lograremos llegar hasta ahí. No tenemos agua. Déjanos volver a Egipto. Aquello era más seguro. La vida era más fácil.* No podían fundar una nueva nación cargando con los traumas y miedos de su sufrimiento en Egipto. La generación más joven, por el contrario, se transformó. Estaban listos para abrazar la libertad. Estaban abiertos a nuevas perspectivas, habían integrado lo viejo con lo nuevo y estaban preparados.

Como les digo a mis pacientes, para entrar en la Tierra Prometida, para crecer y obtener la sabiduría y la consciencia, la quinta etapa del CPT, debemos trabajar para deshacernos de nuestras creencias limitantes. Debemos experimentar la muerte emocional y el posterior renacimiento necesarios para transformarnos. Con suerte, no nos tomará cuarenta años. Pero, incluso si así lo pareciera, recuerda que esos cuarenta años en el desierto permitieron a los viajeros dar los muchos pasos necesarios para liberarse de todo cuanto era falso y limitante en su camino hacia el crecimiento personal y la libertad espiritual. Es innegable que el camino hacia la Tierra Prometida exige tiempo, compromiso y esfuerzo.

Capítulo 6

Del trauma colectivo al crecimiento colectivo

> «Nunca dudes de que un pequeño grupo de ciudadanos reflexivos y comprometidos puede cambiar el mundo. De hecho, es lo único que lo ha logrado».
>
> —MARGARET MEAD

Como mencioné en el Capítulo 1, las etapas de la recuperación y el crecimiento tras el trauma no solo aplican a nivel individual, sino también a nivel colectivo. El trauma colectivo exige una sanación colectiva, y de esa sanación colectiva surge el crecimiento colectivo. El trauma colectivo —ya sean los atentados del 11 de septiembre, la pandemia del Covid-19, los desastres naturales, los genocidios o las injusticias raciales— puede acabar conectándonos de maneras que nos hacen más fuertes, más empáticos y compasivos, y forzarnos a crecer como comunidad. Podemos salir de la experiencia con un mayor sentido de propósito y con prioridades diferentes. Reconectar con otra persona o con un grupo, buscar ayuda u ofrecérsela a otros, nos da la oportunidad de crecer como comunidad.

Aunque hemos hablado mucho sobre experiencias individuales de trauma, es importante recordar que el trauma siempre es relacional —incluso cuando se trata de experiencias que parecen profundamente personales—; eso significa que solo puede sanarse relacionalmente. Si lo observamos desde una perspectiva sistémica, no existe separación entre individuo y sistema: lo que afecta a una persona, afecta a todas, ya sea en el ámbito familiar, comunitario o cultural. Como dice Judith Herman, el trauma es una «violación de la conexión humana», una ruptura de la confianza básica en nuestras relaciones, por lo que, para sanar y transformarnos, debemos restaurar esa conexión.

El trauma colectivo no es tan distinto al trauma personal, solo que ocurre a una escala más amplia. Aunque las personas dentro de un grupo puedan tener reacciones muy diferentes a un mismo evento traumático, el trauma colectivo se centra en la experiencia del grupo, en su *ethos* compartido. El grupo es más que una reunión de individuos; es una consciencia colectiva con una identidad propia.

Entonces, ¿qué es el trauma colectivo? Suele definirse como cualquier evento catastrófico o perturbación grave que provoque un sufrimiento inimaginable en individuos, familias, comunidades o culturas cuando estos no disponen de mecanismos de afrontamiento ni de recursos para enfrentarlo. Puede ser tanto un evento singular que causa una gran perturbación como una injusticia crónica y continua que una comunidad o cultura soporta de manera colectiva.

Por desgracia, no hace falta esforzarse demasiado para encontrar una miríada de ejemplos, tanto históricos como recientes. He aquí algunos de los más obvios: la pandemia del Covid-19 y los atentados del 11 de septiembre; el huracán Katrina y otros desastres naturales que han devastado ciudades, estados y países enteros; la epidemia del SIDA; la crisis climática; el Holocausto y otros genocidios; la migración forzada de refugiados en busca de asilo; y actos de violencia perpetrados por diversos ismos y fobias, incluyendo el racismo, el sexismo, el capacitismo, el clasismo y la xenofobia, así como la transfobia y la homofobia. La cantidad de ejemplos es interminable y abrumadora.

Mientras que el trauma individual se considera un atentado a la psique, el sociólogo Kai Erikson sugiere en su libro *A New Species of Trouble: The Human Experience of Modern Disasters* que el trauma colectivo es un atentado a nuestro sentido básico de pertenencia que destruye la idea de que la comunidad es un lugar seguro y de apoyo. Mientras que el trauma individual es una *ruptura de significado*, que destroza nuestras propias suposiciones sobre el mundo y nuestro lugar en él, el trauma colectivo es una *crisis de significado*, que cuestiona la identidad y el sistema de creencias de un grupo entero de personas. Mientras que el trauma individual son emociones no procesadas de nuestro propio pasado que se almacenan en nuestro cuerpo, el trauma colectivo es la fragmentación de nuestra historia colectiva compartida, lo que provoca división, aislamiento y la desintegración del tejido mismo de la cultura. Para sanar, debemos reconciliar nuestro pasado compartido e integrarlo en nuestro presente, rompiendo así el ciclo de trauma transgeneracional.

La pandemia del Covid-19 es un ejemplo perfecto de un trauma compartido que ha afectado a prácticamente todos los habitantes del globo. No creo que sea una exageración decir que esta pandemia ha destrozado nuestra creencia colectiva de que el mundo es un lugar seguro y equitativo, de que existen sistemas para protegernos del daño o, como mínimo, de que los expertos disponen del conocimiento necesario para arreglar lo que se rompa y detener la propagación de una enfermedad tan contagiosa. A principios de 2020, recuerdo haber leído con incredulidad un correo electrónico que me informaba que mi vuelo a Europa —para dar una conferencia en el Festival Mundial de la Felicidad— había sido cancelado junto a otros miles de vuelos que llegaban y salían de los Estados Unidos. Además, la ciudad de Nueva York entraba en cuarentena. No solo no me iba a Europa, sino que ni tan solo podía llegar al supermercado de la esquina.

A medida que las semanas se convirtieron en meses y los meses se convirtieron en años, quedó claro que la normalidad que todos anhelábamos no iba a regresar. Que el control que creíamos tener sobre nuestras vidas era, en el mejor de los casos, limitado, si no directamente una ilusión. No es de extrañar que las llamadas a las líneas de ayuda de salud mental se dispararan —mi propia carga de pacientes se triplicó— y que, a medida que aumentaba el número de muertos, también se incrementara la tasa de personas que declaraba sufrir ansiedad y depresión (para principios de 2021, el incremento era superior al 40 %). Las escuelas y los parques infantiles, las iglesias y los centros comerciales, los hogares de los vecinos, e incluso los de los familiares, habían dejado de ser lugares seguros para convertirse en potenciales focos de contagio del virus.

La gente respondió de diversas formas. Cuando se reportó el primer contagio en Nueva Zelanda, la población entró en una cuarentena total que duró hasta que las autoridades consideraron seguro levantarla. En otros países, como los Estados Unidos, los ciudadanos tuvieron dificultades para conciliar su naturaleza ferozmente independiente con la necesidad de seguir protocolos estrictos. El miedo, la ansiedad y el escepticismo crearon divisiones entre vecinos e incluso en el seno de las familias. La pandemia puso en primer plano las disparidades entre ciudadanos blancos y negros, entre ricos y pobres, entre países «desarrollados» y emergentes. Los trabajadores esenciales, como los empleados de tiendas de abarrotes, los trabajadores de saneamiento, los empleados del transporte público, los trabajadores de correos y mensajería, así como los profesionales de la salud y el personal hospitalario, no tuvieron la opción de refugiarse en casa y se pusieron en riesgo a diario. En los Estados Unidos, los ciudadanos negros y latinos enfermaron y murieron el doble que los estadounidenses blancos, y millones de personas en todo el mundo sufrieron pérdidas y dificultades materiales para sobrevivir.

Mientras escribía esto, la pandemia estaba lejos de terminar y era demasiado pronto para imaginar qué tipo de crecimiento surgiría del trauma y la desesperación. Lo que sabíamos hasta entonces, sin embargo, era que la luz había comenzado a filtrarse a través de la dura cáscara de la herida colectiva. Que a veces es necesaria una tragedia, una experiencia colectiva casi insoportable, para despertar el sentido de la empatía y el deseo de establecer una interconexión más fuerte en la humanidad. Vimos un sinfín de actos de bondad: maestros que se desvivieron para asegurarse de que sus alumnos —especialmente aquellos de familias en situaciones complicadas— recibieran el apoyo y los recursos que necesitaban; personas que compraban alimentos y productos de negocios locales para ayudarlos a mantenerse a flote; vecinos que compartían recursos (por ejemplo, el movimiento #PandemicOfLove) y repartían de forma anónima alimentos, pañales, ropa, medicinas, libros y juegos a quienes estaban confinados en sus hogares. Y millones de personas comprometidas con el uso del tapabocas y con el respeto de la distancia social como un acto de bondad, no solo para protegerse a sí mismas, sino también para proteger a quienes estuvieran a su alrededor.

Microagresiones, heridas invisibles y lesiones morales

No todo trauma colectivo es tan obvio como una pandemia, un ataque terrorista o un desastre natural. El trauma también puede ser invisible e insidioso. Puede manifestarse en forma de microagresiones perpetradas por una cultura dominante hacia ciertos grupos para mantenerlos «en su lugar» y separados del conjunto de la comunidad. Kevin Nadal, profesor en el Colegio Universitario John Jay de Justicia Criminal y quien lleva años hablando y escribiendo sobre estas microagresiones, las define como «interacciones o comportamientos cotidianos, sutiles, intencionales —y, a menudo, también accidentales— que comunican algún tipo de prejuicio hacia grupos históricamente marginados». La diferencia entre las microagresiones y los actos discriminatorios manifiestos de sesgo y violencia, explica, es que puede que las personas que cometen una microagresión ni siquiera sean conscientes de que su conducta es dañina.

Las microagresiones pueden ir desde actos de acoso sutiles y reiterados a un niño en la escuela hasta la discriminación encubierta que sufren a diario las personas racializadas, indígenas, inmigrantes, con discapacidad, las mujeres y los miembros de la comunidad LGBTIQ+. Esta incluye a menudo ofensas verbales y no verbales, actos de exclusión y agresiones físicas y sistémicas. Algunos ejemplos comunes:

- Una persona blanca que cierra con llave las puertas del carro cuando se detiene en un semáforo junto a un conductor negro.
- Decirle a una persona latina en los Estados Unidos que habla muy bien inglés, asumiendo que no nació aquí.
- Una empleada que sigue a dos mujeres negras en una tienda de ropa porque cree que van a robar o que no pueden permitirse comprar ahí.
- Tocar la silla de ruedas de alguien sin pedir permiso.
- Dar por sentado que una persona con discapacidad necesita ayuda sin preguntarle.
- Hacer preguntas invasivas sobre el cuerpo o la vida sexual de una persona queer o trans.
- Acosar a una mujer en la calle haciendo comentarios lascivos sobre su cuerpo y la forma en que va vestida.

Mientras las microagresiones son sutiles y a menudo forman parte de la vida cotidiana, las heridas invisibles son comunes en individuos y grupos que han soportado o presenciado atrocidades terribles. Los veteranos de guerra, los refugiados que huyen de regímenes violentos y las personas que han experimentado violencia doméstica a menudo sufren una multitud de lesiones (tanto fisiológicas como psicológicas) que solo ellos ven. Estas pueden incluir TEPT y lesiones cerebrales traumáticas, así como vergüenza, desesperación, ira, culpa, arrepentimiento y la incapacidad de conectar con otras personas.

La primera vez que escuché el término «lesión moral» fue por parte de mi querido amigo y colega Jack Saul, un psicólogo y artista visual que ha tratado a reporteros y fotógrafos de guerra, trabajadores de derechos humanos y veteranos, y que, según sus propias palabras, ha sido testigo «del sufrimiento moral que acompaña a la guerra». El doctor Saul define la lesión moral como la «repartición injusta del dolor y el malestar morales». El psiquiatra clínico Jonathan Shay, quien acuñó originalmente el término, dice que la lesión moral es «una traición a lo que es correcto por parte de alguien que ostenta una autoridad legítima en una situación de alto riesgo»[1]. En otras palabras, es un juicio moral que pone en jaque la esencia misma de nuestro código ético y nuestra capacidad para confiar en los demás y en nosotros mismos. El daño puede ser causado por algo que una persona hizo, algo que se le hizo a esa persona o algo que la persona presenció y que va en contra de todo lo que considera bueno y justo. La periodista Diane Silver lo llama: «Una herida profunda del alma que perfora la identidad de una persona, su sentido de la moral y su relación con la sociedad»[2].

Muchos soldados regresan de la guerra, como dijo alguien, con «sangre en las manos y vergüenza en los corazones». El haber seguido órdenes que iban contra su propio código moral (y contra lo que creían era el código ético de su país) resulta en TEPT y en lesiones morales. Recuerdo una conversación con un veterano de la guerra de Afganistán que me dijo que su sufrimiento se había visto agravado por la falta de reconocimiento de la opinión pública estadounidense hacia sí mismo y sus compañeros. Creían que habían luchado por la libertad y sus esfuerzos no habían sido reconocidos.

En su libro *Wounds into Wisdom*, Tirzah Firestone cuenta la historia de Avner, un joven soldado israelí que, junto a otros miembros de su unidad, cometió actos graves de violencia contra las familias de un pueblo palestino. Le relata a Firestone que era el sargento al mando de un equipo de francotiradores que se dedicaba a invadir los hogares de la gente del pueblo para atormentarla. Una noche, él y otro soldado escucharon un alarido que provenía de una de las casas. Rompieron las ventanas con sus fusiles y se asomaron al interior para descubrir a una anciana que, al parecer, se había caído de la cama y yacía muy adolorida en el piso. Entonces explica:

«La mirábamos con nuestras armas empuñadas y con nuestros cascos puestos. Entonces, en el otro extremo del pasillo, vimos asomarse las cabezas de los miembros de su familia. Estaban petrificados. Nos tenían miedo. Me tenían miedo». Al darse cuenta de cuán retorcida era la escena, los soldados se fueron. Avner no pudo hacer más que detenerse a pensar: *¿Qué carajo estoy haciendo? ¿Por quién estoy haciendo esto?* Le dijo a Firestone que su dilema moral no hizo más que empeorar durante su tiempo de servicio, pero, a pesar de todo, logró cumplir con su deber. Su lesión moral persistió y solo pudo comenzar a sanar cuando se unió a un grupo de veteranos que habían experimentado traumas psicológicos similares[3].

La lesión moral puede incluir cualquier acto que inflija daño, incluidos el abuso sexual, la violencia racial, el acoso o la marginación. Tanto los perpetradores como los testigos de tales actos pueden sentir la culpa, la vergüenza y la indignación de haberle hecho daño a otra persona o de presenciarlos y no haber hecho nada, o de haber sido incapaces de detenerlos. Hemos visto ejemplos de esto entre los jóvenes miembros de fraternidades universitarias que deciden hacer oídos sordos o callar durante las novatadas u otros tipos de abuso perpetrados contra sus nuevos «hermanos» de la fraternidad.

En un artículo que escribió para la Asociación Estadounidense de Salud Pública, la doctora Oxiris Barbot describe la herida colectiva perpetrada en la comunidad negra por el asesinato de George Floyd bajo la rodilla de un policía blanco:

> Como mujer negra al mando de la agencia de salud pública más grande del país, para mí la muerte del señor Floyd no es un evento cualquiera, pues representa una injuria que se acumula sobre agudas y sostenidas desigualdades sanitarias que se han desarrollado en terrible detalle durante la pandemia del Covid-19. Esta acumulación paga dividendos crueles a las comunidades racializadas. Los datos de los que disponemos predicen estos resultados, pero no pueden evitarlos. Es como ver una colisión evitable a cámara lenta, pero ser incapaces de detenerla. Sus secuelas nos persiguen[4].

Para sanar la lesión moral se requiere de una reparación moral, por eso la terapia individual es insuficiente. Perdonarse a uno mismo no basta. Aquellos que sufren la vergüenza y la culpa que trae consigo dicha lesión necesitan la validación y el reconocimiento del colectivo para recuperar sus valores y reclamar su humanidad.

Del trauma a la sanación

Sin importar qué tipo de trauma hayamos sufrido, el camino hacia la sanación supone escuchar (*escucho lo que dices y de verdad presto atención*), validar (*contemplo las cosas desde tu perspectiva, incluso si no la comparto*) y reconocer (*acepto la verdad de lo que me dices, incluso si no estoy de acuerdo*). Estas tres acciones no solo deben provenir de nuestro interior y de nuestras comunidades, sino del mundo exterior, en particular de las personas o grupos que pueden hacer algo al respecto. Debemos ser vistos, debemos ser escuchados y el dolor de nuestro sufrimiento debe ser reconocido. Al igual que los individuos, las culturas y las comunidades también pueden quedar atrapadas en un estado de sufrimiento y victimización si no se valida y reconoce su trauma. Para que pueda darse el crecimiento, estos traumas deben salir a la luz.

Por ejemplo, el pueblo armenio sufrió terriblemente debido al genocidio infligido por el Gobierno turco a principios del siglo XX. Aunque los armenios son capaces de reconocer —y lo hacen— el dolor que soportaron, no podrán empezar a sanar hasta que el Gobierno turco diga: *Validamos y reconocemos el genocidio. Sabemos que sucedió y asumimos la responsabilidad.*

El trauma aísla, la comunidad sana. El silencio incrementa el sufrimiento, pero compartir nuestras historias trae consigo la sanación. Una comunidad puede ser tan pequeña como una unidad familiar o tan grande como una nación, o cualquier grupo de personas que, de una forma u otra, tiene una historia compartida de trauma. Para sanar, debemos reconciliar ese pasado compartido e integrarlo enteramente en el presente. Solo así podemos avanzar hacia el futuro sin la carga de nuestro dolor pasado y liberar a las futuras generaciones del ciclo del trauma.

Validación, reconocimiento y aceptación. Mis pacientes, Eva y Emilio, vinieron a verme poco después de haber emigrado con sus hijos desde España a los Estados Unidos. Forman parte de una familia grande e unida de hermanos, padres, abuelos, tías, tíos, que esperaban que ellos participaran en todas las actividades grupales: eventos comunitarios, cenas, celebraciones, viajes... En España, era obligatorio que los niños visitaran la casa de sus abuelos cada dos días. La primera vez que nos vimos, me dijeron que se habían visto «obligados» a abandonar el país. No querían mudarse a Miami, pero no tuvieron más remedio porque, apenas unos meses antes, empezaron a sospechar que el abuelo había abusado sexualmente de dos de sus hijos.

La historia del abuso se difundió rápidamente por toda su ciudad y sintieron que tenían que irse para proteger a sus hijos de un sufrimiento mayor. El abuelo lo negó todo. Pero, poco a poco, más personas compartieron sus propias historias y se descubrió que era muy probable que hubiese abusado de otros. Para cuando comenzamos la terapia, el abuelo había sido detenido y posteriormente fue encarcelado.

Aunque trabajaron arduamente a lo largo de cinco años para reconocer y aceptar radicalmente (al menos ante sí mismos) que sus vidas se habían roto, algo todavía impedía la verdadera sanación y el crecimiento postraumático. Eva me contó que había grabado a uno de los niños mientras describía el abuso que había sufrido y que, en su declaración, mencionó que la esposa del abuelo había estado presente. *Lo había visto todo*. Eva estaba horrorizada. Me dijo: «Quiero mostrarle la grabación. Quiero que la escuche. Quiero que reconozca que fue cómplice en el abuso de mi hijo. Solo quiero oírla decir: "Sí, admito que sabía lo que estaba pasando"». Eva quería que esta mujer validara y reconociera lo que había sucedido.

Aunque el reconocimiento nunca llegó, Eva, Emilio y su familia buscaron el apoyo en su comunidad. Se conectaron con otras personas —rabinos, líderes comunitarios, otras familias y amigos— que les brindaron consuelo y los escucharon de verdad cuando compartieron su experiencia. Sintieron que su nueva comunidad extendida reconocía y creía su historia, validaba sus reacciones y síntomas y respondía a ellos con comprensión, amor y aceptación.

La validación, el reconocimiento y la aceptación son fundamentales para sanar también a nivel sistémico. Tirzah Firestone nos recuerda la importancia del reconocimiento global: «Algo cambia profundamente en la psique cuando descubrimos que no estamos solos. Sin ojos y oídos humanos para compartir nuestra realidad, nuestro sufrimiento no tiene sentido y se torna insoportable», escribe. Quienes han sido víctimas de ataques terroristas, genocidios y otras atrocidades sienten la responsabilidad de contar sus historias, de atestiguar lo que presenciaron para que el mundo pueda reconocer los horrores infligidos a su pueblo y, como sugiere Firestone, «revertir el proceso de deshumanización del genocidio». Aquellos que reconocen tales actos «son los ojos que tienen el poder de restaurar la humanidad».

En diciembre de 1999, la futura canciller alemana Angela Merkel pronunció un emotivo discurso en el Museo Estatal de Auschwitz-Birkenau, en el que expresó una «profunda vergüenza por los salvajes crímenes que fueron cometidos aquí por los alemanes». Tras semejante reconocimiento, que validó y reconoció la experiencia de millones de judíos, se pusieron en marcha muchos programas de restitución y compensación.

Conexión a través de la experiencia compartida. El trauma colectivo se caracteriza por la fragmentación, el aislamiento y la división —se manifieste en el ámbito social, político, cultural o religioso— y solo puede ser sanado a través de la experiencia colectiva. No puedo enfatizar suficiente en la importancia de lo colectivo, en especial para las comunidades marginalizadas. Las personas queer y transgénero, por ejemplo, afirman no sentirse nunca completamente seguras. Incluso en comunidades y culturas donde disfrutan de cierta protección legal, ningún lugar parece estar libre de machismo, sexismo o de prejuicios del binarismo de género. Por supuesto, esta falta de seguridad se intensifica si viven en una nación o cultura donde son atacadas, humilladas y torturadas. Pero incluso en culturas que las aceptan con mayor apertura, las personas LGBTIQ+ explican que a menudo viven en un estado de hipervigilancia sin saber nunca cómo serán recibidas o cuándo una experiencia puede volverse incómoda o incluso violenta.

Trabajo con comunidades de refugiados e inmigrantes —y yo misma lo soy— y su situación es similar. Quienes han entrado en un país de forma ilegal, a menudo se ven obligados a trabajar en condiciones precarias y humillantes y a soportar múltiples actos de abuso sin disponer de medios para defenderse. De hecho, estén en el país ilegalmente o no, muchos inmigrantes enfrentan casi a diario prejuicios, racismo y la constante amenaza de la deportación. Al igual que la comunidad LGBTIQ+, viven en un estado constante de hipervigilancia, temiendo por sí mismos y por sus familias. A veces, eso puede complicar incluso el juntarse con otros y compartir experiencias, pues existe el temor a que «revelarse» pueda alertar a las autoridades o a «justicieros» y exponerlos a un riesgo mayor. Sin embargo, para las personas marginalizadas y oprimidas, encontrar una comunidad es un paso crítico para compartir sus historias y escuchar las de los demás, que a menudo reflejan y validan una experiencia compartida. Este nuevo sentido de pertenencia les brinda esperanza, sentimientos de alegría y una sensación de poder y propósito.

El duelo colectivo. Cuando un grupo de personas se ha visto profundamente afectado por un evento traumático, como un desastre natural, un ataque terrorista o la muerte de alguien querido en su comunidad, transitar juntos el duelo puede ayudarlos a sanar. Estar en una comunidad de personas que comprenden por lo que estamos pasando nos permite compartir nuestras historias, empatizar unos con otros y reconocer tanto el dolor propio como el ajeno. Escuché esto de varios pacientes durante un programa de terapia grupal que lideré en el Bronx, dirigido a personas que habían perdido a familiares por enfermedades crónicas (como el cáncer y la diabetes). Me explicaron que únicamente lograban encontrar consuelo en el grupo y que solo quienes compartían con ellos sus experiencias específicas podían comprenderlos y darles apoyo. El grupo los hacía sentir validados y sanar.

Un evento traumático único puede desbloquear meses, años e incluso generaciones de sufrimiento debido a los traumas colectivos de la familia, la comunidad y la cultura. Lloramos por lo que hemos perdido, por lo que nunca hemos tenido ni nos han dado; por el daño que nos ha infligido (y a nuestros ancestros) la cultura en la que vivimos (o, para aquellos en la cultura dominante, por el daño que nosotros o nuestros ancestros hemos infligido a otros). El duelo a menudo llega cuando logramos nombrar la opresión, compartir nuestras historias y expresar libremente nuestras emociones. Sin embargo, de la misma forma en que el duelo puede unir a las personas, también puede separarlas.

El duelo aísla. Aunque las personas que han experimentado una horrible tragedia están unidas en su dolor, también pueden verse separadas por su duelo. ¿Por qué? Porque se sienten muy solas en su experiencia y a menudo no pueden articular sus sentimientos, incluso cuando saben que el resto del grupo está pasando por lo mismo. Recuerda: el trauma puede aislar, fragmentar y dividir. No siempre entendemos el proceso de duelo ajeno y, por supuesto, tememos que nadie entienda el nuestro. Por eso, el trauma puede separar a familias y comunidades.

El duelo es único. Todo duelo es diferente. Dado que cada individuo lo vive a su manera en su propio mundo aislado, a veces no es posible tender puentes con otras personas. La pandemia del

Covid-19 es un ejemplo claro. Cada miembro de cada familia confinada enfrentó la pérdida, la incertidumbre y la imprevisibilidad a su manera, a veces entrando en conflicto con su entorno. Algunos necesitaban mantenerse conectados y socializar, mientras que otros querían estar solos. Había personas optimistas y personas negativas y temerosas.

He descubierto que cuando las parejas o las familias atraviesan un luto, no siempre pueden entender o incluso tolerar el proceso del otro. Un padre puede sufrir abiertamente, verse sobrepasado por las emociones y ser incapaz de funcionar debido al dolor, mientras que su pareja puede querer evitar el tema y anestesiarse para poder seguir adelante. Sin embargo, otras familias trabajan consciente y deliberadamente para apoyarse entre sí, lo que, a la postre, puede volverlas incluso más fuertes debido a su dolor compartido.

Vi esto de primera mano en Surfside, un pequeño vecindario de Miami, tras el colapso de un edificio en el que murieron casi cien personas y muchísimas más quedaron desplazadas. He trabajado con las familias de las víctimas y con sobrevivientes; la mayoría, judíos y latinos que inmigraron a los Estados Unidos desde América Latina.

La comunidad en su conjunto ha sufrido un dolor inmenso. Algunos claman contra la injusticia de lo sucedido. *¿Cómo puedo vivir sin mis hijos, sin mi pareja, sin mis padres? ¿Por qué pasó esto? Quiero que las torres se me caigan a mí encima, me quiero morir.* Otros se derrumban bajo el peso de su propio dolor. Y otros se muestran apáticos, aparentemente indiferentes, se sumen en una negación colectiva. *Estamos bien. No necesitamos un grupo de apoyo.*

Tuve la oportunidad de conocer al presidente Joe Biden durante los primeros días de la tragedia, cuando vino a expresar su apoyo y solidaridad a la comunidad, y sus palabras calaron profundamente en mí. Hablando desde su propia experiencia de pérdida y duelo, alentó a las familias de las víctimas y a los sobrevivientes a respetar el proceso de cada uno, a apoyarse mutuamente, a no criticar ni juzgar la forma en que otra persona lidia con su trauma y a recordar que cada duelo es distinto.

Lo que dijo el presidente Biden es muy importante. Cada persona tiene sus propios ritmos, su propio estilo e incluso su propia concepción de lo que es el duelo. En Surfside, traté a personas que querían jugársela toda: deseaban hablar sobre la pérdida con el más absoluto detalle, ver los informes de las autopsias, las fotos, hablar con los médicos forenses y los miembros de los servicios de emergencia que encontraron los restos humanos... Otras quisieron pararse frente a las cámaras y contaron su experiencia a la prensa y a la televisión; querían alzar la voz para manifestar su ira y exigir representación legal y reparaciones. Otras no querían saber nada y se negaron a visitar el lugar. Finalmente, hubo otras que renunciaron a sus trabajos, cancelaron sus planes de boda o vacaciones y empezaron a hacer preparativos para mudarse fuera del estado, e incluso del país. Querían dejar de recordar y volver a empezar. Todo esto es duelo.

El duelo como amor no expresado. Una razón por la que algunas personas no pueden dejar ir su duelo es porque las mantiene conectadas a lo que han perdido. Es, en cierta forma, un vínculo de lealtad. Es posible que, de manera subconsciente, teman que superarlo signifique que ya no les importa, que han olvidado a la persona o la situación. Por ejemplo, si eres inmigrante y ya no lloras por lo que dejaste atrás —tu país, a veces tu familia, tus amigos, tu cultura— es porque te has desconectado de tus raíces. Volviendo a Surfside, hubo gente que dijo que no quería dejar de sentir dolor porque eso significaría que había dejado de amar a su familiar muerto entre los escombros; había que seguir alimentando el dolor. Esas personas sentían que, si sonreían o disfrutaban de algo, traicionaban a su ser querido.

Los obstáculos para sanar

Sanar del trauma tiene sus propios tiempos, que son únicos para cada persona o comunidad que ha sufrido las secuelas de una tragedia. El crecimiento postraumático —el deseo de encontrar significado en nuestro dolor y transformarnos a partir de él— es un camino no lineal hacia la liberación que requiere tiempo, determinación, paciencia y compasión, en especial cuando se trabaja dentro del colectivo. El crecimiento surge del proceso de sanación cuando un individuo o un grupo se ha comprometido física, emocional y espiritualmente a alcanzarlo. Pero a veces algo se interpone en nuestro camino.

I. DEMASIADO, DEMASIADO PRONTO

El afán de encontrar sabiduría y crecimiento a partir de un trauma colectivo puede presionar a un grupo a empezar demasiado pronto. Como descubrí tras el 11 de septiembre, el CPT no puede apurarse. Desde pleno Manhattan vi cómo las Torres Gemelas se derrumbaban. Toda la ciudad se encontraba sumida en el caos, la confusión y un profundo trauma colectivo. Esa misma noche, tras la caída de las torres, la Cruz Roja se puso en contacto con un grupo de psicólogos y especialistas en trauma para pedirnos que ofreciéramos apoyo a los sobrevivientes. Para entonces, ya había realizado varios estudios sobre trauma y resiliencia con refugiados de guerra, víctimas de tortura, inmigrantes y refugiados políticos. Incluso había escrito sobre el poder transformador del trauma y el CPT y, por supuesto, había llevado a cabo el proceso con muchos de mis pacientes. Estaba lista. Trabajamos sin descanso aquella primera semana; no fui a casa y apenas dormí. ¿Sabes lo que conseguí? Casi nada. Muy poco de lo que hicimos marcó una diferencia. Solo logramos retraumatizar a muchas de las personas a quienes tratamos de ayudar. ¿Por qué? Porque no se puede comenzar a sanar algo por lo que todavía estás pasando. Y ellos seguían en pleno trauma.

2. DESCONFIANZA HACIA «EL OTRO»

Días y semanas después del 11 de septiembre, presenciamos ejemplos preciosos de neoyorquinos que se apoyaban mutuamente en solidaridad, de una comunidad unida a través de una experiencia compartida y de una gran sensación de fuerza y resiliencia. La gente se unió y ayudó a sus vecinos, creó organizaciones sin ánimo de lucro y pensó en formas creativas de hacer un cambio, con la promesa de no ser tomada por sorpresa nunca más. Estaba empezando a sanar. Pero, de pronto, el miedo se interpuso en su camino.

Como explica Jack Saul en su libro *Collective Trauma, Collective Healing*, a veces, las secuelas de un evento traumático pueden hacer más daño que el evento en sí mismo. En el caso del 11 de septiembre, el miedo al «otro» hizo que miles de árabes y musulmanes en los Estados Unidos sufrieran discriminación a pesar de haberse visto profundamente afectados por la misma tragedia. «Sus voces fueron excluidas de la narrativa colectiva y, como resultado, sus experiencias fueron invalidadas», dice el doctor Saul. Ocurrió lo mismo durante la pandemia del Covid-19: el rumor de que el virus se había originado en un laboratorio en China señaló a todos los asiáticos estadounidenses como sospechosos y provocó un alarmante aumento de la violencia contra ellos. No podremos sanar individualmente hasta que hayamos sanado colectivamente. No podremos sanar mientras nuestras acciones dañen a otros.

3. EXCLUSIÓN DE OTRAS VOCES Y EXPERIENCIAS

A veces, una comunidad o nación cree haber implementado sistemas que aliviarán el sufrimiento colectivo, cuando en realidad solo ha tenido en cuenta las experiencias de la cultura dominante. Lo que puede ser sanador para un grupo, puede agravar el dolor de otro. El trauma derivado de la actual crisis climática es un buen ejemplo. Los pueblos indígenas a menudo se sienten excluidos de las discusiones sobre el cambio climático, pese a que cada vez les resulta más difícil vivir en y cuidar de sus tierras. Además, consideran que las soluciones implementadas por los Gobiernos van en contra de los valores, la sabiduría y la interpretación del mundo que han mantenido durante generaciones[5].

Otro gran ejemplo es lo que sucedió durante la crisis del SIDA en las décadas de 1980 y 1990. El SIDA se consideraba una enfermedad de hombres homosexuales blancos, según comenta el activista homosexual afroamericano Phill Wilson, pero «la epidemia que viví nada tuvo que ver con eso». La comunidad negra con VIH fue excluida de los estudios sobre del virus, por lo que Wilson cofundó el Black AIDS Institute, un grupo de expertos que pretende «eliminar el VIH de las comunidades negras involucrando y movilizando a las instituciones y personas negras para erradicar la epidemia».

4. FALTA DE VALIDACIÓN POR PARTE DE QUIENES OSTENTAN EL PODER

Sin duda, el reconocimiento colectivo de que hemos sido víctimas de una grave injusticia o de un desastre natural es clave. Ser parte de esa experiencia compartida es el primer paso hacia la sanación colectiva. Sin embargo, hasta que el trauma no sea validado y reconocido por un grupo externo —preferiblemente uno con poder para reparar el daño—, este colectivo no podrá sanar completamente. Aunque Eva y Emilio, a quienes mencioné hace unas páginas, provenían de una comunidad muy unida en España, descubrieron que esta no podía —o no quería— darles el apoyo y la validación que necesitaban para sanar las heridas de su familia.

Cuando se mudaron a Miami, encontraron una nueva comunidad que los recibió con los brazos abiertos y les brindó la seguridad que necesitaban.

Sin embargo, esta no es una historia universal: a menudo, al llegar a un nuevo país, los refugiados descubren una falta de reconocimiento de lo que sucede en su país de origen. En otras palabras, su nueva comunidad no reconoce el trauma por el que están pasando, lo que les complica todavía más la sanación.

5. INTERRUPCIONES DE AGENTE EXTERNOS

Existen múltiples ejemplos de comunidades que se unen de manera natural y orgánica para procesar el trauma y sanar hasta que se ven obligadas a centrarse en problemas legales, financieros o políticos. Un caso claro fue el derrumbe del edificio de Surfside en Miami. El proceso de sanación fue interrumpido por las demandas de abogados, jueces y «expertos» que ofrecían sus opiniones y obligaban a las familias a enfocarse en cuestiones legales. Esto creó tensión y conflicto entre las familias de las víctimas y los sobrevivientes; entre propietarios de apartamentos e inquilinos; entre los miembros de la comunidad que tenían dinero y aquellos que no; entre locales y forasteros; y, finalmente, entre aquellos que querían erigir un monumento y aquellos que se oponían. La seguridad del colectivo fue vulnerada y el carácter sagrado de su conexión, destruido.

Recuperar conexiones colectivas

Con la aparición del miedo, la confianza se erosiona y las conexiones entre familias y vecinos se fracturan. Se hace entonces imperativo reparar y reconstruir estas conexiones para poder comenzar el proceso de recuperación y sanación. El doctor Jack Saul y la neuropsiquiatra Judith Landau proponen ciertos temas que típicamente permiten a las comunidades construir resiliencia y recuperarse tras un trauma psicosocial*.

1. CREAR COMUNIDAD Y FORTALECER LAS CONEXIONES SOCIALES

La doctora Landau llama a esto la «matriz de sanación», donde reparamos o reforzamos las conexiones que teníamos antes y forjamos nuevas.

2. NARRAR COLECTIVAMENTE LA EXPERIENCIA Y LA RESPUESTA DE LA COMUNIDAD

Las historias que contamos sobre lo que hemos vivido mantienen viva la experiencia colectiva. Tratar los traumas de otras personas en el seno de esta experiencia es lo que permite la sanación colectiva. Cuando una persona comparte sus vivencias, otras se sienten seguras para compartir las suyas. Así es como se sana: no en aislamiento, sino en comunidad. Esta narrativa debe incluir y amplificar las voces que han sido silenciadas. Al incluirlas en el colectivo, podemos romper la división entre grupos e individuos, la soledad y la fragmentación que el trauma fomenta. De esta manera, reconocemos la interdependencia entre el individuo y el colectivo, reconocemos nuestro sufrimiento colectivo y avanzamos hacia la sanación colectiva.

3. RESTABLECER LOS RITMOS Y LAS RUTINAS DE LA VIDA Y PARTICIPAR EN RITUALES COLECTIVOS

Aunque rara vez se regrese por completo a la «normalidad», participar en rutinas y rituales puede dar a una comunidad una sensación de

---

* Para más información, ver: Saul,J. (2014). *Collective Trauma, Collective Healing: Promoting Community Resilience in the Aftermath of Disaster*, de Jack Saul (Nueva York: Routledge).

normalidad y estabilidad. Estos pueden consistir en nuevos hábitos o rutinas colectivos, o en acciones del pasado que han brindado apoyo y confort. En el caso del colapso del edificio de Surfside, por ejemplo, la comunidad se organizó casi de inmediato para crear oportunidades de encuentro entre las personas. Orgánicamente, comenzaron a reunirse dos veces al día, todos los días, en el mismo lugar, para escucharse unos a otros, compartir sus experiencias e intercambiar ideas sobre la situación inmediata y los pasos a seguir. Reunirse de esa manera estableció una rutina y un ritual para la sanación.

4. TENER UNA VISIÓN POSITIVA DEL FUTURO CON ESPERANZAS RENOVADAS

Parte de la resiliencia colectiva supone imaginar un futuro mejor. Descubrir cómo avanzar a través de salidas creativas como el arte, la música, el teatro y la danza puede ayudar en el proceso de sanación.

De la sanación colectiva surge el crecimiento colectivo

El modelo en cinco etapas de CPT sirve tanto para traumas colectivos, sistémicos y culturales como para el sufrimiento individual. Imagina las etapas como un viaje colectivo donde emergemos del aislamiento y la parálisis y, libres de la disociación para con nosotros mismos y con los demás, desbloqueamos juntos nuestra sabiduría colectiva, aportando consciencia y transformación para todos.

ETAPA I: ACEPTACIÓN RADICAL

Como nos enseñan los budistas, antes de sanar, debemos aceptar que estamos sufriendo, asumir que algo nos está causando este sufrimiento, reconocer que este tiene un final y que existe un camino hacia allá, si elegimos tomarlo. Pero lo cierto es que no podemos evitar el dolor. De hecho, irónicamente, cuanto más nos resistimos a nuestra realidad y nos negamos a ella, mayor es el sufrimiento.

De ahí que la primera etapa del CPT sea la Aceptación Radical. Aceptar radicalmente nuestro sufrimiento es el primer paso en el camino hacia la sanación. Esta aceptación compartida ocurre en el seno del colectivo, de la comunidad que experimenta los efectos de un evento traumático. ¿Qué significa esto? Que debemos reconocer y nombrar las emociones, sentimientos, reacciones y circunstancias por las que estamos pasando como comunidad; que ya no podemos evitar o negar lo que está ocurriendo. Consideremos la pandemia y cómo ha afectado a una comunidad concreta. ¿Cuál es su experiencia compartida? Ante una crisis, las personas pueden enfrentarse a sus sentimientos, nombrarlos e identificar dónde residen esas emociones en sus cuerpos. Pero el colectivo debe identificar las emociones que predominan en la comunidad. ¿Es el miedo? ¿La confusión? ¿La ira? ¿El aislamiento? ¿El temor? ¿El anhelo? ¿La frustración? A través del diálogo conjunto, los miembros del colectivo pueden reconocer y aceptar su experiencia, lo que constituye el primer paso hacia la sanación y el crecimiento comunitario.

Hay una cierta belleza en reunir voces diversas que comparten un evento traumático común, a menudo con narrativas muy diferentes, e incluso opuestas. Esto puede incluir al partido en el poder y su oposición; a personas heterosexuales y LGBTIQ+; a miembros de la cultura dominante y a grupos oprimidos o marginados; a trabajadores sindicalizados y a sus empleadores. Poder reconocer el dolor y el sufrimiento que ambas partes sienten y admitir la responsabilidad de cada una es un acto radical de escucha profunda y acción compasiva.

ETAPA 2: SEGURIDAD Y PROTECCIÓN

Para trascender la Aceptación Radical, debemos crear un espacio seguro que permita la sanación. Esta es la etapa en la que nos damos permiso para explorar y expresar nuestros sentimientos dentro del grupo, cuando ya estamos listos para contrarrestar el aislamiento, la fragmentación, la parálisis y la disociación que provoca el trauma. Es una sensación interna de seguridad en el seno de la experiencia grupal en la que nos sentimos lo suficientemente protegidos y valorados para comenzar a procesar nuestro dolor, ser entendidos y entender a otros.

A menudo el grupo se siente más seguro cuando limita la interferencia externa. Durante el primer mes tras el colapso del edificio de Surfside, judíos y latinos, residentes y turistas, ricos y pobres, negros y blancos, homosexuales y heterosexuales, jóvenes y viejos se unieron y compartieron el dolor colectivo. Lo que los ayudó en ese momento fue el espacio que crearon. Formé parte del equipo de psicólogos que se desplazó para dar apoyo y para dar fe de los hechos, pero también formaba parte de la comunidad, de igual manera que los miembros de los servicios de emergencia, sacerdotes y líderes religiosos y comunitarios. La cantidad de amor y de apoyo recibida por parte de diferentes comunidades y organizaciones de todo el mundo fortaleció su sensación de Seguridad y Protección. Al mismo tiempo, las familias de las víctimas crearon su propio espacio seguro en el que poder unirse. «No necesitamos a alguien externo que nos diga qué hacer o cómo sentirnos. Somos los únicos que sabemos por lo que estamos pasando. Nuestra experiencia no es su experiencia». No era que el exterior no tuviera conocimientos que aportar, sino que la fuerza de su experiencia compartida tenía algo especial.

Algo que he aprendido gracias a mi trabajo con refugiados de Latinoamérica es que, para ayudarlos a sentirse seguros y protegidos, debo respetar su perspectiva cultural y su idioma, sin imponer soluciones ajenas. Les hablo en español y les pregunto qué comen, cómo sanan, cuáles son sus rituales, qué recursos tienen dentro de sus propias comunidades.

En un nivel sistémico o cultural, crear espacios seguros nos permite tener las conversaciones difíciles que necesitamos como sociedad, en lugar de caer en la represión, negación o disociación. Después de que el huracán Katrina devastara Nueva Orleans, por ejemplo, los organizadores comunitarios reunieron a representantes de diversas poblaciones de la ciudad y sus alrededores para ofrecer un espacio seguro a las víctimas donde sus historias pudieran ser escuchadas, sus necesidades comprendidas y su sufrimiento validado.

ETAPA 3: NUEVAS NARRATIVAS

Es a menudo en esta etapa cuando la comunidad se percata de que lo que había funcionado en el pasado ya no funciona, cuando se plantea una forma renovada de ser y la necesidad de crear un nuevo paradigma y una nueva identidad grupal.

Esta es una extensión natural de la etapa anterior: las personas se han sentido lo bastante seguras para contar sus historias a nivel individual y comunitario, pero ahora están ampliando esas narrativas y, juntas, exploran el reino de lo posible. Saben qué no ha funcionado, qué les ha causado dolor y que ha llegado el momento de idear algo nuevo. El doctor Jack Saul lo denomina «proceso dialógico», donde el grupo puede «abrirse, dejando que las historias respiren», haciendo que las narrativas sobre sus dificultades pasen de ser estáticas a dinámicas. Las comunidades promueven este diálogo con el fin de «salir de la narrativa cerrada» de su pasado colectivo y avanzar hacia un futuro más libre. En esta etapa regenerativa, todo está abierto a debate: cómo contar su historia colectiva, cómo definirse, qué tipo de narrativas utilizar para describir quiénes son, cómo imaginar su futuro. Empiezan a entender que pueden cambiar el discurso y la narrativa de los traumas que arrastran en el ámbito familiar, cultural, nacional y global. Es esta comprensión lo que les permite, unidos, reimaginar, recrear y reformular su narrativa y su futuro con mayor libertad.

Los refugiados camboyanos que huyeron del régimen de Pol Pot y del genocidio infligido por los Jemeres Rojos, y que se establecieron en el Bronx, en la ciudad de Nueva York, y en Los Ángeles son un bello ejemplo de una comunidad que logró repensar y redefinir quién es. Tras llegar a los Estados Unidos, los camboyanos comenzaron poco a poco a crear una comunidad sostenible en su nuevo hogar. Tuvieron que adaptarse a nuevas ciudades, a un nuevo idioma y, muchos de ellos, a nuevas formas de ganarse la vida. Descubrieron cómo sobrevivir, adaptarse e incluso prosperar. Se dieron cuenta de que podían aplicar a su nueva situación la fortaleza, los recursos y la resiliencia que les había permitido sobrevivir a la guerra, y construir una nueva vida.

ETAPA 4: INTEGRACIÓN

Esta es la etapa del «ambos/y», un reinicio colectivo detonado por el trauma colectivo. El colectivo reconoce su pasado traumático, cómo afectó sus vidas y las vidas de sus ancestros e hijos. No lo entienden como una realidad presente que determina sus decisiones, sino como parte de la identidad colectiva, de la historia de su pueblo. Se convierte en algo que recordar y de lo que aprender; algo que integrar en una nueva y auténtica forma de ser.

Los camboyanos encontraron formas de integrar mucho de lo que habían dejado atrás en su nuevo hogar: su cultura, sus rituales e incluso su pasado traumático. Estaban orgullosos de su patrimonio cultural y querían compartirlo de forma que los estadounidenses pudieran probarlo, sentirlo y experimentarlo. Crearon festivales, tocaron música, exhibieron su arte, abrieron pequeños restaurantes locales donde ofrecían su gastronomía. Combinaron lo antiguo —la sabiduría y el conocimiento ancestrales— con lo nuevo, ayudando a las generaciones más jóvenes a convertirse en líderes por derecho propio. Encontraron una nueva identidad que combina sus costumbres camboyanas con la nueva cultura estadounidense.

Solo asimilando el pasado —todo el dolor y el sufrimiento soportados en colectivo— podremos estar plenamente presentes en nuestras vidas actuales. La asimilación consciente de las heridas de nuestros antepasados nos permite reestructurarlas, extraer su sabiduría y romper el ciclo de trauma intergeneracional para nuestros hijos y nietos.

ETAPA 5: SABIDURÍA Y CRECIMIENTO

Pasar de Integración a Sabiduría y Crecimiento no es fácil, ni es una progresión necesariamente natural para individuos o comunidades. Pero lo cierto es que el trauma colectivo —ya sea el 11 de septiembre, una pandemia o una tragedia familiar— puede servir para fortalecernos y hacernos más empáticos y compasivos. Esa experiencia puede darnos un propósito mayor y nuevas prioridades. Es la reconexión con el otro, el buscar ayuda u ofrecerla, lo que nos brinda la oportunidad de crecer como comunidad. Arroja luz sobre las heridas invisibles de tantos miembros marginados de nuestra sociedad y sobre las acciones de aquellos que han causado ese sufrimiento.

Comprometerse con la sabiduría y el crecimiento requiere de un nivel más elevado de consciencia, de un compromiso a escucharnos profundamente y de un entendimiento como colectivo. En esta etapa, la comunidad debe evocar la sabiduría de su linaje, sus ancestros y culturas pasadas. ¿Cómo la ha condicionado su historia? ¿Qué dones nacidos de las heridas del pasado puede aprovechar la colectividad? ¿Cómo puede esta reconocer sus traumas para no repetirlos?

Es importante entender que esta etapa nos exige un gran cambio hacia una comprensión más espiritual y conectada con lo que significa vivir en comunidad y en el mundo. Exige que el colectivo reevalúe su propósito y la labor que realiza en el mundo. ¿Cuál es su propósito? ¿Cómo puede servir a otros? Se suele decir que el propósito nace del sufrimiento; que de la sabiduría surgida de nuestro dolor emerge una comprensión intuitiva de que estamos interconectados y somos interdependientes; que el dolor que experimentamos forma parte de la condición humana, lo que condiciona nuestra misión en la vida. La sanación dentro de nuestras comunidades es lo que puede comenzar a sanar al mundo.

Como resultado de experimentar el crecimiento postraumático colectivo, los grupos, sociedades y culturas lograrán una mayor comprensión de sí mismos; se volverán más conscientes sobre sus orígenes y su historia compartida. Cuando formamos parte de una comunidad, somos más tolerantes entre nosotros, tenemos relaciones más significativas y desarrollamos colectivamente un propósito más profundo. Al aceptar nuestro trauma, vemos con mayor claridad y alcanzamos un nuevo nivel de autoaceptación; pasamos de centrar nuestra narrativa en la culpa al crecimiento y la sabiduría. Con una visión común y una serie de objetivos, lo que generalmente implica ayudar a otros en la comunidad, el colectivo puede repararse y sanar desde dentro.

En la Segunda parte, profundizaremos en las etapas del CPT, analizando cómo se desarrollan, qué sucede en cada una de ellas y cómo podemos ponerlas en práctica. Descubrirás cómo implementar estas etapas en situaciones de tu propia vida, de forma individual y colectiva. Te invito a comenzar desde donde te encuentres y recurrir a ellas tantas veces como lo necesites.

Segunda parte

Atravesando las etapas

Capítulo 7

La Etapa de Reconocer: Aceptación Radical

«Solo cuando mires dentro de tu corazón, tu visión se hará más clara. Aquel que mira afuera, sueña. Quien mira en su interior, despierta».

—CARL GUSTAV JUNG

LA ETAPA DE RECONOCER: TEMAS CLAVE

Vulnerabilidad: el yo débil en un mundo hostil y hecho añicos; indefenso, desamparado, débil.

Aislamiento: el yo abandonado en un mundo indiferente; aislado, inútil, desesperado.

Parálisis: el yo confundido en un mundo caótico, sin sentido e indiferente; paralizado, desorganizado y desordenado.

Esta primera etapa, la Aceptación Radical, comienza con las secuelas de un evento traumático, cuando entendemos que ha sucedido algo terrible y estamos en pleno trauma. Ya no podemos fingir que todo está bien. Sentimos que hemos perdido el control: no sabemos quiénes somos, cómo funciona el mundo o cómo relacionarnos con los demás. Quizá estemos hipervigilantes o disociados, quizá nos asalten pesadillas o revivamos continuamente el trauma.

El trauma puede surgir de cualquier tipo de experiencia: desde un aborto espontáneo, una ruptura amorosa o la pérdida de un empleo hasta el abuso físico o emocional, o un terrible accidente. La historia de Alejandro, el joven que sobrevivió a un tiroteo escolar, es sin duda un caso extremo. Su mundo entero se destruyó junto con su concepción de sí mismo. En esta etapa, la persona traumatizada experimenta literalmente una *fragmentación del sistema*.

Cuando vivimos una experiencia traumática —ya sea un evento catastrófico, un desamor insoportable o un despido de un trabajo que amamos— puede que desarrollemos, consciente o inconscientemente, mecanismos de afrontamiento para poder seguir adelante. Es posible que estas conductas adaptativas hagan que nos disociemos, neguemos o nos alejemos de lo que duele; es lo que nos permite funcionar sin sentir el dolor, la pérdida o el sufrimiento. A veces, estos mecanismos son muy sofisticados y, otras, bastante simples. Pueden funcionar durante un tiempo, incluso años, y después… dejar de hacerlo. En lugar de ayudarte, pasan a hacerte daño. Y he aquí el problema: si esto llega a suceder, quizá ni te percates de que han dejado de funcionar. Viene a ser como utilizar una manguera de jardín para apagar un incendio en tu sala de estar. Quizá funciona a la perfección y apaga el fuego. Pero si mantienes el chorro a toda potencia, sin darte cuenta de que el nivel del agua sigue subiendo y subiendo y subiendo, terminas por ahogarte en aquello que debía salvarte. La estrategia que creaste para salvar tu casa puede terminar por empeorar las cosas.

Mi colega psicóloga y querida amiga de Venezuela, Carolina

Arbeláez, tiene una forma maravillosa de expresar este comportamiento paradójico. Esto es lo que un día me explicó:

> Las defensas psicológicas o mecanismos de afrontamiento en el trauma son como puentes provisionales que construimos en zonas de desastre para que las personas o poblaciones no queden desconectadas e incomunicadas. Pero luego, esos puentes se quedan ahí para siempre y no llegamos a indagar en soluciones más eficientes y profundas que permitirían una sanación más estable y auténtica. (De la misma forma, posponemos una mejor y más profunda resolución del trauma que nos llevaría a una vida más saludable, estable y auténtica).
>
> Solo reparamos las cosas a medias, lo justo para poder continuar con nuestro día a día y tener una falsa sensación de «normalidad». Pero por dentro la situación es otra: la oscuridad y la humedad de nuestro dolor favorecen el crecimiento de un moho existencial, que devora nuestra voluntad de vivir. No nos deja ver la luz del sol.
>
> Tener una cierta consciencia nos permite «ver» el daño. Salir adelante requiere energía; ¿cuántos mensajes de *No vivas, no sirves para nada, no mereces la pena* hemos acumulado en nuestras células? Cuán profundamente heridos estamos, viviendo día a día vestidos de «normalidad» sin tratar nuestras heridas; camuflados, menospreciados, «olvidados» en el eterno caos que tenemos en el guardarropa.

Como señala Carolina, los mecanismos de afrontamiento (puentes temporales) no son más que soluciones a corto plazo diseñadas para que podamos seguir funcionando en el día a día. Pero cuando el puente se desploma, cuando nuestros mecanismos de defensa dejan de funcionar, cuando lo que sufrimos ahora es peor que el dolor que nos hemos esforzado tanto por evitar, es hora de rendirse. Como dicen en Alcohólicos Anónimos, hemos tocado fondo. Todo es un desastre, nos hemos vuelto insoportables y vemos que algo tiene que cambiar. Es hora de «atender» las heridas enterradas en lo más profundo de nuestro ser. Es hora de aceptar radicalmente que estas heridas, que pueden haber sido provocadas por algo que sucedió ayer, la semana pasada o hace muchos años, siguen muy vigentes en el ahora. Hemos entrado en la Etapa de Reconocer: Aceptación Radical.

Como hemos comentado en el Capítulo 6, la Aceptación Radical también aplica al reconocimiento del trauma colectivo, tanto a las heridas obvias como a las invisibles, y a las lesiones morales que las personas y comunidades llevan consigo. Familias, comunidades, pueblos marginalizados y países devastados por la guerra a menudo construyen barreras (al igual que los individuos) que les impiden reconocer el sufrimiento cultural y sistémico. Como dice Judith Herman: «La negación, la represión y la disociación no solo operan a nivel individual, sino también a nivel social». Para comenzar a sanar, primero deben poder «ver el daño» y luego aceptar radicalmente que el sufrimiento del individuo existe dentro del sufrimiento colectivo. Thomas Hübl, en su libro *Sanar el trauma colectivo*, describe lo que él llama la «firma del trauma» de un grupo de personas:

> Es como si un enorme elefante se sentara en la sala de tu casa; quizá no todos lo vean o admitan que está ahí, pero todos se verán afectados por su presencia. Todo en nuestras sociedades —desde la geopolítica hasta los negocios, el clima, la tecnología, la medicina, el entretenimiento, la fama y mucho más— está condicionado por la existencia de este elefante, por el residuo de nuestro trauma colectivo. *Mientras no reconozcamos o nos ocupemos adecuadamente de él, el elefante seguirá creciendo* [énfasis mío].

Tomar consciencia del dolor

Aunque quizá antes ya hubieras experimentado síntomas físicos o emocionales inexplicables de desregulación del sistema nervioso, es probable que con la Aceptación Radical te hagas más consciente de tus emociones y comportamientos. A lo mejor incluso eres capaz de distinguir entre una respuesta emocional «normal» y una respuesta traumática desregulada. Esta es la Etapa de Reconocer, cuando recuerdas y aceptas.

Mi paciente Paula, a la que mencioné por primera vez en el Capítulo 5, es un ejemplo perfecto de ello. Me contó que un día se dio vuelta y se encontró a su hija de cinco años parada frente a ella... y se quedó paralizada. Apenas podía respirar cuando, de repente, cayó en la cuenta: *Dios mío, abusaron sexualmente de mí cuando tenía su edad. Soy una sobreviviente de abusos sexuales.* En ese momento, supo que no solo tenía que aceptar que había sido una víctima, sino que también tenía que darle nombre a su experiencia, reconocerla como un trauma y tomar medidas para sanar, no solo por su propio bien, sino también por el de su hija.

A otro paciente mío, un joven al que llamaré Oren, le encantaba la rumba dura: emborracharse, consumir cocaína y estar fuera toda la noche. Me dijo que eso nunca le había parecido un problema —solo algo divertido— hasta que su mejor amigo organizó una intervención. A raíz de aquello, me contó, se sumió en una espiral de negación y culpó a su amigo de exagerar y de abandonarlo. Hasta que un día, manejando tras una larga noche de fiesta, se salió de la carretera y sufrió múltiples lesiones. Postrado en la cama del hospital, completamente incapacitado, lo entendió: *Soy adicto a las drogas y, si sigo así, voy a morir.*

Como entendieron Paula y Oren (e incontables personas más), aceptar que algo que está sucediendo nos hace daño es un acto radical, incluso si no podemos articularlo del todo (como hizo Paula) o ponerle nombre (como hizo Oren). Ser vulnerable exige coraje, enfrentar emociones que preferiríamos no sentir, reparar en patrones de conducta que preferiríamos no ver y recordar experiencias que preferiríamos mantener enterradas. Es un estado muy confuso que puede dejar a cualquiera destruido, desorientado y asustado. Aquí es donde finalmente decimos: *Ya no puedo vivir así. No quiero fingir que todo está bien. No puedo seguir con esta adicción o negando la situación*. Llegados a este punto, es habitual sentirnos desconectados de la familia, aislados de la comunidad, abandonados por el mundo y desconectados de nuestro propio cuerpo y emociones. Nada tiene sentido; el mundo es caótico e indiferente. Nadie más puede ayudarnos; es algo que debemos aceptar dentro de nosotros mismos.

El caso es que un cambio duradero solo puede provenir de nuestro interior, nunca del exterior, sin importar de qué tipo este sea. Puede ser un cambio en tu cuerpo, en tu mente o en tu religión. Pero siempre debe venir desde dentro, desde el entendimiento de que algo está sucediendo. Como explica el doctor Van der Kolk, el trauma es el residuo que vive dentro de ti, las heridas que no sanan. Estás experimentando un evento traumático pasado como si sucediera en el momento presente. Esta es una respuesta al trauma. Solo podrás aceptar radicalmente tu sufrimiento si miras hacia adentro y ves, sientes y reconoces tus heridas. El trauma vive en tu cuerpo y solo tú tienes la llave y el poder para librarte del control que tiene sobre ti. Esto es lo que convierte a la etapa de la Aceptación Radical en algo tan complicado para algunas personas y tan liberador para otras.

La cantante y actriz Lady Gaga explicó esto muy bien en una entrevista que le hizo Oprah Winfrey en 2020 (y luego cuando participó en la serie de televisión de Oprah y el príncipe Harry,

The Me You Can't See). Allí la vi atestiguar cómo llegó a adoptar la Aceptación Radical tras muchos años de incesante dolor. Contó que, cuando tenía diecinueve años, un productor musical de quien no dio el nombre la mantuvo encerrada en un estudio por meses, donde la violó una y otra vez, hasta que la dejó tirada cerca de la casa de sus padres, embarazada y vomitando. Explicó que no tenía terapeuta ni forma alguna de lidiar con lo sucedido. Su vida cambiaba más deprisa de lo que podía procesar. De la noche a la mañana se convirtió en una estrella; empujada a los escenarios, viajando y haciendo música, se limitó a no pensar en ello. Hasta que desarrolló un intenso dolor en todo el cuerpo, muy similar al que había sufrido tras las violaciones. Dolor alternado con insensibilidad: ambas respuestas al trauma. Además de eso, empezó a autolesionarse; en ocasiones, incluso se golpeaba contra las paredes... cualquier cosa que la aliviara, aunque fuera un instante, del otro dolor que sentía. Según le contó a Oprah, esa era su forma de mostrarles a los demás que estaba sufriendo, pues no tenía otra manera de decirlo.

Finalmente, en 2016 —once años después de haber sido abusada—, le diagnosticaron TEPT y fibromialgia, una enfermedad crónica que se manifiesta como un intenso dolor y que, según se ha demostrado, algunas veces puede ser consecuencia del abuso físico y el TEPT. Así lo confirmó un estudio llevado a cabo en Israel, que evaluó a veteranos de guerra. Según su investigador principal, el doctor Howard Amital, la correlación entre la fibromialgia y el TEPT es mucho mayor que la del TEPT y la depresión clínica, a pesar de que la gravedad de ambos trastornos psiquiátricos es similar[1].

En la entrevista, Gaga confesó que terminó por sufrir una crisis psicótica y fue hospitalizada brevemente. Después, vinieron días y semanas en que apenas podía levantarse del sofá. Los médicos no sabían cómo hacer que se moviera. Al final, uno de ellos le dijo: «Vas a tener que aceptar radicalmente que te va a doler todos los días». Le contó a Oprah que, aunque el consejo le pareció ridículo, lo aceptó y poco a poco su dolor comenzó a disminuir hasta que logró volver a moverse y, finalmente, volver a actuar. Lady Gaga admitió que no fue fácil aceptar radicalmente su dolor como una respuesta al trauma y reconocer que necesitaba ayuda, pero más difícil hubiese sido vivir una vida de dolor y sufrimiento interminables.

La Aceptación Radical no es fácil

Sufrir un trauma es como perder una parte vital de ti mismo. Te desconectas de esa parte de ti que aún cree en la vida, que aún cree que mereces recibir amor. Con el lastre de sentir desesperanza e impotencia, la idea de aceptar radicalmente tu situación puede parecer imposible. Por culpa de esto, quizá todavía no tengas la disposición para dar el salto… y no pasa nada. Es posible que todavía no cuentes con los recursos o la motivación para salir de tu desesperación. Varios pacientes me han contado que tuvieron que pasar años acumulando dolor y conductas erráticas antes de que algo los sacudiera y los hiciera darse cuenta de que querían vivir. De que anhelaban, y merecían, una vida más feliz.

Qué pasa por dentro

Cuando estamos inmersos en el trauma y nuestro cuerpo almacena emociones no procesadas, el sistema nervioso entra en modo de supervivencia, lo que nos afecta física, mental y psicológicamente. Sufrimos de desregulación emocional, entramos en estado de hiperalerta e hipervigilancia, disociamos, evitamos, estamos agitados y asustados… todo en un intento de lidiar con el dolor. Cuando esto sucede, el cuerpo puede experimentar alguna de las siguientes respuestas de supervivencia:

Lucha. Cuando nuestro sistema nervioso está en estado de hiperalerta, podemos sentirnos agitados, distraídos y a la defensiva, creer que todo está en nuestra contra. El mundo es un lugar peligroso; todo es una amenaza. Cuando esto ocurre, quizá nos descubramos discutiendo con nuestra pareja, familiares, amigos o compañeros de trabajo. Podemos ponernos temperamentales sin previo aviso, volvernos violentos, escandalosos y agresivos. En otras palabras, podemos volvernos intratables.

Huida. Alternativamente, una respuesta traumática a veces puede hacer que nos resulte insoportable estar con otras personas. El mundo es caótico y desorganizado; todo se siente demasiado. Quizá no consigamos estarnos quietos y tengamos un exceso de energía nerviosa que a veces puede derivar en un ataque de pánico. Cuando tenemos una respuesta de huida, nos volvemos maestros de la evasión y la distracción. Frente a una situación que sintamos algo incómoda o controvertida, podemos disociar e irnos, a veces incluso físicamente. En este estado, las conductas adictivas —como el consumo de drogas y alcohol— también son formas comunes de desconexión y negación. Preferimos mantener la mente ocupada y centrarnos en el trabajo en lugar de enfrentar nuestras emociones o hablar de temas personales.

Parálisis. No es raro sentirnos atascados y entumecidos cuando sufrimos sin saber por qué. En la respuesta de parálisis, todo parece imposible. El mundo es indiferente, a menudo nos sentimos desconectados de amigos y familiares, nos sentimos inútiles y deprimidos. Puede sentirse casi imposible tomar decisiones deliberadas —o acceder a nuestra imaginación y creatividad—, lo que complica más salir de este bucle. De hecho, puede haber días en que ni tan siquiera podamos levantarnos de la cama o el sofá.

La experiencia de Lady Gaga es un ejemplo claro del estado de parálisis.

Complacencia. Es cuando reaccionamos con codependencia emocional e incapacidad de poner límites; en este estado, nos sentimos tan frágiles e inseguros que renunciamos a cualquier sentido de autonomía. Nuestro concepto del yo se ha derrumbado y el mundo se ha vuelto un lugar demasiado confuso para transitarlo. Cuando pasamos por esto, podemos tenerle tanto miedo al rechazo (o a la violencia, o al dolor o al conflicto) que evitamos consciente o inconscientemente cualquier conducta que pueda molestar a otros. Respondemos desde el miedo, desde la falta de confianza, y permitimos que otros tomen decisiones por nosotros, nos digan cómo ser, en qué creer y cómo actuar. Somos incapaces de ser firmes y estamos a merced de los demás.

Cómo trabajar con la Aceptación Radical

Para empezar, es importante entender que las emociones intensas no son, en sí mismas, traumáticas. Podemos aceptarlas por lo que son: respuestas ante la vida, una reacción a algo que ha removido nuestras emociones en algún sentido; por ejemplo, percatarnos de que nos sentimos muy tristes en este momento. Podemos poner nuestra tristeza en contexto: ¿a qué está conectada? ¿Dónde reside? Estar en contacto con nuestras emociones nos permite entender que nuestra tristeza está vinculada a una experiencia concreta o incluso a un recuerdo antiguo. Mi paciente Bella vivió durante mucho tiempo con una tristeza profunda y persistente que combatió, evitó, negó y, en última instancia, culpó de gran parte de sus problemas de salud mental. De bebé, Bella fue adoptada por una pareja mayor, ambos sobrevivientes del Holocausto de primera generación. De niña, siempre se sintió fuera de lugar. No porque dudara del amor de sus padres. La amaban. Pero como sobrevivientes polacos del Holocausto llevaban consigo una carga que ella nunca logró entender del todo. Incluso a una edad más madura, no logró sacudirse la sensación de que no encajaba, de que no tenía voz propia.

Esto continuó durante muchos años y luego, un día, algo cambió. Más adelante me contó que había entrado en su departamento después del trabajo, había mirado a su alrededor y se había detenido. «En ese momento entendí de verdad que estaba completamente sola. Y sentí el dolor que eso me provocaba. Ya no quería seguir culpando a mis padres ni buscando una solución fuera de mí misma. Estaba lista para aceptar que estaba sufriendo, que estaba triste y que ya no quería sentirme así. Ya no quería seguir así». En ese momento de Aceptación Radical, Bella tomó la decisión de buscar ayuda.

Bella logró separar sus sentimientos de la narrativa que se había contado durante todos esos años sobre el por qué, cuándo y dónde y se limitó a sentir lo que salía de ella. Cuando logramos hacer esto, cuando somos capaces de localizar este sentimiento en nuestro cuerpo, quizá podamos identificarlo y dejarlo fluir. Tener una fuerte conexión emocional con nosotros mismos puede ayudarnos a determinar cuándo actuar en función de nuestras emociones y cuándo limitarnos a reconocerlas y dejarlas ir. Y eso puede ayudarnos a reconocer nuestro trauma y darle un nombre.

A algunos de nosotros nos basta con poder aceptar radicalmente cómo nuestros traumas han afectado nuestras conductas pasadas y actuales. De hecho, puede ser bastante liberador descubrir, nombrar y aceptar por completo la causa de nuestro sufrimiento. Pero no importa cuán liberador se sienta, puede no ser nada fácil pasar por este proceso. He aquí algunas formas de identificar si estás listo para la Aceptación Radical.

ESTÁS LISTO PARA LA ACEPTACIÓN RADICAL CUANDO...

- Tus mecanismos de afrontamiento ya no funcionan.
- Tus mecanismos (y conductas) de defensa te provocan más dolor y sufrimiento que alegría.
- Te sientes paralizado y estancado en la vida.
- Tus emociones te abruman con facilidad.
- Ya no soportas la intensidad de tu ansiedad.
- Experimentas dolores físicos inexplicables y angustia emocional.
- Estás harto de estar harto.
- Reconoces que tus relaciones son un desastre.
- Estás cansado del drama.
- No quieres vivir más sintiendo miedo o soledad.
- No tienes un nombre para lo que estás experimentando.
- Sientes desesperación, impotencia y desconexión de los demás.
- Te das cuenta de que tienes un historial de trauma infantil.

El vocabulario de las emociones

Ahora que estás comenzando a identificar y nombrar tus emociones, he aquí una lista que puede ayudarte a ampliar tu vocabulario emocional.

Agotado	Inútil	Contento	Travieso
Enojado	Sospechoso	Equilibrado	Cauteloso
Avergonzado	Celoso	Roto	Solitario
Enfurecido	Atormentado	Paralizado	Ansioso
Abrumado	Confundido	Seguro	Emocionado
Aburrido	Satisfecho	Tímido	Rechazado
Entusiasmado	Feliz	Tenso	Nervioso
Agradecido	Esperanzado	Extasiado	Impotente
Preocupado	Sorprendido	Frustrado	Asustado

Desesperado	Asqueado	Alegre	Melancólico
Herido	Tranquilo	Incómodo	Inspirado
Culpable	Amoroso	Decepcionado	
Triste	Impactado	Deprimido	

AFIRMACIONES

A veces, nos ayuda recordarnos que de verdad merecemos la felicidad y la conexión. Podemos hacerlo creando afirmaciones positivas para repetirnos tantas veces como necesitemos o queramos.

- Tengo todo lo que necesito para comenzar a sanar.
- Me doy permiso para ser humano.
- No necesito arreglar nada; puedo limitarme a observar.
- Soy buena conmigo misma y amorosa con mis sentimientos.
- Mis sentimientos tienen sentido y son legítimos.
- Acepto todas las partes de mí, incluso si no siempre las entiendo.
- Merezco amor.
- Puedo aceptar radicalmente cómo me siento en este momento.

PRÁCTICA DE LA ACEPTACIÓN RADICAL

He aquí una práctica para generar consciencia que puede ayudarte a empezar a conectar con tus emociones.

1. Siéntate o recuéstate, procurando la mayor comodidad posible. Puedes dejar reposar la cabeza en una almohada, arroparte con una manta o apoyar la espalda contra una pared. Lo que vaya a ayudarte a quedarte inmóvil por un rato.

2. Tómate unos momentos para sentir tu respiración. Suaviza tu mirada (o cierra los ojos), inhala y exhala suavemente por la nariz, haciendo ruido. Con cada exhalación, recuerda que estás entero, que eres humano y que estás bien.

3. Permite que tu respiración sea circular; es decir, no trates de detenerla. Deja que la exhalación se convierta naturalmente en una inhalación, que a su vez llevará a otra exhalación.

4. A medida que sigas este patrón de respiración, los pensamientos y las emociones aparecerán naturalmente. Permíteles surgir, perdurar y disolverse. No intentes arreglar nada; no analices. Limítate a observarlos.

5. ¿Puedes nombrar estos pensamientos y emociones? Te recomiendo escribirlos y luego reflexionar sobre ellos en tu diario.

6. ¿Qué has descubierto? ¿Puedes aceptarlo radicalmente? *Acepto radicalmente que soy/estoy…*

Capítulo 8

La Etapa del Despertar: Seguridad y Protección

«Todo puede serle arrebatado a un hombre, menos la última de las libertades humanas: el elegir su actitud ante una serie dada de circunstancias, el elegir su propio camino».

—VIKTOR FRANKL

LA ETAPA DEL DESPERTAR: TEMAS CLAVE

Protección: el yo se siente protegido, libre de cargas.

Cuidado: el mundo es amoroso, confiable; el yo no se siente tan solo.

Receptividad: el yo se siente liberado; otros sienten su dolor; el mundo es menos caótico.

A esta altura, ya hemos aceptado radicalmente que estamos sufriendo, que nos sentimos impotentes, desesperados y estancados. Nuestra soledad y aislamiento nos hacen desgraciados. Cuando entendemos por lo que estamos pasando —y admitimos que no podemos salir de ello solos— empezamos a considerar la *posibilidad* de buscar apoyo en otra persona. Este sutil cambio de mentalidad puede bastar para que lleguemos, poco a poco, al reino de la seguridad y la protección, donde ocurre la segunda etapa del crecimiento postraumático.

Si eres como muchas personas que han experimentado un evento traumático, la idea de aventurarte fuera de tu zona de confort puede echarte para atrás e incluso paralizarte. Solo cuando aceptas radicalmente que tu sufrimiento se ha vuelto una carga, que te produce una angustia severa, quizá decidas que ha llegado el momento de cambiar, que estás listo para cambiar. Para hacer eso, debes comenzar a cambiar física, emocional y energéticamente.

En la etapa de Seguridad y Protección es donde comienza nuestro amanecer. Cuando nos volvemos conscientes de nosotros mismos, de los demás y del mundo. Es el inicio de un despertar. Esta etapa trata de moverse y liberarse, es decir, de acercarse a lo que evoque seguridad y alejarse de personas y lugares que provoquen angustia.

En esta Etapa del Despertar, buscas a tientas y con cuidado seguridad y protección. Esto puede significar ponerte en contacto con alguien en quien confías y empezar a compartir lo que has vivido. Esa persona puede ser tu terapeuta, un amigo cercano, un familiar, un maestro de yoga, un mentor o incluso un grupo de personas… cualquiera cuya presencia te empodere para contar tu historia y que responda con un *Te creo. Lo que me cuentas ocurrió. Sigo queriéndote y valorándote.*

También puede ser un lugar físico donde te sientas seguro y protegido. Animo a mis pacientes a buscar algún lugar que tenga un significado especial y que despierte en ellos una sensación de calma y seguridad. Cualquier lugar vale, siempre y cuando evoque una sensación de paz y asociaciones positivas. En tu caso, puede ser el océano o las montañas; una habitación especial en tu casa o incluso un sitio imaginario al que te retiras en tu mente. Lo importante es que encuentres un lugar seguro donde puedas considerar que potencialmente existen otras formas de entender el mundo y a ti mismo.

Pero que alguien se sienta seguro no tiene por qué significar que está cómodo expresando sus sentimientos. Cuando mi paciente Liana vino a verme por primera vez, se sentía perdida, confundida y muy deprimida. Parecía sentirse segura en mi oficina, pero no daba la impresión de querer hablar en absoluto. Y eso no cambió hasta que le ofrecí papel y lápices. Escribía las partes de su historia que quería compartir conmigo. Escribió que había estado autolesionándose y teniendo otras conductas que sentía como autodestructivas. A lo largo de nuestras sesiones, empezó a ver cómo su comportamiento le permitía penetrar su entumecimiento y sentir algo; era como un grito de ayuda y una forma de mostrar a los demás que estaba sufriendo, pues no podía decirlo. Poco a poco, se dio cuenta de que podía dejar de autolesionarse cuando se sentía lo bastante segura para expresar sus sentimientos. Podía compartir partes de su historia sin cerrarse. Cuando estamos en una respuesta al trauma, es muy difícil —y sin embargo muy necesario— aceptar la escucha compasiva de otros. Como demuestra la historia de Liana, no hay nada más poderoso que ser visto, acunado y escuchado.

Encontrar apoyo

Cuando logramos conectar con alguien que de verdad escucha lo que tenemos que decir —incluso si es solo un conocido o alguien que encontramos de manera fortuita— el mundo parece y se siente un poco más amable y manejable y menos caótico. Tener una relación con alguien en quien podemos confiar nos ayuda a sentirnos escuchados sin ser juzgados. En esos momentos, estamos seguros y protegidos.

Esta etapa me recuerda a una experiencia que tuve hace muchos años trabajando en Nueva York, en el Programa Bellevue para Sobrevivientes de Tortura. Atendía a refugiados y solicitantes de asilo que llegaban a la ciudad desde todo el mundo. Recuerdo un caso en particular. Un joven llegó a nuestro centro, confundido y asustado. No hablaba inglés. Tan pronto como me escuchó hablar español, vi cómo su cuerpo comenzaba a relajarse; en cuanto le dije que el centro era un lugar seguro, un santuario dentro del hospital, y que no sería deportado, se sintió tan agradecido que rompió a llorar… y luego comenzó a contarme su historia. Poco a poco, confió lo suficiente en mí para ser vulnerable y honesto. Entonces vi cuán importante es para el proceso de sanación disponer de un lugar seguro. Ahí aprendí a no subestimar el poder de estar presente, incluso si no sabes qué decir o cómo arreglar las cosas.

Hay muchas formas de recibir la amabilidad y la compasión de otros, de sentirnos seguros y protegidos. No siempre implica sentarse en el diván de un terapeuta. Una de mis pacientes, que había pasado por un divorcio difícil, fue con una amiga a una clase de movimiento 5Rhythms, una mezcla de improvisación, danza y meditación. Entró sintiéndose incómoda, fuera de lugar y convencida de que todo el mundo vería que no pintaba nada ahí. Pero, como me contó, la maestra había «creado un espacio tan acogedor que no pude evitar unirme. Recuerdo dar vueltas en el círculo, moviéndome y llorando, dejando ir toda la vergüenza que sentía por dentro. Nunca esperé sentirme tan acogida por perfectos desconocidos. Fue verdaderamente hermoso».

Participar en un retiro de yoga o meditación o asistir a un taller de fin de semana de relajación y renovación es otra forma de cultivar este sentimiento de seguridad. También hay quien encuentra consuelo al salir de la ciudad y visitar un lugar nuevo. Puede resultar más fácil aceptar la amabilidad de desconocidos y compartir intimidades cuando probablemente se trate de un encuentro único.

La amabilidad y compasión de otros son los cimientos mismos de esta etapa, cosa que, en cierto sentido, va en contra de lo que dicta la sociedad: *Échale ganas, sé fuerte. Si te caes, levántate y sigue adelante. No muestres emociones, eso significaría que eres débil. Si la vida te hace daño, arréglatelas, pero ni se te ocurra hablar de ello*. Por el contrario, esta Etapa del Despertar nos ofrece el espacio que necesitamos para frenar, reflexionar y permitir que afloren nuestros sentimientos. Nos sentimos lo bastante seguros para tomarnos las cosas con calma e ir a nuestro propio paso. Sin embargo, no siempre es un camino fácil de seguir, incluso cuando sabemos que es el correcto. Se necesita valor para enfrentar nuestro dolor, examinarlo y experimentarlo a medida que surge… y se necesita todavía más valor para compartir la experiencia con otro ser humano. No siempre sale de manera ordenada y predecible. ¡Y no pasa nada! A veces se expresa en arrebatos de ira, ataques de rabia y torrentes de lágrimas.

Mi paciente Rita era así. Me llamó una mañana durante los primeros tiempos de la pandemia tras haber pasado un par de meses cuarentenada con su familia. Estaba sollozando: «Necesito ayuda, doctora, me estoy muriendo, no sé qué voy a hacer. Esto es lo peor que me ha pasado en la vida. Estoy desesperada. Necesito hablar con usted. Estoy a punto de volverme loca».

Cuando llegó a mi consulta, ya se había calmado lo suficiente como para que yo pudiera entender lo que decía. Comenzó a contarme que llevaba veinticinco años casada y que ahora estaba con su esposo y sus cuatro hijas en casa debido a la pandemia, cosa poco habitual. Una mañana, escuchó sonar varias veces el celular de su esposo, así que contestó y… aquí empezó a llorar con tanta fuerza que no podía pronunciar palabra. Finalmente, me dijo que había encontrado pruebas de que estaba teniendo una aventura… ¡con la vecina! Y que no había sido cosa de una noche. Llevaban varios años viéndose. Estaba destrozada. Rompió a llorar de nuevo hasta que, al final, me miró y dijo: «No sé qué hacer. Me rindo. Estoy en sus manos. Por favor, dígame qué tengo que hacer porque ni siquiera puedo pensar con claridad». No le dije qué hacer; ese no es mi trabajo. Me limité a escuchar compasivamente y a crear un espacio en el que pudiera expresar sus emociones como necesitara.

La historia de Rita no es inusual. Más de un paciente ha entrado a mi consulta en pleno ataque de ira: *Estoy furioso porque mi madre me rechazó. Y también porque lo permití. Estoy enojado con ella, pero no puedo enojarme con ella, así que voy a gritarle a mi terapeuta.* Sus emociones están a flor de piel, su mismo ser lo está, pero no tienen otra forma de expresarse. No hacen esto porque yo los enoje, sino porque por fin se sienten lo bastante seguros para expresar sentimientos reales que, hasta la fecha, habían reprimido. Es una forma de liberar el cuerpo del dolor tóxico, la ira y la tristeza que sienten.

Otros pacientes han venido a verme siendo casi incapaces de funcionar o de sentir algo. Bill, el bombero que he mencionado en el Capítulo 3, es un buen ejemplo. Como miembro de los servicios de emergencia durante los atentados del 11 de septiembre, presenció las horribles muertes de cientos de personas, incluidos muchos de sus amigos y colegas que perecieron entre los escombros. Sufrió profundamente, pero no sabía cómo hablar de ello. Se alejó de su familia y compañeros de trabajo; empezó a beber en exceso y se negó a hablar con nadie. Finalmente, tras un intento de suicidio, entendió que necesitaba ayuda. Cuando vino a verme, estaba agitado y, al mismo tiempo, disociado y desconectado de sus sentimientos. No quería hablar mucho, lo cual no era un problema, y no creía que realmente pudiera explicar por qué se sentía tan desgraciado. A mí me correspondía honrar su proceso, crear un espacio donde se sintiera lo bastante seguro para compartir su historia y sus sentimientos y escucharlo compasivamente cuando quería hablar.

Durante nuestro tiempo juntos, reconocí y validé su sufrimiento repitiéndole a menudo: «No pasa nada, aquí estás a salvo. Reconozco cuán difícil y doloroso debe ser todo eso». Le aseguré que podía expresarse de cualquier manera que eligiera: podía hablar, gritar, cantar, llorar o bailar su dolor… o, sencillamente, no hacer nada. No tenía una agenda para él. Saber que le creía y que realmente lo estaba escuchando sin juzgarlo lo relajó. Poco a poco, comenzó a confiar lo suficiente en mí como para abrirse. Por supuesto, no fue cosa de una sola sesión ni todas las sesiones fueron iguales. A veces tenía mucho que compartir y, otras, se cerraba. Todo esto es una respuesta normal al trauma y una forma perfectamente común de trabajar esta etapa.

Qué pasa por dentro

Como exploramos en Aceptación Radical, el trauma puede ser un tanto paradójico. Mientras sufrimos, es posible que solo queramos que nos dejen en paz; no queremos existir en el mundo porque es un lugar amenazador y confuso. Nadie podría entender por lo que estamos pasando y, aunque pudieran, tratar de explicarlo sería un esfuerzo demasiado grande. Al mismo tiempo, hemos aceptado que el aislamiento está empeorando nuestra respuesta al trauma y que la única forma de sanar es salir de él y encontrar personas con las que nos sintamos cómodos y en las que podamos confiar. El aislamiento engendra soledad y la soledad desregula nuestro sistema nervioso —que está diseñado para la conexión— y eso hace que sea más difícil establecer vínculos basados en la confianza. Puede parecer un círculo vicioso. Pero si esta es tu experiencia, debes saber que es una reacción fisiológica normal.

Incluso tras haber salido de nuestra zona de confort y haber buscado ayuda, nuestro sistema nervioso puede seguir en modo reactivo. No es tan sencillo sentirnos seguros de la noche a la mañana. No es raro entrar y salir de una respuesta de lucha-huida-parálisis-complacencia, especialmente al principio. *Puede que yo haya logrado llegar hasta aquí* [a la consulta de la terapeuta, al estudio de yoga, al grupo de apoyo], *pero ¿y si ha sido un error? Es demasiado. No, no quiero sentarme. Bueno, tal vez pueda quedarme, pero no me mires. No puedo lidiar con eso. No debería haber venido, pero no se siente del todo mal. Quizá debería darle una oportunidad.* No te sorprendas si tus emociones se desequilibran y tu mente tiene problemas para mantener la calma. Esto se debe a que el trauma afecta a tu capacidad de estar presente sin evocar el pasado. En cierto sentido, te lo puedes imaginar como un baile entre dos partes de tu cerebro: la amígdala, el hogar de la memoria implícita (emocional o inconsciente), y el hipocampo, el hogar de la memoria explícita (es decir, lo que sucede en el momento presente).

La memoria implícita es una respuesta conectada a algo que sucedió en el pasado y de lo que quizá ni somos conscientes. Por ejemplo, si aprendiste a andar en bicicleta cuando eras pequeño, ese recuerdo está almacenado y surge cada vez que decides subirte en una. No tienes que volver a aprender a hacerlo. Cuando hay un fuerte contenido emocional asociado a un recuerdo implícito, la amígdala, que forma parte de nuestro cerebro emocional, se activa. Por ejemplo, cuando tenemos miedo, las neuronas de la amígdala se alimentan de él y nuestro estrés y ansiedad refuerzan esas conexiones neuronales. A su vez, el miedo que experimentamos nos hace sentir más ansiosos y deprimidos. El problema es que la amígdala no solo responde al miedo real, sino también al *recuerdo del miedo*, lo que puede hacer que veamos el mundo desde la perspectiva del trauma, a través del lente de emociones pasadas no procesadas. Por ejemplo, si te mordió un perro cuando eras chiquito, sentirás miedo cada vez que te encuentres con uno.

La memoria explícita suele definirse como «memoria declarativa», en la que recordamos conscientemente los hechos de una experiencia o incluso fechas, horarios o fórmulas cuando estudiamos para un examen. Cada vez que lo hacemos, fortalecemos e incrementamos las neuronas en el hipocampo y aumentamos nuestra capacidad para distinguir entre lo que es factual y lo que no lo es.

Cuando hemos pasado por algo traumático, se vuelve casi imposible crear nuevos recuerdos del presente —si lo que está sucediendo en el ahora nos recuerda lo vivido— sin la intrusión de viejos recuerdos, a menudo inconscientes. En términos científicos, nuestro miedo repetitivo hace que la amígdala se hipertrofie y el hipocampo se atrofie[1]. En otras palabras, se produce un secuestro amigdalar del hipocampo, lo que le impide crear nuevos recuerdos que no estén vinculados a los recuerdos inconscientes de nuestro pasado. ¿Recuerdas el ejemplo de León en el Capítulo 5? Es el padre que no permitía que sus hijos fueran a nadar, anduvieran en bicicleta o hicieran deporte. Se había criado con una madre cuya propia madre había estado a punto de ahogarse y había convencido a sus hijos de que el agua era peligrosa. El miedo de León fue alimentado, incrementado y reforzado por un recuerdo implícito no solo de su pasado, sino de los pasados de su madre y su abuela. Era incapaz de crear experiencias totalmente nuevas con sus hijos que no estuvieran permeadas por el miedo.

El nervio vago: nuestro conector social. Cuando conectamos con otra persona de forma agradable o tenemos una experiencia positiva en un taller o clase, nuestro sistema nervioso responde en consecuencia, poniéndonos en lo que el neurocientífico Stephen Porges llama «estado de interacción social». Nuestra respuesta simpática de lucha-huida-parálisis-complacencia se reduce y nuestra respuesta parasimpática de cuidar y proteger aumenta. Esto sucede a través de la acción del nervio vago ventral (o frontal), lo que Porges llama el «nervio del amor» o el «nervio del cuidado». Cuando estamos en un «estado vagal ventral», nos sentimos a gusto en nuestro cuerpo, estables, seguros y presentes. El nervio vago tiene un papel psicoespiritual: desde una perspectiva de seguridad y protección, nos ayuda a recibir y dar sentido a nuestras experiencias y nos conecta con nuestro «cerebro intestinal» o mente sabia. Forma parte de nuestro cerebro mamífero, el centro de las emociones y el aprendizaje conocido como sistema límbico. Según la investigación de Dacher Keltner en el Laboratorio de Interacción Social de la Universidad de California, Berkeley, esto significa que hemos evolucionado «con notables tendencias hacia la bondad, la generosidad y la reverencia». No solo estamos programados para ser bondadosos y compasivos, sino que estamos predispuestos a recibir la bondad y compasión de los demás[2].

Recuerdo una anécdota que leí una vez sobre la antropóloga cultural estadounidense Margaret Mead que valida los resultados de la investigación de Keltner. Dice así:

> Un estudiante le preguntó una vez a la antropóloga Margaret Mead: «¿Cuál es el primer signo de civilización?». El alumno esperaba que la respuesta fuera una vasija de arcilla, un mortero o tal vez un arma. Margaret Mead contestó que sabía que un pueblo antiguo se había convertido en una verdadera sociedad cuando encontraba un fémur curado, el hueso más largo del cuerpo, que une la cadera con la rodilla.
>
> Se necesitan unas seis semanas de descanso para que un fémur fracturado se cure. Un fémur curado muestra que alguien cuidó de la persona herida, cazó y recolectó por ella, le hizo compañía y le proporcionó protección física y apoyo hasta que la lesión hubo sanado.
>
> Mead explicó que donde rige la ley de la selva —la supervivencia del más fuerte— no se encuentran fémures curados. El primer signo de civilización es un acto de compasión atestiguado por un fémur curado.

Aunque hay quien dice que esta historia es apócrifa, me encanta la belleza de su mensaje: hace mucho tiempo que mostrar bondad y compasión hacia los más vulnerables es inherente a nuestra humanidad.

Cómo trabajar con Seguridad y Protección

A veces es difícil aceptar un acto de compasión de otra persona cuando estamos sufriendo. Hace falta valor para pedir ayuda. Sin embargo, este mismo acto es el primer paso para abrir la coraza que protege nuestro corazón y dejar entrar la bondad de los demás. La sanación solo puede comenzar cuando nos entregamos, incluso por un corto instante, al cuidado y al apoyo del otro.

En esta etapa, deben estar presentes tres elementos. Los llamo colectivamente la técnica VAR: validación, reconocimiento y aceptación. Esta técnica, que adapté del psicólogo y profesor Kenneth V. Hardy, un mentor importante para mí cuyo trabajo sigue inspirándome. La VAR es esencial para alcanzar la seguridad y la protección.

LA TÉCNICA VAR

La validación es sinónimo de escucha compasiva. Es cuando sientes que la persona con la que compartes está escuchando tu historia de verdad, desde el corazón, y puede hacerlo sin juzgarte, decirte en qué te equivocaste o dictar cómo deberías sentirte.

El reconocimiento significa que alguien (o un grupo de personas) puede ver las cosas desde tu perspectiva y puede dar fe de cómo te ha afectado tu experiencia de tal manera que te sientes visto, incluso si no comparte tu punto de vista.

La aceptación significa que otra persona acepta que tu dolor es real, es duro y te ha afectado emocional y físicamente. No hace falta que coincida contigo o que piense como tú. Lo importante es que te ve, escucha y apoya independientemente de lo que estés pasando y de lo que digas o hagas.

La validación, el reconocimiento y la aceptación pueden expresarse de distintas maneras. He aquí algunas que pueden usarse en la etapa de Seguridad y Protección.

Armonización. No hay nada tan reconfortante como escuchar a alguien decir: «Te creo. Estoy contigo pase lo que pase». Saber que te entienden y conectan contigo física y emocionalmente —en el momento presente— es importantísimo. En otras palabras, tener a alguien en armonía con cómo te sientes. Los terapeutas a menudo lo hacen a través de la técnica del «espejamiento», repitiéndote lo que perciben de tu historia de una forma que reconoce, valida y acepta empática y compasivamente cómo te sientes y por lo que estás pasando.

La armonización ocurre en todas las relaciones saludables y, para los más afortunados, comenzó en la infancia con su cuidador primario. Un bebé solo sabe comunicar su angustia llorando. Cuando su cuidador responde a sus llantos alzándolo, abrazándolo y calmándolo, el bebé se siente seguro y protegido. Por ejemplo, cuando una niña pequeña se deleita con algo que ha descubierto y su madre responde con la misma alegría, le demuestra que es vista, que existe y que alguien la ama y la comprende. Incluso si eso nunca te sucedió de bebé o en la primera infancia, todavía puedes revivir esa experiencia en relaciones seguras durante la edad adulta.

Así como un buen padre calma y da espacio para que afloren las emociones y surja la autoconsciencia, un buen terapeuta o mentor, amigos, familiares u otros grupos de personas pueden hacer lo mismo contigo. Pueden reconocer lo que estás viviendo, validar tus sentimientos y aceptar los efectos que la experiencia ha tenido en ti. Esta escucha compasiva deja espacio para que expreses lo que tengas que expresar —gritos, llantos, ira, temblores— y para que lo examines cuando estés listo. Mark Epstein, psiquiatra, practicante budista y autor de *El trauma de la vida cotidiana*, dice que tal comprensión puede «señalarnos buenos patrones que llevan mucho tiempo olvidados». En otras palabras, al hacerte consciente de tu oscuridad (tu vergüenza, culpa, ira, etcétera), también recuerdas tus dones. Reconocer que tienes necesidades es el primer paso para poder pedir lo que necesitas.

Corregulación. Cuando estamos traumatizados, puede ser muy difícil controlar nuestras emociones, lo que complica la interacción con alguien o algo fuera de nosotros mismos. Nuestro sistema nervioso está desregulado y necesitamos a alguien que nos muestre cómo estar centrados; alguien cuya presencia constante y tranquilizadora nos invite a seguir su ejemplo. Esto puede lograrse a través de un proceso llamado «corregulación», donde el sistema nervioso de alguien interactúa de manera sensible con el de otra persona para establecer mayor equilibrio emocional y una mejor salud física.

No es ningún secreto que las palabras y conductas de otras personas pueden tener un efecto perjudicial sobre nuestro sistema nervioso y nuestro bienestar emocional; la corregulación permite que también experimentemos lo contrario. Cuando alguien está tranquilo y presente, nuestro sistema nervioso puede alinearse con el suyo, lo que a su vez nos ayudará a sentirnos más centrados y presentes. Esto no solo sucede en interacciones humanas, sino también con los animales, ya sean perros de terapia o mascotas familiares.

Hay muchas formas de experimentar la corregulación. Comunicarse con la naturaleza, recibir energía de los árboles en un bosque o estar junto al mar pueden tener un efecto calmante en todo el cuerpo. Ciertas prácticas, como el yoga con enfoque en el trauma o las visualizaciones guiadas, pueden darnos una idea de cómo se sienten los momentos de paz. En una sesión de terapia, tu terapeuta puede hacer una pausa para hacer unas cuantas respiraciones tranquilizadoras e invitarte a imitarla, animarte a bailar e incluso a saltar. Tomarte una taza de té con un amigo comprometido con la escucha compasiva, o dar un paseo con esa persona, puede ser justo lo que necesitas para sentir menos ansiedad.

Estar junto a otras personas que han pasado por experiencias similares y las han superado puede ser una poderosa forma de regular nuestras emociones. Cuando alguien modela la posibilidad del crecimiento, podemos empezar a imaginar lo mismo para nosotros. Lograr sentir empatía por los demás a menudo nos ayuda a aprender a regular nuestras propias emociones. En un artículo para *Yoga International*, sobrevivientes de cáncer admitieron que practicar yoga juntos les «da un respiro del caos emocional y los desafíos físicos a los que se enfrentan». Jeannine, cuyo proceso con un tumor cerebral a veces la sumía en un estado de agitación y miedo, cree que estar en una clase de yoga con otras mujeres con cáncer la ayudó a manejar sus emociones y conectarse con su cuerpo de una manera más amorosa. Dice que «encontraba consuelo en la experiencia del grupo y lo veía como una invitación para moverse todas juntas de forma colectiva», un acto profundamente sanador en sí mismo[3].

Que alguien reconozca que lo que hemos vivido fue difícil y doloroso —y que nuestra ira, vergüenza, miedo o disociación son respuestas normales— hace real nuestra experiencia y nos permite validar, reconocer y aceptar nuestro propio trauma y, al mismo tiempo, suavizar nuestra autocrítica.

Escuchar a nuestro cuerpo. Permitir que otros sean testigos de nuestro sufrimiento sin justificarnos puede ayudarnos a reconocer lo que está roto en nuestro interior, lo que nos permitirá comenzar a sanar nuestra relación con nuestros cuerpo, mente y corazón. Podemos empezar a validar y reconocer lo que hemos vivido y explorar las heridas que el trauma ha dejado en nuestro cuerpo. En la primera etapa, aceptamos radicalmente que estamos sufriendo. Ahora que nos sentimos seguros, protegidos y amados por otras personas, podemos empezar poco a poco a hacerlo también con nosotros mismos.

A veces necesitamos la validación y el reconocimiento de otros para empezar a ver la luz en nuestro interior. Conectar con otros, escuchar sus historias e interactuar socialmente con ellos puede tener un poderoso efecto en nuestra capacidad de amarnos, de ver nuestra propia valía a través de los ojos de otra persona. Como dice el doctor Van der Kolk: como el trauma vive en el cuerpo, es a través del cuerpo que comenzamos a reconocer y sanar nuestras heridas. Podemos aprender a escuchar atentamente lo que pide nuestro cuerpo y honrar lo que aflore de una manera tierna y amigable, tal como haríamos con otra persona.

Cuando nos sentimos seguros en nuestro propio cuerpo, podemos vincularnos con nuestros pensamientos, sentimientos y sensaciones y volver al momento presente. Esto lo logramos utilizando técnicas de respiración consciente, yoga, meditación guiada o cualquier otra práctica de consciencia corporal.

Vulnerabilidad. Nuestra experiencia no puede ser verdaderamente reconocida, validada y aceptada a menos que podamos ser completamente honestos con nosotros mismos y con los demás y estemos dispuestos a admitir nuestras fallas y compartir nuestro dolor. No es nada fácil, ni siquiera dentro de nuestro lugar seguro. Exige confianza y vulnerabilidad. Muchas culturas ven la vulnerabilidad como sinónimo de debilidad, como algo vergonzoso. Pero es todo lo contrario: la vulnerabilidad requiere valentía.

La célebre oradora, investigadora y autora *bestseller* del *New York Times*, Brené Brown, escribe sobre la vergüenza y la vulnerabilidad. Llama a la vulnerabilidad «un acto desgarrador» de permitirnos ser vistos. Lo que tiene la vulnerabilidad es que no tenemos forma de saber cómo reaccionarán los demás a lo que acabamos de contarles o lo que estamos a punto de compartir. Aun así, lo hacemos porque, como dice Brown, la vulnerabilidad es la vía que debemos tomar para encontrar nuestro camino de regreso a la conexión y a nosotros mismos. Es un compromiso con la «honestidad radical», la única forma en que de verdad podemos conectar. Y la verdadera conexión, nos recuerda Brown, es la esencia de la experiencia humana y también, como llevo diciendo todas estas páginas, el ingrediente clave para sanar nuestro dolor[4].

No podemos sanar lo que no reconocemos y lo más probable es que hayamos pasado mucho tiempo (quizá incluso toda la vida) ocultando nuestro dolor, manteniendo nuestros sentimientos encerrados en nuestro interior. El aislamiento, el miedo, la vergüenza, el secretismo y la desconfianza son algunas de las corazas emocionales en las que nos refugiamos. A medida que el mundo comienza a parecernos menos amenazador y más acogedor, la coraza se vuelve demasiado pesada. Sentirnos lo bastante valientes para ser vulnerables significa que comenzamos a aflojar las ataduras que mantienen nuestras defensas en su lugar. Esto a menudo incluye hacer un poco de limpieza emocional, un inventario de lo que está interfiriendo en nuestra conexión y sanación.

Mi paciente Kellie estaba tan cerrada y tenía tanto miedo de abrirse o mostrarse vulnerable ante cualquier persona o circunstancia, que se protegía enviando lo que ella llamaba un «representante» para interactuar con los demás. Ella estaba físicamente presente, pero nunca como su verdadero y vulnerable yo. Como consecuencia, se perdía la oportunidad de tener experiencias reales y estar emocionalmente presente en su propia vida.

En esta etapa, puedes conectar con tu instinto y honrarlo. Piensa en una persona o experiencia en particular. ¿Has tenido alguna vez una reacción negativa inmediata que hayas sentido físicamente en tu cuerpo? Si es así, eso puede significar que debes dejarla ir. Todos nos hemos aferrado a cosas más allá de su fecha de caducidad: relaciones que se han vuelto tóxicas o que nos hacen daño, formas en que nos castigamos, como la autolesión, adicciones, trabajos denigrantes o cualquier otra cosa que nos recuerde nuestro pasado traumático o que reduzca nuestra autoestima.

Cómo nos escudamos

Nos escondemos tras una personalidad falsa. Cuando ser uno mismo frente a otras personas se siente demasiado aterrador, creamos una personalidad falsa que actúa de maneras que creemos que estas aprobarán.

Alejamos las emociones. No es fácil sentir lo que sientes. Cuando se vuelven demasiado difíciles de soportar, ignoras, alejas, niegas o reprimes tus emociones.

Transferimos la culpa. Es habitual ver a otras personas o situaciones como el motivo por el que actúas o te sientes de cierta manera. *Todo iba bien hasta que…*

Cómo bajamos la guardia

Para liberarnos de cualquier armadura física o emocional, es importante que primero observemos qué sentimos y dónde. Una vez hecho esto, podemos empezar a liberar la tensión en nuestro cuerpo a través del tacto y la respiración.

Detente y observa. Cuando te encuentres en una situación que te resulte incómoda o angustiante, haz una pausa. ¿Cómo se siente físicamente tu coraza? ¿Dónde se siente particularmente densa o pesada? ¿La sientes más en los hombros, la mandíbula, el cuello o el pecho? Intenta mover un poco tu cuerpo, encógete de hombros y luego relájalos; sacúdete.

El poder del tacto. Si tienes más tiempo, date un masaje, comenzando por los pies y los tobillos y subiendo por tus piernas; luego enfócate en tus brazos, hombros, cuello y cabeza y, finalmente, masajéate suavemente alrededor de los ojos, la frente, las mejillas y la boca.

Practica la respiración consciente. Mientras te masajeas el cuerpo, dirige conscientemente tu respiración hacia los lugares en los que te estás enfocando. Inhala suavemente y exhala todo el aire, suavizando y liberando cualquier tensión que sientas.

Recurre a alguien. Conéctate con alguien de confianza para hablar, describir lo que te sucede y obtener el apoyo que necesitas para calmar tu sistema nervioso.

Esta etapa no es fácil de navegar. Nos exige remover continuamente las barreras que hemos levantado, que nos despojemos de la coraza que ha protegido nuestro corazón y que estemos dispuestos a quedarnos desnudos y vulnerables, que ya nada nos ate, que no tengamos donde escondernos. Nos hemos liberado de la parálisis que nos aprisionaba —esa sensación de estar atrapados tras el trauma— y hemos acudido a los brazos abiertos que querían sostenernos. Cuando hayamos elegido la vulnerabilidad y la conexión en lugar del miedo y el aislamiento, estaremos listos para abrazar nuestra creatividad, imaginar nuevas posibilidades y abrirnos a un mundo más comprensivo y amoroso.

¿ESTÁS LISTO PARA LA ETAPA DE SEGURIDAD Y PROTECCIÓN?

A veces no estás completamente listo para ser vulnerable y mostrar tu verdadero yo a otras personas, pero sí para sentirte sostenido o aventurarte al mundo. Si este es tu caso, podrías considerar:

- Dar un paseo por tu vecindario, ir al mercado local o pasar tiempo en la naturaleza o la playa.
- Sentarte en una cafetería para trabajar o escribir en tu diario.
- Cantar, tararear, entonar mantras… cualquier cosa que genere sonido y vibración en tu cuerpo.
- Explorar técnicas de relajación, como la meditación guiada o una lenta y deliberada respiración profunda.
- Tomar duchas frías, salpicar tu rostro con agua fresca o sumergir las manos en un bol con hielo.

Elijas lo que elijas, evita situaciones desencadenantes o que activen tu respuesta al trauma. Por ejemplo, si cerrar los ojos durante la meditación te produce ansiedad, mantenlos abiertos.

MUÉVETE

El movimiento físico es una excelente manera de salir de tu cabeza y mover tu energía, especialmente si te sientes atrapado en pensamientos circulares de vergüenza, inseguridad y miedo. He aquí algunas sugerencias:

1. Elige cualquier tipo de actividad física que le recuerde a tu cuerpo que no solo es funcional, sino quizá incluso más fuerte de lo que crees. Camina, nada, haz una clase de yoga activo o monta en bicicleta.

2. Si la idea de moverte te resulta abrumadora, comienza con algo sencillo, como una meditación mientras caminas en la que prestes atención a tus pies y vayas paso a paso con plena consciencia. Esto puede darte algo de confianza y mantener tu mente enfocada únicamente en el momento presente.

3. Canta, baila, ríe, juega a algo divertido. Tómate un momento para detenerte y enfocarte en lo que estás experimentando en ese momento en tu cuerpo. No lo interpretes y limítate a sentirlo tal como aflora.

4. A veces, demasiado silencio y poca actividad pueden llevarte de vuelta a la rumiación. En lugar de hacer yoga restaurativo o meditación guiada, comienza con algo más enérgico para salir de tu cabeza y entrar en tu cuerpo.

Modalidades terapéuticas

Aquí tienes una lista —de ninguna manera exhaustiva ni completa— de diferentes tratamientos, terapias y prácticas que podrían serte útiles para tratar tu trauma. Independientemente de la modalidad que elijas, existe una condición *sine qua non*: debes sentirte seguro y protegido y confiar en la persona que te brinda su ayuda para trabajar en ti mismo. Escucha a tu cuerpo y presta atención a cualquier señal de alarma o angustia que surja en tu búsqueda de ayuda.

Coaching funcional

Sistemas de la familia interna (IFS)

Psicoterapia sensoriomotriz

Terapia de resolución rápida (RRT)

Somatic experiencing

Terapia emocional

Neurofeedback

Técnica de liberación emocional

Psicoterapia asistida por psicodélicos

Desensibilización y reprocesamiento por medio de movimientos oculares (EMDR)

Terapia de juego

Terapia de realidad

Yoga informado en trauma

Meditación informada en trauma

Terapia de aceptación y compromiso (TAC)

Psicoterapia experiencial dinámica acelerada (AEDP)

Terapia cognitivo-conductual (TCC)

Terapia dialéctico-conductual (TDC)

Hipnoterapia

Psych-K

Acupuntura

Estimulación del nervio vago

Reducción del estrés basada en la atención plena (MBSR)

Terapia de sanación energética

Terapia de grupo

Terapia de exposición prolongada

Terapia de exposición narrativa

Capítulo 9

La Etapa de Redefinir: Nuevas Narrativas

«Nuestra tarea no es negar la historia, sino desafiar su final; levantarnos firmes, reconocer nuestra narrativa y confrontar la verdad hasta llegar a un lugar donde pensemos: "Sí, esto es lo que sucedió, pero yo elegiré cómo termina la historia"».

—BRENÉ BROWN

LA TAPA DE REDEFINIR: TEMAS CLAVE

Apoyo: el yo se siente fortalecido y empoderado en un mundo que tiene sentido. Se está presente.

Validación: el yo se siente valorado en un mundo que lo acepta; se siente digno, motivado, esperanzado.

Perspectiva: el yo está explorando y participando en un mundo que siente inteligible; es creativo, curioso.

La Aceptación Radical y la Seguridad y Protección son pasos cruciales en el camino hacia el crecimiento postraumático. Transitar estas etapas nos permite tomar consciencia de cómo nuestro dolor nos ha mantenido aislados y deprimidos y nos ayuda a reconocer que ya no queremos seguir sufriendo. En cuanto nos sentimos lo bastante confiados para acercarnos a otras personas, podemos contar nuestra historia y comenzar a sanar nuestras heridas. Relacionarnos con otros nos ayuda a ser más conscientes de cómo nuestras experiencias pasadas nos han definido y nos han limitado o impedido vivir nuestra vida con plenitud.

Hemos hecho grandes avances y ahora estamos listos para progresar y comprometernos con la transformación y el crecimiento. Sin embargo, para ello es fundamental pasar por esta etapa, pues es aquí donde podemos descubrir cómo queremos crecer, qué queremos alimentar en nosotros. Es aquí donde podemos luchar por un cambio verdadero, donde podemos reimaginar y reconstruir nuestra vida.

Cuando alguien ha pasado por la etapa de Seguridad y Protección, el viejo paradigma se derrumba; la narrativa sobre sí mismo y sobre el mundo que lleva toda la vida repitiéndose ya no sirve. Apenas queda nada de su antigua vida. Se ha esfumado, destrozado. No hay vuelta atrás, así que el único camino es hacia adelante. Aquí, la persona se ha ido desprendiendo de capas y capas de experiencias traumáticas para procesar y disolver todas sus barreras. Ahora tiene la oportunidad de ver las cosas como por vez primera y eso puede ser brutal y extraño. Es como si se hubiese alzado el velo y hubiese dejado de ver el mundo a través del prisma de la supervivencia. La buena noticia es que, a medida que recopila nueva información —tal vez incluso recordando qué le parecía importante *antes* del trauma— puede comenzar a reconstruir su sistema de creencias y dar forma a una nueva realidad, a una nueva identidad.

Esta es la Etapa de Redefinir: una etapa de transición y exploración donde tenemos la oportunidad de volver a empezar. Este es un paso crucial donde podemos considerar nuevas perspectivas, valorar nuevos sistemas de creencias que puedan reemplazar los antiguos, reescribir nuestra historia e imaginar (y a la postre crear) una identidad completamente nueva. Como con todas las etapas, esto no puede ocurrir sin ayuda externa, sino que necesita del apoyo de nuestro terapeuta y de otras personas en quienes podamos confiar. También es importante recordar que, a estas alturas, este cambio de paradigma todavía es teórico y aún no se ha interiorizado ni puesto en práctica. Podemos imaginarlo como el primer paso para reconstruir nuestra vida y darle sentido al mundo, para así encontrar la paz. Considera esta etapa como un ensayo general para una nueva vida.

No es para todos

Hay personas que son capaces de alcanzar la Aceptación Radical y la Seguridad y Protección, pero que se detienen ahí. Esto puede deberse a que el sufrimiento que han experimentado no las sacudió hasta la médula y que, por lo tanto, no necesitan convertirse en algo radicalmente distinto a lo que son ahora. Al obtener la validación, el reconocimiento y el apoyo que necesitaban de su terapeuta, familia y amigos, lograron dejar el trauma atrás y regresar a sus antiguas vidas. Son capaces de ver sus eventos traumáticos no como algo que devastara sus vidas, sino como contratiempos temporales que les permitieron volverse más resilientes.

Quizá recuerdes a Miranda, la doctora de la que hablamos en el Capítulo 4 cuando tratamos la resiliencia. Ella es un buen ejemplo de esto: alguien cuya vida no se hizo añicos frente a la adversidad. Aunque sigue estando profundamente afectada por la muerte de su madre, no se ha permitido derrumbarse; sabe seguir adelante. Es una mujer fuerte, decidida y capaz de cuidar de su familia y de sus pacientes. Su experiencia traumática no destruyó sus creencias fundamentales sobre sí misma y el mundo, así que su capacidad de afrontamiento sigue intacta.

Reconstruir y reimaginar

Siempre he comparado la recuperación del trauma con el camino del héroe, un viaje plagado de senderos difíciles y callejones sin salida, así como de momentos de gran belleza e iluminación. El dolor y el sufrimiento que atravesamos las personas nos brindan una perspectiva sobre quiénes somos. Quienes se nos cruzan por el camino —terapeutas, mentores, amigos, maestros espirituales— nos ayudan a ver que la sabiduría y el crecimiento pueden surgir de las heridas, aunque el trayecto no sea fácil.

En la etapa de Seguridad y Protección, encontraste un mundo más tolerante dentro de un círculo afectuoso de confianza. Y eso te hizo sentir bien. Ahora esta etapa te invita a descubrir cómo se siente la transformación. Con solo entrar en esta fase, sentirás menos alteración y mayor tranquilidad y conexión con los demás; tu sistema nervioso está más relajado. Estás más tranquilo y tu sistema nervioso es menos reactivo. Quizá notes que tu mente se expande y que estás impaciente por continuar el proceso de crecimiento y cambio.

Entiendo esta etapa como un nuevo comienzo donde nos hemos empoderado para salir al mundo y descubrir sus posibilidades. Tras todo el trabajo que llevamos hecho, nuestros puntos de vista se han vuelto más matizados; ya no se trata de uno u otro, sino de ambos. No todo es bueno ni inherentemente malo. Las personas pueden ser bondadosas, pero también crueles. Esta nueva perspectiva abarca las complejidades de la vida.

Pero primero tenemos que estar dispuestos a dejar ir del todo aquello que *solía ser* para comenzar a imaginar lo que *puede ser*. Desafortunadamente, cuando estamos inmersos en una respuesta al trauma, no podemos acceder a nuestra imaginación. El trauma desactiva nuestra capacidad de visualizar nuevas posibilidades y encontrar soluciones creativas a los problemas. Como he comentado en el capítulo anterior, debemos estar dispuestos a soltar el escudo que nos ha protegido y deshacernos de la armadura que nos ha mantenido atados a nuestro trauma y entregarnos al misterio del llegar a ser. Es un momento delicado y vulnerable, estimulante y aterrador. Estamos entrando en un período de posibilidades aparentemente infinitas y, aunque nos embargue una sensación de urgencia, debemos hacer las cosas con calma. Tenemos que ser pacientes con nosotros mismos y hacer sitio a nuevas posibilidades y formas de pensar. Solo así podremos determinar qué se siente bien y qué debe ser descartado.

La buena noticia es que no tienes que pasar por esta etapa en soledad. Exploras lo que es posible bajo la protección de las personas en quienes confías. Tu sistema de apoyo está contigo, no solo para escucharte, sino también para animarte a probar cosas nuevas, para aplaudirte cuando las cosas se vean prometedoras y levantarte cuando tropieces. Utiliza ese apoyo como muleta, como un soporte temporal que sostenga la experiencia y el conocimiento que necesitas para empezar a reconstruir. Una paciente me dijo una vez que me veía como una doula, alguien que podría guiarla a través del canal de parto cuando estuviera lista para renacer. Y sanar del trauma es exactamente eso: una reconstrucción y un renacimiento. Al fin y al cabo, todo en lo que has creído hasta ahora, todo lo que has asumido sobre ti, los demás y el mundo, ha dejado de ser. Todo se ha hecho añicos a tu alrededor y ahora necesitas descubrir qué sigue. Necesitas acercarte a las personas que están haciendo cosas creativamente interesantes para probar algunas de ellas por ti mismo.

Un buen ejemplo de esto sería una refugiada camboyana con la que trabajé, a quien llamaremos S. P. Esta mujer soportó un sufrimiento inimaginable en su país durante el genocidio del régimen de Pol Pot. Perdió a su familia y a muchos miembros de su comunidad antes de lograr escapar a los Estados Unidos, donde se estableció en el Bronx, en el seno de una comunidad de refugiados camboyanos. Encontró el apoyo que necesitaba en terapia y en su trabajadora social estadounidense. Me contó que esta incluso la ayudó a encontrar formas de reinventarse. Decidió emular a su trabajadora social y pedirle consejos sobre qué comer, cómo vestirse, adónde ir y hasta cómo interactuar con los estadounidenses, hasta que se sintió lo suficientemente cómoda para forjar su propia identidad. Así me lo explicó:

> Mi relación más estrecha es con mi trabajadora social. Hablamos mucho. Ella me ha apoyado y me ha animado a seguir con mis clases de inglés y mi trabajo. Me ha dado un modelo a seguir. Me ha ayudado mucho con todo. Siempre que tengo problemas, me aconseja. Es la que me anima a actuar; me impulsa a hacer cosas que nunca en la vida había hecho. Por lo general, nunca me doy mérito por nada, así que siempre me recuerda las cosas buenas que hago y me ayuda a no menospreciarme.

Mi paciente Alexa es otro ejemplo de alguien que ha abrazado esta etapa de redefinición de una forma hermosa. Cuando vino a verme por primera vez, tenía treinta y cinco años, estaba completamente cerrada, rígida y profundamente deprimida. Rara vez salía de casa excepto para ir a trabajar y, ocasionalmente, visitar a su única amiga de la infancia. Incluso le costó mucho llamarme para pedir una cita y aún más venir a mi consulta. Pero poco a poco comenzó a confiar lo suficiente en mí como para contarme su historia. Con el tiempo, averigüé que su madre —que había sufrido maltrato psicológico por parte de su propio padre— era drogadicta y, como resultado, no había estado emocionalmente presente. Alexa también se sentía distante de su padre —otra persona emocionalmente ausente— de quien sospechaba que le estaba siendo infiel a su madre. Como adolescente, Alexa tuvo una serie de relaciones poco saludables e incluso una que rozó en el abuso. Me dijo que se negaba a repetir los traumas que había heredado. Sin modelos a seguir que la guiaran hacia una relación saludable, sencillamente dejó de buscar pareja. Durante dieciocho años.

La sorprendió cuánto me reveló en nuestras sesiones juntas. Ni siquiera su mejor amiga —y mucho menos sus compañeros de trabajo— sabían tanto sobre su pasado. Ella les contaba muy poco acerca de sí misma. Pero, cuanto más espacio le daba, más confiaba en mí. Y, cuanto más confiaba en mí, más fácil le resultaba confiar en los demás. Le daba deberes, alentándola a hablar con alguna amiga y contarle parte de su historia, para luego venir a contarme qué tal le había ido. Y así lo hizo. Sus amigas la escucharon y la entendieron. Sintió que el mundo comenzaba a abrirse ante ella. Que podía seguir explorando. Se sintió inspirada para probar algo nuevo, así que se apuntó a un equipo de fútbol. ¡Y descubrió que se le daba muy bien! Me dijo: «Estoy probando cómo se siente ser más flexible y no tan rígida en cómo planifico mi día o cómo hago las cosas». Está experimentando cosas nuevas todos los días, poco a poco, y viendo cómo encajan con ella. No puede creerse lo que está consiguiendo.

La experiencia de Alexa señala una distinción importante en esta etapa. Reconstruir no es lo mismo que reparar. En otras palabras, en esta etapa no estamos reparando viejas relaciones; de hecho, eliminamos aquellas que han sido malsanas o que nos han hecho infelices. En cambio, nos relacionamos con aquellos con quienes hemos elegido reconectar de manera diferente. Reconstruimos conexiones de formas que se ajusten a nuestra nueva narrativa e identidad. Los amigos de Alexa no sabían nada de su vida interior, pasada o presente y mucho menos de cómo se sentía. No se molestaba en explicarse ni se disculpaba por no estar más disponible, sino que se limitaba a compartir su verdad mostrándose plenamente y siendo más auténtica con sus sentimientos. A medida que comenzó a disfrutar de la intimidad con sus amigos antiguos y nuevos, sintió que sus rígidos límites se relajaban.

Qué pasa por dentro

Cuando comenzamos a explorar el mundo, a conectar con otras personas y a reimaginar qué es posible en nuestra vida, la cantidad de opciones que se nos presenta puede ser abrumadora y hacernos sentir vulnerables y expuestos. Conocer las señales de nuestro cuerpo, abrir nuestra mente y escuchar los deseos de nuestro corazón puede ayudarnos a discernir qué se siente verdadero y acogedor y qué podemos o no tolerar.

El cuerpo. En esta etapa, seguirás trabajando en sentirte más a gusto en tu propia piel. Cuando empieces a recorrer este camino, no será inusual que alternes entre períodos de calma y otros de angustia aguda. Al fin y al cabo, tu cuerpo puede no haber sido siempre un lugar seguro o predecible. Pero estás aprendiendo que, cuanto más cómodo te sientes contigo mismo más fácil y naturalmente puedes conectar con otros, cosa esencial para sanar el trauma.

Esto puede manifestarse de distintas maneras para diferentes personas. Dado que el trauma puede desconectarnos de nuestro cuerpo, debemos aprender a escuchar más cuidadosamente lo que este necesita y aprender a responder a sus señales. Para ti, eso puede significar comer de manera más consciente, hacer ejercicio o reír más; o tal vez necesites priorizar el descanso, incluir momentos de reflexión o asegurarte de pasar tiempo con amigos o familiares. Pregúntate periódicamente: *¿Cómo estoy y qué necesito?*

A medida que te resulte más fácil habitar tu cuerpo, quizá empieces a comunicarte de manera más efectiva contigo mismo e incluso a percatarte antes que de costumbre cuando algo no se siente bien. Eso se debe a que conectarnos con nuestro cuerpo nos mantiene enfocados en lo que está sucediendo *mientras sucede*. A menudo, una señal física, como una tensión en el pecho o la mandíbula, indica sentimientos de miedo, agitación o de estar abrumados, lo que puede significar que estamos incómodos en una nueva situación. Cuando esto ocurre en esta Etapa de Redefinir, podemos recurrir a alguien de nuestra red de apoyo cuya presencia tranquilizadora nos ayude a regular nuestro sistema nervioso y a comprender mejor lo que nos sucede. Cuando sientas más seguridad con la nueva vida que estás creando, podrás recurrir a ciertas prácticas de autocuidado, como técnicas de respiración, meditaciones guiadas u otros ejercicios de paz interior, para pasar de la corregulación a la autorregulación.

Estas prácticas no solo están diseñadas para hacernos sentir mejor, sino que también son una parte clave del proceso de autodescubrimiento. Pueden ayudarte a conocer las distintas partes de tu paisaje interior y a notar a qué debes prestarle atención. Este es un paso importante hacia el crecimiento postraumático. Cuando no prestamos atención a nuestras emociones, cuando no las expresamos ni permitimos que fluyan, estas se quedan reprimidas en el cuerpo, lo que puede enfermarnos crónicamente, tanto física como psicológicamente. Como nos recuerda el psiquiatra y practicante budista Mark Epstein: «Eso crea un bloqueo que no permite el crecimiento».

Cuando empezamos a conocernos de forma bondadosa y compasiva, nuestro sistema nervioso reacciona atenuando la respuesta de lucha-huida-parálisis-complacencia del cuerpo y aumentando nuestro tono vagal; parte de lo que el psicólogo humanista Scott Barry

Kaufman denomina «sistema de calma y conexión». Esto facilita nuestra capacidad para adentrarnos en nuevas situaciones, incluidas las nuevas relaciones. Pero no cualquier relación. En su libro *Transcend*, Kaufman escribe que necesitamos tener conexiones de calidad que «nos conecten con otros seres humanos, ya sea confiando una vulnerabilidad a alguien, chismeando sobre un enemigo común o compartiendo simples momentos de risa y alegría». Y agrega que el sistema de calma y conexión involucra toda una serie de respuestas biológicas que trabajan juntas «para intensificar una conexión profunda con otro ser humano».

La mente. La Etapa de Redefinir ofrece una variedad de oportunidades para sentir curiosidad, hacer preguntas, aprender cosas nuevas y ampliar nuestra comprensión del mundo. Pero, como ya he dicho, para ello tenemos que soltar todo a lo que todavía nos aferramos del pasado y sentirnos cómodos con lo desconocido. Tenemos que vaciarnos para poder volver a llenarnos.

Todo esto me recuerda una conocida historia zen. Un joven académico fue a visitar a un maestro zen, célebre en todo Japón por ayudar a sus alumnos a alcanzar la iluminación, para pedirle que le enseñara los caminos del zen. Pero cada vez que el maestro comenzaba a hablar, el joven lo interrumpía, para hablarle de sus experiencias y de lo que pensaba en lugar de escuchar las enseñanzas. Al final, el maestro le ofreció una taza de té. Sin embargo, cuando la taza de su invitado estuvo llena, siguió vertiendo hasta que el té se derramó sobre la mesa, sobre el piso y, finalmente, sobre la ropa del joven. Este se levantó de un salto y gritó: «¿Qué está haciendo? ¿No ve que la taza ya está llena?». El maestro respondió tranquilamente: «Exactamente. Eres como la taza. Tan lleno de tus propias ideas que no cabe más en tu interior. Regresa a mí cuando tu taza esté vacía».

Como el joven académico, cuando estamos demasiado involucrados en nuestras propias formas de pensar y ser —funcionen o no— no dejamos espacio para convertirnos en algo más o para considerar algo nuevo. Sin embargo, deseamos probar nuestra valía, tenemos una necesidad constante de validación. Quedamos atrapados en una «mentalidad fija», donde no existen la curiosidad ni el pensamiento creativo, ninguna voluntad de imaginar o ansia de saber. El trauma puede hacer eso con la mente; puede hacer que esta se contraiga alrededor de creencias limitantes, apartándonos aún más del mundo y engañándonos para que creamos que no podemos confiar en nadie, incluidos nosotros mismos. Pero ahora que eres libre para relacionarte con el mundo desde una base segura, enraizada en la confianza, puedes comenzar a vaciar la mente de sus viejos paradigmas y adoptar una mentalidad de crecimiento. Esta te permite superar lo que crees que eres capaz de hacer y ampliar tu capacidad para cultivar relaciones basadas en el amor y el cuidado. Uno de los beneficios de tener la mente más clara es que puedes experimentar cómo se siente ser más bondadoso contigo mismo. Cómo se siente dejar de lado el maltrato o el autoodio y, en su lugar, abrazar el autocuidado, la compasión y el amor propio. Puedes convertirte en tu propio aliado o aliada.

A medida que incrementa nuestra confianza y claridad, se vuelve más sencillo imaginar oportunidades que nos permitan darle sentido a nuestra experiencia y relacionarnos con ella de manera diferente. Cuando la madre de Stella murió a causa de un tumor cerebral, la tristeza de la niña de diez años se vio agravada por su incapacidad para comprender por qué había sucedido y cómo sería su vida a partir de entonces. Comenzó a darse cuenta de que lo que tenía con su madre y su padre ya no existía, que su comprensión del mundo se había hecho añicos y que no había nada que pudiera hacer para recuperar su vida anterior.

En esta etapa, se obsesionó con la muerte, especialmente con el miedo a morir ella misma o a que su padre muriera y la dejara completamente sola. Quería entender lo que estaba sucediendo en su cabeza, así que me pidió ayuda. Nos sentamos en el piso y dibujamos una imagen grande de su cerebro, creando varios compartimentos, incluido uno que titulamos «Morir de enfermedad». Ella agarró pequeños juguetes y objetos, que representaban pensamientos, sentimientos y experiencias que tenía, y los colocó en lugares específicos. Vio cómo su cerebro había cambiado y cómo su experiencia la había hecho sentir diferente. Empezó a coleccionar cristales que creía que podían ayudarla a sentirse mejor, darle más fuerza y ser más compasiva. A medida que empezó a sentirse más valiente y segura, se atrevió a contarles a sus compañeras en la nueva escuela que su madre había muerto. Y se sintió bien. Para cuando cumplió doce años, había diseñado una nueva identidad: se inscribió en un estudio de danza donde tomaba clases de baile tres veces por semana e hizo nuevas amistades. Además, se involucró en temas de justicia social en su escuela y se apasionó por defender los derechos de los animales y crear consciencia sobre el medio ambiente.

Alcanzar la coherencia

Tomar decisiones desde un lugar más abierto e intuitivo permite que el corazón y la mente se unan para crear más autoconsciencia y confianza, lo que nos ayuda a imaginar un nuevo paradigma para nosotros mismos. Puede que te des cuenta de cómo tus viejos miedos, juicios y otras reacciones nacidas del trauma han estado limitando tu capacidad de ser bondadoso y estar presente. Muchos de mis pacientes me cuentan que, cuando se percatan de esto, sienten como si su corazón se abriera para revelar más compasión y comprensión de las que creían posible tener.

Cuando comenzamos a actuar y tomar decisiones basadas en lo que realmente sentimos, nuestro cuerpo, mente y corazón ya no están en conflicto y entran en un estado de unidad que los psicólogos llaman coherencia. Si recordamos el Capítulo 3, donde hablamos del trauma, las imágenes presentadas son de desconexión y fragmentación. En esta etapa, somos capaces de dejar atrás esa disonancia y experimentar los beneficios de la coherencia, que incluyen:

- El mundo y nuestro lugar en él tienen más sentido. Experimentamos más días de calma y conexión y expandimos nuestra capacidad para autorregular nuestras emociones.
- Podemos distinguir las relaciones que fomentan la conexión de aquellas que generan separación y sufrimiento y podemos trabajar para crear más de las primeras y liberarnos de las segundas.
- Podemos separar el presente (nuevas experiencias, relaciones más saludables, nuevos recuerdos) del pasado (viejos miedos y otras emociones que surgieron de nuestros traumas).
- Nuestras emociones son identificables y podemos nombrarlas. Prestamos más atención a dónde residen en nuestro cuerpo. E, igual de importante: ya no nos identificamos con nuestras emociones y podemos tomar cierta distancia de ellas.
- Comenzamos a tomar el control de nuestros hábitos mentales y podemos dirigir nuestra atención en direcciones más útiles y exitosas.

Recordemos que la coherencia no es un estado permanente. Al principio de esta etapa, es posible que solo tengas destellos de claridad y a veces una sensación fugaz de unidad, pero esto aumenta en cuanto sientes más comodidad en tu cuerpo, tienes más control sobre tus procesos mentales y desarrollas una conexión de confianza con tu intuición.

Pensamiento constructivo. Al pasar del reconocimiento al despertar y luego a redefinir, la relación con nuestro pasado traumático comienza a cambiar. No es que hayamos olvidado lo que provocó nuestro dolor o nos impidió participar plenamente de la vida. Es solo que hemos empezado a poner cierta distancia entre lo que sucedió en el pasado y la nueva vida que estamos imaginando ahora. La mayoría de nosotros estamos familiarizados con el pensamiento obsesivo, donde repetimos en bucle nuestro pasado como un recordatorio constante de que cualquier cosa puede suceder y nada es predecible o seguro. Todo esto va acompañado de altos niveles de ansiedad. Sin embargo, como he mencionado en el Capítulo 4, existe una forma más útil de pensar que puede conducir a la verdadera autoconsciencia.

El pensamiento constructivo se conoce a menudo como «rumiación deliberada» y es el intento del sistema cuerpo-mente-corazón de darle sentido a lo que hemos vivido. Es una forma de contextualizar el trauma, colocándolo en un tiempo y un lugar, para que lo recuerdes, pero no interfiera con tu voluntad de reconstruir tu vida o de reimaginar tu futuro.

Darles sentido a nuestras experiencias traumáticas a menudo implica una buena dosis de lo que el filósofo Viktor Frankl llamó «optimismo trágico». El optimismo trágico nos permite aceptar lo que sucedió en el pasado, reconocer que nuestros sentimientos son legítimos, son parte de quienes somos, son válidos, y que de verdad es posible aceptar lo que aflore en nosotros: miedo, ansiedad e incluso alegría o alivio. El optimismo trágico no es lo que los psicólogos llaman «positividad tóxica», un hábito muy poco útil y poco saludable de pasar por alto las emociones dolorosas y afirmar que «Todo va bien. Todo pasa por algo. ¡No pienses en ello y estarás de maravilla!».

Volvamos al ejemplo de Rita y su esposo, Ryan, quienes lidiaron con problemas de infidelidad. La aventura de Ryan destrozó su matrimonio y los obligó a analizar seriamente tanto su relación como a sí mismos. No quisieron seguir fingiendo que todo iba bien. Se negaron a barrer todo debajo de la alfombra y a renunciar a la posibilidad de reconciliarse. Trabajaron arduamente para llegar al punto en que pudieron observar lo que sucedió y decir: «Muy bien, no podemos cambiar el pasado, pero veamos si podemos aceptar lo sucedido, procesarlo y seguir adelante». Decidieron reinventar su relación. El contrato original de su matrimonio se había roto y ya no valía. Era hora de reescribirlo y comprometerse de nuevo con su relación para poder seguir adelante.

Crear nuevos hábitos. Los hábitos son difíciles de romper. Incluso cuando sabemos que nuestras antiguas formas de hacer las cosas no funcionan, no es fácil dejarlas ir así como así. Es difícil deshacerse de las viejas costumbres porque están programadas en nuestros cerebros de tal manera que ocurren automáticamente. Pero no por ello son inamovibles. Tres neurocientíficos del Instituto Tecnológico de Massachusetts descubrieron que, aunque nuestras costumbres están profundamente arraigadas, «los centros de planificación del cerebro pueden desactivarlas», lo que nos permite formar nuevos hábitos. Los investigadores identificaron un área del cerebro que puede alternar entre los viejos y los nuevos hábitos, lo que significa que, aunque las viejas formas de hacer las cosas no desaparezcan permanentemente, podemos aprender de ellas y optar por priorizar otras más saludables[1]. Una forma de priorizar los nuevos hábitos sobre los viejos es a través de afirmaciones diarias. Según Joe Dispenza, quiropráctico, investigador y autor de *Breaking the Habit of Being Yourself*, «las afirmaciones que nos repetimos a diario son los programas según los que vivimos y pueden ayudarnos o inhibirnos a la hora de crear, crecer y experimentar cosas nuevas en nuestras vidas».

Entonces, ¿qué hace que sea tan difícil construir nuevos hábitos más saludables, incluso cuando estás listo para dejar atrás tu viejo yo y reclamar una nueva forma de ser? El miedo. El miedo a no ser amado, aceptado y reconocido. Es aterrador y desestabilizador abandonar algo con lo que te has identificado durante tanto tiempo. Cuando tengas dificultades con esto, recuerda que es normal sentir miedo, pero que, en el fondo, sabes que es posible deshacerte de estos hábitos, acciones y patrones que ya no te sirven. Al fin y al cabo, ya has sentido incomodidad antes y has sido capaz de tolerar la incertidumbre e incluso de acogerla con los brazos abiertos.

Imagínate columpiándote en un trapecio suspendido en el aire, preparándote para soltar la barra y volar por los aires. Visualiza el momento en que tienes que dejarte ir, cuando tus pies ya no están en el suelo y tus manos no sujetan nada más que el aire, esperando asir el otro trapecio. Estás flotando en el espacio, sin nada a qué aferrarte y sin garantías de aterrizar de una pieza. Así se siente dar un salto de fe. La transformación ocurre en ese momento.

He aquí unas cuantas cosas que pueden ayudarte en tu proceso:

- Sé intencional en tu deseo de cambiar. Todo tu ser necesita implicarse en tu transformación.
- No olvides que se necesita acción deliberada y mucha fuerza de voluntad para mantener el rumbo. Recuérdate constantemente que lo viejo ya no funciona y que has elegido lo nuevo a propósito.
- Cuanta más atención le prestes a tu diálogo interior, más rápido podrás detectar tus pensamientos y emociones cuando aparezcan, así como tus reacciones ante ellos.
- Ten presentes algunas de las formas en las que tu pensamiento se vuelve rígido o estrecho. ¿Cómo sería concebir una nueva posibilidad como una oportunidad en lugar de como un obstáculo? En lugar de pensar automáticamente: *Nunca podría hacer*

eso, ni en chiste, cambia la narrativa y prueba con: *Apuesto a que puedo hacerlo. Voy a explorar esa posibilidad.* Luego permítele a tu mente divagar visualizando esta nueva oportunidad. Recuerda: estás en el momento de probar cosas nuevas, de considerar nuevas formas de entenderte en el mundo; no necesitas comprometerte con nada. Es el momento de reimaginar de qué eres capaz sin dejar que nada se interponga en tu camino.

- Imagínate al «tú» en que deseas convertirte. ¿Qué puedes ofrecer a los demás? Visualiza a tu yo futuro haciendo lo que te encantaría hacer, siendo el amigo que te gustaría tener.

Una infinidad de posibilidades

A menudo, existe un espacio entre dejar ir viejos comportamientos, probar los nuevos y aceptarlos como propios. Esto puede sentirse como un momento de transición, un período en el limbo donde no se tiene ninguna certeza y se está suspendido en el tiempo (como en el ejemplo del trapecio). Este período es un poderoso momento de autorreflexión y autoconsciencia. Una oportunidad de liberar cualquier energía estancada que aún pueda estar bloqueando tu crecimiento y de avanzar con un sentimiento de expectación. Sin obstáculos entre tu cuerpo, mente y corazón, comienzas a tener más claridad; la vida está colmada de posibilidades.

Tras haber sobrevivido al tiroteo en su escuela y comenzado a sanar poco a poco, a menudo Alejandro me hablaba sobre cómo veía la vida de otra forma. Su sueño de ser futbolista profesional se había hecho añicos y tuvo que reimaginar quién era sin eso. Comenzó a verse como alguien que podía ser fuerte por su familia y sus amigos. Creía que su Dios tenía un propósito más elevado para él y que evolucionaría con el tiempo. Solo necesitaba ser paciente y estar abierto a lo que el futuro le deparara. Esto me recuerda la famosa cita de Viktor Frankl, que reza:

> Entre el estímulo y la respuesta existe un espacio.
>
> En este espacio se encuentra nuestro poder para elegir la respuesta.
>
> Y en nuestra respuesta descansa nuestra libertad y nuestra capacidad para crecer.

Como Alejandro, muchos de nosotros tenemos una idea de hacia dónde nos dirigimos, pero no estamos del todo seguros de cómo llegar hasta ahí o qué nos espera cuando lo hagamos. Estamos en el proceso de redefinir quiénes somos, renegociar relaciones y recalibrar nuestro lugar en el mundo. Las palabras clave para esta etapa son **movimiento**, **imaginación** y **creatividad**. Podemos comenzar a mover la energía por nuestro cuerpo; reimaginar nuestro lugar en el mundo; recrear nuestra narrativa sin vergüenza, reproches o culpa. Y podemos comenzar a reemplazar la vida que dejamos atrás por la vida que estamos imaginando y reconstruyendo. Quizá te asalten un sinfín de preguntas, como por ejemplo: *¿Quién soy yo en relación a los demás? ¿Qué historias quiero contar? ¿De qué manera puedo expresar mi verdadero yo? ¿Qué sistemas de creencias tienen sentido?* Al profundizar en tu relación contigo mismo, puedes asumir una mayor autonomía sobre tu autocuidado.

A medida que liberamos la mente de las cadenas del trauma, nos volvemos personas más flexibles y creativas. Los cambios han empezado a ocurrir —en contexto, en conversaciones con otros— y ahora con mayor autoconsciencia. Cuando tenemos una relación más consciente con nosotros mismos, podemos comenzar a reconstruir nuestras relaciones con los demás.

PREGUNTAS PARA TENER EN CUENTA

He aquí algunas preguntas que debes hacerte mientras comienzas a plantearte nuevas formas de ser en el mundo, nuevas identidades que probar.

1. ¿Cuáles son algunas de las creencias con las que creciste? ¿Qué tipo de mensajes recuerdas haber escuchado de tus padres, abuelos u otros familiares durante tu crianza? Estos pueden incluir mensajes verbales (explícitos) y no verbales (implícitos). Por ejemplo: todos los hombres son infieles; los niños deben ser vistos y no oídos; las mujeres son débiles.
2. ¿Qué creencias has decidido abandonar porque ya no te sirven? ¿Con qué las has reemplazado?
3. ¿Qué más te define además de tu género, tu trabajo, tu religión, tu orientación sexual o tu etnia?
4. Si pudieras ser algo más o hacer algo distinto, ¿qué sería?
5. Lleva un diario de gratitud y escribe algo en él cada noche antes de acostarte. ¿Por qué te sientes agradecido al final del día? Sé específico. ¿Qué hiciste hoy que te haya hecho sonreír? ¿Qué hiciste hoy que haya contribuido a la felicidad de otra persona? ¿Por quién te sientes más agradecido? De nuevo, sé específico. ¿Qué es lo que te inspira de esa persona?
6. ¿Tienes alguna forma de expresión creativa (por ejemplo, pintar, dibujar, bailar)? Si no es así, ¿qué te atrae? ¿Hay

alguna forma en que puedas darte el espacio y tiempo para explorar una actividad creativa que te interese?

7. ¿Quiénes son las personas que te inspiran? Puedes conocerlas o haber leído sobre ellas. Tal vez han superado obstáculos y se han reinventado a sí mismas o han logrado hacer algo que nunca creyeron posible.

8. Para algunas personas es más fácil contar su historia si pueden imaginar que se la están escribiendo a alguien que aman, como un familiar o un viejo amigo. Imagínatelo y elige a esa persona. ¿Qué recuerdas? ¿Qué quieres que sepa sobre ti?

9. ¿Qué haces para tranquilizarte cuando sientes miedo o ansiedad? ¿Qué prácticas de autoalivio te funcionan? ¿Qué prácticas nuevas te gustaría probar?

10. Al reformular tu narrativa, ¿qué es lo más sorprendente que has descubierto sobre ti mismo?

11. A medida que sientes más comodidad con tu cuerpo y puedes autorregularte con mayor facilidad, ¿qué afirmaciones tipo «Yo soy» puedes hacer ahora?

Construir nuevos sistemas de creencias

En esta etapa de tu camino, te has abierto a nuevos paradigmas. Ansioso por ver el mundo desde una perspectiva diferente y una compresión más profunda de la vida y de ti mismo, has comenzado a explorar nuevos sistemas de creencias, distintos de los que conocías antes. No me refiero solo a tradiciones religiosas o creencias espirituales, aunque hay quien se inclina por una religión organizada o un conjunto de prácticas espirituales durante esta etapa. Un nuevo sistema de creencias puede ser cualquier cosa que te apasione y con la que te identifiques. Puede ser cualquier cosa que resuene contigo, cualquier cosa que dé orden al nuevo paradigma que estás construyendo y que te ayude a sentir una conexión con los demás y un compromiso con el mundo. Algunas personas adoptan un estilo de vida vegano o se unen a una comunidad yóguica o hacen retiros espirituales con regularidad. Otras se sienten fascinadas por una científica o un conferenciante, por un músico, una poeta o un artista cuyo trabajo las interpela, o incluso tienen el deseo de explorar el uso de sustancias psicodélicas en un contexto curativo y terapéutico. Otras abrazan nuevas tradiciones culturales o prueban nuevas profesiones. Cada persona lo vive a su manera.

A medida que te sientes más seguro y consciente de quién eres, te inclinarás naturalmente hacia lo que te brinde un mayor apoyo para tu sanación e, igualmente importante, lo que sea más auténtico para ti. Podrás comenzar a escuchar tu diálogo interior y a no depender tanto de la guía y las experiencias de los demás.

Escribir Nuevas Narrativas

En cuanto vamos asumiendo más control —o autonomía— sobre nuestra vida, vemos que tenemos el poder de replantear nuestra narrativa de una forma que se alinee más con lo que queremos ser. Nuestros recuerdos traumáticos se convierten en eventos que sucedieron en el pasado, por lo que ya no pueden invadir nuestra capacidad de crear nuevas experiencias en el presente.

Reescribir nuestra narrativa o contar nuestra historia es la forma en que damos sentido a nuestra vida y cómo interpretamos nuestras experiencias, ya sea mientras ocurren o cuando reflexionamos sobre ellas. En lugar de decir: «Estoy divorciada y me siento avergonzada, perdida y rota», una mujer que ha pasado por un divorcio conflictivo podría decir: «Sí, me divorcié, y he descubierto que la vida como persona soltera puede ser gratificante. ¿Quién lo hubiera imaginado? Estoy aprendiendo mucho sobre mí misma». La narrativa nos separa de lo que consideramos nuestro problema o debilidad. Lo que te sucedió no te define. No eres tu trauma.

Reformular nuestra narrativa puede no ser tarea fácil. Puede requerir ayuda de un terapeuta o mentor, o de un grupo de apoyo de personas que están pasando por experiencias similares. Por ejemplo, los alcohólicos que se unen a Alcohólicos Anónimos o las mujeres que forman parte de un grupo de apoyo para sobrevivientes de violación pueden beneficiarse de ayudar a otras personas y de recibir también su ayuda.

El trabajo que hemos realizado hasta ahora nos ha servido para extraer de nuestro cuerpo la energía del trauma y transformarla. Estamos quitándole poder al trauma y comenzando a explorarlo de una manera diferente y más saludable. Gloria, la joven que conocimos en el Capítulo 3 y que terminó en la prisión de Rikers Island, es uno de los ejemplos más poderosos de esto. Cuando fue liberada y transferida a una unidad psiquiátrica, estaba severamente traumatizada. Tras su liberación definitiva, trabajó con un mentor que la alentó a emprender un viaje de sanación. En el camino, comenzó a expresarse a través de su arte. Con una comunidad que la apoyaba y mucha guía terapéutica, alcanzó una comprensión más profunda de lo que le había sucedido y canalizó el dolor de su profundo trauma en sus pinturas. Permitió que su tristeza y depresión se expresaran a través de los colores y las formas que pintaba, volcando su dolor y sufrimiento en el lienzo. Dejó que su trauma viviera en su arte.

Quizá lo más notable de su proceso es que creó un *alter ego* como pintora. Ya no era Gloria, una mujer que había sido violada y torturada. Era Kiki, una artista consumada por derecho propio. Reescribió y volvió a contar la historia de su vida a través del arte para sanar el dolor de su pasado y comenzar a crear un futuro empoderado.

Crear un *alter ego* fue la manera en que Gloria reimaginó su vida y reescribió su narrativa sin que su pasado traumático invadiera su nuevo comienzo. No negó lo que le había ocurrido, pero lo puso en contexto. Como escribió la poeta nigeriana y sacerdotisa Ehime Ora: «Debes resucitar el dolor profundo que vive en tu interior y ofrecerle un hogar fuera de tu cuerpo». Eso es precisamente lo que hizo Gloria. Y eso es exactamente lo que esta Etapa de Redefinir nos invita a hacer a todos nosotros.

La próxima etapa, la Etapa del Ser: Integración, nos llama a revisitar el trauma y empezar a relacionarnos con él. En esta etapa hemos creado un nuevo paradigma; en la próxima, integraremos este nuevo yo con el antiguo.

HERRAMIENTAS ESENCIALES PARA LA ETAPA DE REDEFINIR

Céntrate en pensamientos positivos. Dedica algo de tiempo cada día a pensar deliberadamente en los desafíos de la jornada, en las soluciones que se te hayan ocurrido y en las cosas nuevas que te gustaría probar.

Busca apoyo en los demás. Esto es clave porque somos seres sociales y el interactuar con otras personas, recibir y brindar apoyo y saber que estamos conectados entre nosotros nos impulsa a seguir adelante.

Exprésate creativamente. Pinta, dibuja, baila, haz música, escribe poesía, haz cualquier cosa que te ayude a plasmar sentimientos que tal vez no puedas expresar con palabras.

Mantén la conexión con tu propósito. Saber que hay algo mucho más grande que tú es de gran ayuda, especialmente en momentos de duda o confusión. Crea estructuras en torno a tus metas.

Mantén la apertura a nuevas experiencias. Sé flexible, evita la autocrítica tanto como te sea posible. Ábrete a nuevas ideas y acepta los desafíos que se te presenten.

Finge hasta que lo logres. Cuando comiences a sentirte atrapado en el miedo, la negatividad o la duda, trata de sonreír y cultiva la emoción opuesta. ¡Te sorprenderá lo bien que funciona!

Vocabulario para tener en cuenta

Aquí tienes una lista de palabras y frases a las que puedes recurrir cuando te adentres en el camino de redefinir. Al leer cada palabra, piensa en cómo puedes aplicarla en tu relación contigo mismo, con los demás y con el mundo.

COMIENZA EN UN MUNDO DE POSIBILIDADES	TRANSFÓRMALO EN UN MUNDO QUE TENGA SENTIDO
Reconectar	Resiliencia
Reconstruir	Autorregulación
Reimaginar	Coherencia interna
Reinventar	Autocuidado
Regenerar seguridad	Amor propio
Reprocesar	Confianza
Reactivar	Renovación
Relacionarse de otra forma	Independencia
Soltar lo antiguo	Introspección
Reorganizar prioridades	Nuevo comienzo
Crear nuevos recuerdos	Nuevos sistemas de creencias
Reconfigurar hábitos	Nueva identidad
Reciclarse	Nuevas relaciones
Nuevas narrativas	
Nuevas posibilidades	
Nuevas perspectivas	
Nuevos paradigmas	
Nueva mentalidad de crecimiento	
Más flexibilidad	
Más apertura	
Más creatividad	

Capítulo 10

La Etapa del Ser: Integración

«En un sentido más profundo, gran parte del sufrimiento humano existe debido a la negación del pasado y la incapacidad de reconocerlo e integrarlo. Pero cuando finalmente se toma la decisión de observar y sentir el pasado, todo cambia».

—THOMAS HÜBL

LA ETAPA DEL SER: TEMAS CLAVE

Resiliencia: el yo se siente fuerte, capaz y preparado para enfrentar dificultades en un mundo suficientemente benevolente.

Pertenencia: el yo se siente digno, valioso y seguro de sí mismo en un mundo que le ofrece un sentido de comunidad y un lugar dentro de él.

Reconciliación: el yo se reconstruye en un marco que integra la nueva narrativa postraumática y la entrelaza con el todo; estás reclamando tu yo.

En este punto del camino hacia el crecimiento postraumático, es posible que notes que finalmente pisas terreno firme, sientes seguridad y el mundo tiene más sentido. El trabajo que has realizado para crear una nueva identidad te ha dado más seguridad y quizá incluso te ha encaminado hacia un nuevo sendero que te ha llevado del *creo que puedo* al *sé que puedo*.

En esta etapa, mis pacientes a menudo me dicen que ya no dudan tanto de sí mismos. Se sienten más fuertes y seguros. Al explorar nuevas posibilidades y probar nuevas perspectivas, logran dejar atrás lo que solían ser para imaginar lo que podrían ser. No es que nieguen su trauma, sino que se dan cuenta de que lo que pasaron está en el pasado y ya no forma parte de su experiencia presente. Por medio del ensayo y el error, de acelerar y frenar, han desarrollado una nueva historia que contar y han reemplazado su antigua identidad por una nueva (*ya no me estoy redefiniendo, ahora soy*), una que se enfoca en el presente y mira hacia el futuro.

A medida que las personas pasan de la Etapa de Redefinir a la Etapa del Ser, a menudo se sienten más cómodas viviendo en el momento presente, generando nuevos recuerdos, creando nuevos hábitos y dejando atrás los antiguos. Ha habido un proceso de sanación enorme en esta etapa liminar, lo que la doctora Joan Borysenko, psicóloga y autora *bestseller*, llama «el tiempo entre el "ya no" y el "todavía no"»[1]. Has incorporado esos cambios; posees tu nueva identidad. Has dejado de alimentar tu trauma y puedes ver lo que es posible sin que te controle. Si en este punto notas un cambio en ti, por pequeño que sea, tu transformación interna ha comenzado. Todos los cambios por los que has pasado y todas las veces que has salido de tu zona de confort te han transformado en algún sentido, se han integrado en ti. Ahora puedes decir: *¡Lo hice! Me arriesgué. ¡Tomé la decisión de hacer algo diferente y lo logré! Esto es lo que soy ahora.*

A muchas personas les basta con esto. Se sienten capaces de existir en el mundo de una forma más saludable y conectada. Sus relaciones son más significativas, son mucho más resilientes y están más presentes. Están listas y ansiosas por abrazar su nueva identidad sin necesidad de pensar demasiado en su pasado, incluidas sus experiencias traumáticas. Han dejado lo ocurrido atrás y han crecido a pesar de lo que les sucedió. Pueden decir: *Ahora estoy bien, ya no tengo que pensar en el pasado. Tengo una nueva identidad y soy resiliente.*

El viejo mundo se encuentra con el nuevo

Sin embargo, para que ocurra una verdadera transformación, no basta con crear y encarnar únicamente la nueva identidad. También debemos incorporar el pasado para crear un todo. Debemos integrar todas las partes de nosotros mismos: los cambios que hemos realizado, el trabajo que hemos hecho hasta ahora y los traumas que han habitado en nuestro interior y nos han lastimado. Hay sabiduría en todo ello y no debemos dejar nada atrás. De eso trata la Etapa del Ser: Integración. Es la etapa del «ambos/y». Es posible que aún recordemos nuestro trauma pasado, incluso podemos hablar de él con otras personas, pero —y este es el punto principal y crucial— ya no lo experimentamos como si estuviera sucediendo en el momento presente. No revivimos el abuso, la guerra, el divorcio o la pérdida de un hijo. Podemos recordarlo e interactuar con él sin experimentar una respuesta traumática; es un recuerdo relegado al pasado que ahora afecta al presente de una manera más saludable. Como dice el doctor Van der Kolk, cuando eres capaz de «integrar el viejo trauma con lo nuevo, ya no ves el trauma como si estuviera sucediendo en el momento presente; de hecho, puedes hablar del trauma en pasado».

La verdadera transformación honra la sabiduría contenida en las heridas, así como al nuevo ser empoderado. El lema se convierte en: *Soy quien soy debido a mi trauma, no a pesar de él.* Esta etapa nos invita a reexaminar nuestra nueva narrativa y escribir un nuevo capítulo, uno que integre nuestro nuevo yo con nuestro viejo trauma y celebre nuestro todo. Podemos reconocer que somos fuertes porque sobrevivimos. Cuanto más unificados nos volvamos, más podremos acoger todas nuestras contradicciones con bondad: nuestra vulnerabilidad y nuestra resiliencia, nuestra soledad y nuestro sentido de pertenencia, nuestra rabia y nuestra compasión.

Gloria pudo dejar atrás a su *alter ego* y admitir que ella era la artista, además de alguien que pasó tiempo en prisión, que fue víctima de violación, de maltrato físico y que estuvo refugiada. Logró aceptar esa identidad al mismo tiempo que pudo afirmar sin vergüenza que también era una mujer amada, capaz de desarrollar y mantener relaciones más íntimas y significativas y que estaba orgullosa de la persona en la que se había convertido.

Los refugiados con los que he trabajado a lo largo de los años nos ofrecen lecciones importantes sobre lo que significa integrar nuestros traumas pasados en nuestras vidas presentes. Llegan a un nuevo país con una historia que contar, la historia de su pasado, ansiosos por comenzar de nuevo. A menudo enfrentan mucha adversidad y trauma antes de poder adaptarse y crear una nueva identidad. Algunos terminan asimilándose a la cultura, lo que significa que niegan su propia historia, sus propias costumbres culturales y abrazan solo su nueva vida. Otros son capaces de aculturarse, lo que significa que integran sus creencias culturales y espirituales, su sabiduría ancestral y sus tradiciones con la cultura anfitriona; las viejas costumbres con las nuevas. Los refugiados venezolanos que he conocido y con los que he trabajado en los Estados Unidos son un buen ejemplo de esto. Al igual que los camboyanos que se establecieron en el Bronx, las familias venezolanas trajeron su cultura —su comida, música, baile e incluso su idioma— y la introdujeron en los vecindarios en los que viven. Hablan de su pasado no de manera traumática, sino con orgullo. Se sienten bien compartiendo sus historias y también creando nuevas, cosa que es igual de importante.

Qué pasa por dentro

Contar nuestra historia completa, incluso a nosotros mismos —sin que sea un desencadenante—, puede ayudarnos a recuperar nuestra identidad. Podemos descubrir que, cuando ya no tenemos una relación con el pasado enraizada en la vergüenza y el arrepentimiento, es mucho más fácil apropiarnos del trauma y aceptarlo como parte de lo que somos.

Todo esto tiene un efecto equilibrante en nuestra fisiología. En la Integración, el sistema nervioso ya no está en modo de supervivencia. Incluso si comenzamos a sentirnos preocupados, ansiosos o un poco abrumados, disponemos de herramientas que nos ayudan a regresar en poco tiempo al equilibrio. Practicar cualquier tipo de autocuidado consciente, como yoga o meditación, reiki o masajes, un paseo en la naturaleza o una siesta por la tarde, activa el sistema nervioso parasimpático para que nos sintamos más centrados y conectados y disfrutemos de más momentos de serenidad y tranquilidad con menos desencadenantes que nos alteren.

Es importante recordar que integrar nuestro trauma en nuestra narrativa no es lo mismo que disociarse de él o insensibilizarse. El doctor Van der Kolk advierte sobre lo que llama «desensibilización», donde las personas traumatizadas aprenden a no sentir o reaccionar a sus sentimientos para poder separarse de sus experiencias y de las emociones que desencadenan. Por otro lado, la Integración nos invita a sacar nuestras emociones a la palestra y a averiguar cómo se sienten en nuestro cuerpo, notándolas a medida que ocurren. Entonces podemos usar las herramientas de la autoconsciencia para incrementar nuestra capacidad de respuesta y regulación en lugar de reaccionar o enterrarlas. Apreciar lo que está sucediendo, nombrar lo que sentimos, mantiene la mente anclada en el momento presente, lo que puede ayudarnos a soltar cualquier apego al pasado y enfocarnos en encontrar la paz en él.

RECUPERAR TU PASADO

Para recuperar las partes de ti que pueden haber estado ocultas o enterradas, es importante sacarlas a la luz de modo que puedas interactuar con ellas. En este ejercicio de escritura, nombra tu trauma y las emociones que afloran de él: tristeza, ira, vergüenza... cualquier cosa conectada a tu experiencia pasada. ¿Qué tiene el trauma que decirte? ¿Qué quieres responder? Escribe durante al menos diez minutos sin pensar, editar o preocuparte por la gramática. Escribe todo lo que te venga a la mente. Cuando termines, cierra tu diario, siéntate en silencio durante varios minutos y siente lo que surja. A partir de eso, puedes quemar las páginas, tirarlas o, sencillamente, guardarlas en algún lugar.

REESCRIBIR TU NARRATIVA

Durante la Etapa de Redefinir, se te invitó a escribir una nueva historia, una historia en la que reimaginaras tu vida libre de las limitaciones impuestas por tus traumas del pasado. En esta etapa de Integración, tienes otra oportunidad para reescribir tu narrativa, esta vez integrando tu vida anterior y tu nueva identidad empoderada.

1. Ahora que has integrado tu pasado en tu nueva narrativa, ¿cuál es la historia que cuentas? ¿Cómo ha cambiado tu historia? ¿Cómo ha modificado esta nueva narrativa la forma en que te sientes contigo mismo?
2. ¿Puedes formular algunas frases sobre quién eres ahora? Por ejemplo: *Soy una sobreviviente de abuso infantil, y también soy una mujer fuerte y capaz que tiene una relación sana y amorosa.* O bien: *Acepté mi trauma pasado como parte de quien soy ahora.*
3. ¿Te sientes bien dejando atrás viejas relaciones que ya no funcionan y aceptando otras nuevas?
4. ¿Puedes hablar de tu pasado libre de vergüenza?
5. ¿Puedes ver tu trauma pasado como parte de quien eres ahora, y algo que ya no te impide vivir con plenitud?

De la fragmentación a la plenitud

Esta etapa del modelo de crecimiento postraumático es más bien una investigación interna, una forma de reconexión con el yo.

Nos pide que investiguemos cómo nos identificamos y qué hemos dejado atrás. Esto es importante porque la verdadera transformación requiere que integremos todo lo que somos: lo bueno y lo no tan bueno. No podemos quedarnos solo con las partes que hemos elegido mostrar y expresar al exterior, con lo que apreciamos de nosotros y de nuestra nueva identidad. También tenemos que incluir las partes que no nos gustan tanto o que tal vez hemos escondido, la oscuridad en nuestro interior y las partes que otros han lastimado.

Es útil recordar que cada parte de ti tiene una voz y una historia que contar. Cuando estés en disposición de escucharlas a todas, podrás recibir sus mensajes y responder con compasión. La sanación requiere amor propio, aceptar todo lo que eres y aprender a confiar en tu intuición. Cuando puedas tratarte con ternura y suavizar el filo del sufrimiento, podrás pasar de la fragmentación a la plenitud y emerger auténtica e inquebrantablemente como quien eres.

Mi amiga Ana demuestra esto de una manera hermosa y poco común. Ana sufrió abusos sexuales por parte de su padre durante muchos años y trabajó arduamente para sanar su trauma. Como parte de su proceso de sanación, quiso crear una representación visible de lo que significaba dejar de ocultar el trauma e integrarlo en su vida. Le pidió a una maquilladora que pintara dos mitades de su rostro y luego la fotografiara. Una mitad representaba quién era cuando fue abusada; la otra mitad, quién es ahora. Las imágenes fueron tan impactantes y poderosas que la maquilladora y ella decidieron que también podría ser una experiencia conmovedora y sanadora para otras personas que hubieran sufrido abusos, así que empezaron a colaborar con una organización que trabaja con adolescentes que han sufrido abusos, para pintar sus rostros y fotografiarlos como parte de su proceso de sanación.

Recoger todos los pedazos

La primera parte de esta etapa consiste en recoger los pedazos perdidos, olvidados o rotos que debemos incorporar a nuestra nueva narrativa. Tengo un tazón de cerámica en mi despacho que fue creado utilizando el antiguo arte japonés del *kintsugi*, del que hablamos en el Capítulo 3. Lo tengo ahí porque representa hermosamente cómo es posible volver a armar nuestras partes rotas. También nos recuerda a mis pacientes y a mí que el objetivo no es «arreglar» lo que está roto o desecharlo, sino integrarlo en nuestro ser de una manera que honre la belleza de nuestras imperfecciones y celebre nuestra singularidad. La filosofía de transformación del *kintsugi* nos recuerda no solo que nada es eterno, sino que hay motivos para iluminar los cambios, celebrarlos y abrazarlos por la profunda consciencia que aportan a nuestras vidas. Nuestras heridas se convierten en un tejido precioso, en el hilo dorado que une nuestras historias vitales y les da sentido.

Podemos ver esta filosofía de la transformación a lo largo de las etapas del crecimiento postraumático. En la Aceptación Radical, la cerámica se rompe y los pedazos quedan esparcidos por el piso. Nos damos cuenta de que no podemos arreglarlo solos ni limpiar el desastre. En Seguridad y Protección, nos acercamos a otras personas que acceden a ayudarnos a recoger esos pedazos. En Nuevas Narrativas, tenemos la oportunidad de imaginar de nuevo el jarrón y rearmar sus piezas de una manera diferente, decidir cuánto polvo de oro o barniz necesitamos para juntar los pedazos y determinar qué más podemos agregar para obtener un resultado aún más hermoso que el original. Ahora, en la Etapa del Ser: Integración, lo ponemos todo junto. Las piezas rotas representan las heridas de nuestro pasado, tal vez incluso cómo solíamos vernos a nosotros mismos. El oro y el barniz que hemos elegido para mantener juntos los pedazos representan todo aquello en lo que nos hemos convertido: el valor de la conexión, nuestra naturaleza compasiva y las contribuciones que somos capaces de hacer en el mundo. Ahora podemos mirar la pieza de cerámica y pensar: *Guau, todo encaja verdaderamente bien*. Hay un lugar para todo y todo cobra sentido. Nuestro trauma, nuestro yo anterior, es una parte integral de lo que somos ahora. Podemos verlo de una nueva manera. Estamos completos. Nos sentimos plenos.

Esta metáfora del *kintsugi* me recuerda a mis pacientes Eva y Emilio, la pareja con tres hijos de la que he hablado antes, que emigraron a los Estados Unidos desde España. Toda la familia quedó traumatizada tras descubrir que el abuelo de los niños había estado abusando sexualmente de menores, posiblemente incluyendo a sus propios hijos. En lugar de apoyarlos, sus familiares y gran parte de su comunidad se volvieron contra ellos, acusándolos de tratar de extorsionar al abuelo, que era un hombre muy adinerado e influyente en España. Toda su vida se hizo añicos y sus hijos quedaron traumatizados. Tuvieron que aceptar que su situación nunca iba a mejorar a no ser que dejaran su hogar y su país. Llegaron a los Estados Unidos, donde poco a poco encontraron seguridad dentro de una comunidad que creyó su historia y los ayudó a reconstruirse. Cuando se sintieron seguros, pudieron comenzar a rehacer sus vidas. Los animé a crear un espacio sagrado —el oro y el barniz— que mantuviera unida a la familia y fortaleciera los vínculos entre los hermanos, entre Eva y Emilio y entre toda la familia. Lo hicieron formando conexiones conscientes, auténticas e íntimas en el seno de la comunidad; amistades en las que podían mostrarse plena y sinceramente.

Recuperar los dones de nuestra alma

Hasta ahora, gran parte de la transformación ha sido interna; los cambios han ocurrido dentro de nosotros. Todo esto puede parecer contradictorio porque la sanación ocurre a través de la conexión y las relaciones son clave para avanzar. Pero, si lo piensas, tiene sentido: a medida que sanas tu propia relación contigo mismo, poco a poco te vuelves a acercar al mundo y tocas la vida de otras personas de manera más auténtica. Hemos traído todas las partes de nosotros mismos —nuestro pasado y futuro, así como el presente— a la superficie. Hemos hecho las paces con nuestra oscuridad —la vergüenza, la culpa y todos los comportamientos de los que no estamos orgullosos— y podemos ver la sabiduría que hay dentro de ella. Estamos recuperando las partes perdidas que han sido apartadas o reprimidas y guiándolas de regreso a nuestra verdadera naturaleza, a nuestra alma. Hacemos esto para reconectar con todo lo bello y noble de ser humano, para poder decir: *Soy la sombra y también la luz.*

Durante mis estudios de medicina chamánica con un mentor en Miami y luego en las montañas del Perú, aprendí una poderosa manera de recuperar y reclamar aspectos esenciales de nosotros mismos que hemos perdido como resultado del dolor, el trauma y el estrés. Requiere que nos sumerjamos en la profundidad de nuestro ser, en lo que los chamanes llaman «las cuatro cámaras del alma» y que traigamos de regreso nuestros pedazos perdidos. Aunque lo he modificado a lo largo de los años para mí y mis pacientes, este viaje de recuperación del alma comienza visualizándote descendiendo por una escalera hacia un alma de cuatro cámaras[2].

1. En la primera cámara, la cámara de las heridas, enfrentamos la fuente de nuestra herida, lo que ha hecho que nuestra alma huya en retirada.
2. En la segunda cámara, la cámara de los contratos, encontramos las creencias limitantes que teníamos y las

promesas que hicimos en el momento de nuestra pérdida. Ahora tenemos la oportunidad de renegociarlas.

3. En la tercera cámara, la cámara de la gracia, vemos más allá de la angustia de nuestras heridas; vemos la belleza y la sabiduría que poseen en su interior, y podemos recuperar la gracia, la pasión y la confianza que nos devolverán a la plenitud.
4. En la cuarta cámara, la cámara de los tesoros, desenterramos los dones más preciosos de nuestra alma, que ahora debemos compartir con el mundo.

Al recoger con suavidad y reverencia todas las piezas perdidas y malearlas en lo que nos hemos convertido, emerge algo completamente nuevo. Eso, dicen los chamanes, se convierte en nuestra medicina, el regalo que podemos ofrecer al mundo. Todo el trabajo que hemos hecho hasta ahora ha estado al servicio de un propósito mucho más grande que nosotros mismos, el propósito que estamos aquí para cumplir.

Como exploraremos en Sabiduría y Crecimiento, durante la Etapa de la Transformación aprendemos a confiar en nuestra sabiduría y a abrazar nuestra verdadera naturaleza, dándonos cuenta de que la transformación está íntimamente ligada a nuestro propósito y a nuestra intención de hacer del mundo un lugar mejor.

INTEGRAR NUEVOS HÁBITOS

En un artículo para el *New York Times*, Tara Parker-Pope propuso cinco pasos para crear y mantener nuevos hábitos más saludables. Utilizando su marco teórico, he sugerido formas en que podemos incorporar nuevos hábitos en nuestro día a día con éxito.

Suma tus hábitos. Integra un nuevo hábito en las cosas que ya haces para que el nuevo hábito parezca una extensión, no un reemplazo. Una amiga mía quería empezar su día leyendo algo inspirador, pero nunca terminaba de lograrlo de manera consistente. Finalmente, se dio cuenta de que podía aprovechar para leer durante su café de la mañana. Tras un mes de hacerlo, dice que ya no puede imaginarse empezar su día de otra manera.

Empieza poco a poco. No dejes que tu entusiasmo te lleve a comprometerte con más de lo que realmente puedes hacer. En otras palabras, en lugar de prometerte que harás una rutina de ejercicio de sesenta minutos todos los días, prueba cómo se siente hacer algunos estiramientos o ejercicios de condicionamiento mientras preparas tu té o café, o antes de meterte en la ducha. O recuéstate y coloca tus pies en la pared durante cinco minutos al final de tu jornada laboral.

Sé persistente y consistente. Tara Parker-Pope señala un estudio que muestra cuánto tiempo toma que una rutina se convierta en un hábito arraigado. La investigación dice que puede llevar desde dieciocho hasta 254 días, ¡con una media de sesenta y seis días! Así que elige algo que sientas que puedes hacer todos los días o en el mismo horario cada semana. Tal vez sea un paseo de veinte minutos después del almuerzo o un compromiso que adquieres para hacer trabajo de voluntariado cada semana.

Póntelo fácil. Crear una intención o tener un propósito claro para lo que estás haciendo ayuda a tenerlo presente. Puede mantener tu motivación fuerte.

Recompénsate. No esperes hasta haber hecho ejercicio o meditado durante una semana, un mes o sesenta y seis días para premiarte por tus esfuerzos. Incluye recompensas inmediatas. ¿Qué haría que tu actividad fuera más placentera? ¿Qué esperarías con ansias? Eso sí, ten cuidado con querer incorporar demasiados hábitos al mismo tiempo en tu vida.

Ten un compañero de responsabilidad. He agregado uno extra: hablar con un amigo en quien confíes puede ayudarte a mantenerte encaminado. A veces ese amigo es también tu compañero en la creación de hábitos, con quien compartes tu paseo matutino o nocturno; a veces ese amigo es la persona con la que hablas tres veces por semana para compartir tu progreso o tus desafíos, o para que te anime a seguir adelante.

Capítulo 11

La Etapa de la Transformación: Sabiduría y Crecimiento

«Donde tropiezas... ahí está tu tesoro. La cueva en la que temías entrar resulta ser la fuente de lo que buscabas».

—JOSEPH CAMPBELL

LA ETAPA DE LA TRANSFORMACIÓN: TEMAS CLAVE

Consciencia: el yo aprecia la vida, tiene una mayor consciencia de su fuerza personal y es más agradecido en un mundo más benevolente y vivo; el yo está más consciente y despierto.

Conexión: el yo es intuitivo y confía en un mundo que siente más compasivo y significativo.

Trascendencia: el yo tiene iniciativa, un objetivo y una misión en un mundo que siente manejable y organizado; el yo se involucra en actos de servicio, activismo y defensa de sí mismo y de otros.

Después de todo el trabajo que hemos hecho para sanar nuestras heridas, esta es la etapa en la que nos hemos vuelto más conscientes y despiertos. Somos los héroes de nuestro propio viaje, héroes cotidianos que han tenido el coraje de zambullirse profundamente en su propio ser, señalando, sanando e integrando las experiencias traumáticas en sus vidas. Héroes que han emergido con una profunda comprensión de la interconexión entre toda vida y el deseo de compartir lo que han aprendido en su camino.

Todos hemos escuchado las increíbles historias de héroes más célebres que han superado experiencias traumáticas y han alcanzado cosas increíbles; incluso cambiar el mundo. Muchos de estos héroes modernos tienen orígenes profundamente arraigados en el trauma: el historial de repetidos abusos sexuales que sufrió Oprah desde los nueve años; el balazo en la cabeza que dispararon los talibanes a Malala, la joven pakistaní que defendía el derecho a la educación de las mujeres y que sobrevivió para fundar el Fondo Malala, «una organización sin ánimo de lucro dedicada a darles a todas las niñas la oportunidad de alcanzar el futuro que elijan»; y la historia de Lady Gaga, relatada en el Capítulo 7. La terrible experiencia de ser abusada sexualmente por un productor musical —y el haber sufrido *bullying* de niña— le permitió ver la sabiduría contenida en las heridas de su trauma y convertir su carrera en «una rebelión contra todo lo que entiendo como cruel en el mundo». No lo hace por la fama, sino por el impacto que puede tener.

De todas las etapas del crecimiento postraumático, esta es mi favorita y es la base de mi trabajo. Esta es la etapa donde quiero hacer llegar a todo el mundo, pues es aquí donde se da una verdadera transformación. A menudo les digo a mis pacientes que, en cuanto hayan hecho el esfuerzo de cambiar sus vidas, tendrán más cosas por las que vivir, experiencias más hermosas de las que disfrutar. El camino rara vez es fácil; puede ser doloroso y duro. Pero, si trabajas mucho en ti mismo y estás dispuesto a atravesar las llamas, trascenderás el trauma y crecerás gracias a él.

A veces comparo esta etapa con las secuelas de una fuerte tormenta de verano. El viento y la lluvia han lavado la tierra, dejando ramas caídas a su paso y haciendo desaparecer la pesadez del calor del verano. El sol brilla, el cielo es azul y todo está saturado de color, luciendo más brillante y hermoso que de costumbre. Esto despierta nuestros sentidos y nos conecta con nuestro entorno, haciendo que estemos totalmente presentes. Nos sentimos agradecidos por la tormenta, que ha limpiado la tierra y traído semejante claridad y belleza, incluso cuando estamos aliviados de que haya terminado. Sabemos que vendrán más tormentas, algunas inesperadas, algunas más destructivas que otras, pero en este momento entendemos que nos hemos transformado, que nuestra visión del mundo —y nuestro lugar en él— ha cambiado. Damos las gracias por estar vivos y sabemos que todo es posible.

El caso es que, cuando experimentamos una transformación tan profunda, ya no hay vuelta atrás. Nuestra verdadera naturaleza ha despertado. Hemos visto lo que es posible y ya no podemos dejar de verlo, no podemos desconocer algo que ya hemos descubierto. Después de su lucha por la libertad, una mariposa no puede volver a ser oruga, aunque nunca deja de encarnar su esencia. Y tú, como la mariposa, has emergido completamente formado y cambiado. No solo has sanado tu trauma, sino que tu trauma —tu tormenta interior— ha sido el catalizador para la sabiduría y el crecimiento, para tu hermoso renacer. Por supuesto, habrá fluctuaciones y algunos días te sentirás más fuerte y seguro de ti mismo que otros, pero este cambio es permanente. Ahora puedes verte a ti mismo y al mundo a través de un lente distinto, más diáfano.

Tu trabajo es recordar quién eres ahora —integrado y completo— y encarnarlo. Recuerda cómo se siente esto. A lo largo de tu vida, lo revisitarás una y otra vez.

¿Qué sucede en Sabiduría y Crecimiento?

Llegamos a esta etapa con un profundo sentido de identidad y pertenencia; nos sentimos más seguros, compasivos y presentes en el mundo. Nuestras prioridades han cambiado. Nos hemos vuelto más conscientes de quiénes somos como individuos y como parte del colectivo; tenemos una comprensión más clara de lo que es importante en nuestras vidas y un deseo más profundo de compartir lo que hemos descubierto con los demás.

Sin embargo, el camino que lleva al crecimiento postraumático rara vez es sencillo. Por el contrario, a menudo es un viaje complicado y lleno de obstáculos. Debemos deshacernos por completo para armarnos de nuevo. Nuestras creencias fundamentales se han hecho añicos y nuestros corazones se han roto innumerables veces. Sin embargo, lenta y conscientemente, nos hemos transformado; hemos reconstruido, reescrito y vuelto a comprometernos con unas nuevas creencias y hemos descubierto que nuestro corazón es lo bastante grande para contener todas nuestras complejidades con amor y comprensión. Podemos conectar con otras personas de una manera más significativa y presentarnos tal como somos en un mundo que tiene más sentido y es más manejable y significativo. Como la oruga que tuvo que desprenderse de todo lo que era para convertirse en una hermosa mariposa, hemos trascendido lo antiguo para renacer.

¿Recuerdas a Emilio, cuyo mundo se hizo añicos cuando descubrió que su propio padre era un depredador sexual y estaba manipulando a muchísima gente a su favor? Emilio se transformó al separarse de su país de origen y crear algo completamente nuevo: una familia con unos valores distintos y una nueva forma de entender la vida. A través de un duro trabajo, la terapia y el apoyo de su nueva comunidad, no solo creó una nueva identidad para sí mismo, sino que fue inspirado para fundar una organización que ofrece una comunidad a inmigrantes recién llegados.

Un fenómeno fundamentado en la ciencia

Para mucha gente, la idea de poder sanar del trauma y crecer a partir de él suena ingenua en el mejor de los casos, e incluso algo absurda. Por eso, me parece importante que, antes de adentrarnos en lo que ofrece esta etapa de crecimiento postraumático, recordemos que este fenómeno ha sido estudiado en diversas disciplinas. Desde 2012, el número de estudios centrados en él se ha incrementado notablemente en campos como la neurobiología, la psicología clínica, la epigenética, la sociología y la epidemiología psiquiátrica. De hecho, he citado los trabajos de muchos de sus principales investigadores en el Capítulo 2. Y el consenso es que el CPT no es solo una teoría, sino un hecho factual y tangible que ha cambiado la vida de innumerables personas que han sufrido traumas.

Existen muchas formas de embarcarnos en este viaje hacia el CPT. Hay quien llega a esta etapa trabajando con un psicólogo clínico especializado en trauma y que considera este proceso posible. Otros reciben ayuda de amigos o familiares, un mentor o un grupo de personas (como Alcohólicos Anónimos) que están pasando por experiencias similares, a los que Richard Tedeschi llama «compañeros expertos». Otros llegan a ello por medios menos convencionales, como trabajar con sanadores chamánicos o medicarse con sustancias psicodélicas, actividades que, en los últimos años, han sido señaladas por los investigadores como un «paradigma emergente» en la transformación del trauma en crecimiento.

Algunas personas que trabajan en campos relacionados con el trauma creen que el CPT puede ocurrir de forma natural, sin motivo aparente o incluso de forma espontánea. Esto puede aplicar a un reducido número de casos, pero la sabiduría y el crecimiento a los que me refiero van más allá de una epifanía o de un despertar espontáneo. Requieren compromiso con el proceso y un facilitador que lo guíe. Tengo la fortuna de haber sido testigo de muchos momentos de claridad y expansión en mis propios pacientes. Esos momentos se sienten como si la luz de una revelación brotara de la oscuridad del desespero, recordándonos a todos, como escribe Rumi, que: «La herida es el lugar por donde entra la luz». Estas epifanías traen la esperanza de que la sanación y el crecimiento son posibles y nos ayudan a seguir adelante.

La etapa de Sabiduría y Crecimiento nos exige comprometernos con una transformación total: psicológica, fisiológica y emocional. Nos pide que no solo pensemos en nuestra vida, sino también en aquellos que vinieron antes que nosotros: en el trauma intergeneracional y en nuestro papel en el ciclo de dolor heredado. Como trataremos en este capítulo, esta Etapa de la Transformación se da en una dimensión espiritual y tiene el poder de cambiarnos para siempre.

Los cinco pilares

Esta quinta etapa del crecimiento postraumático abarca todos los aspectos de nuestras vidas. Llegamos a ella profundamente distintos a como éramos al inicio de nuestro viaje. Nos hemos conectado con otras personas y con nuestra comunidad de innumerables maneras. Apreciamos la vida y estamos llenos de gratitud por lo que tenemos. Nos sentimos fuertes y capaces, así como vulnerables y abiertos. Nuestras relaciones son más significativas y entendemos que hay algo mucho más grande que nosotros que nos conecta con el universo y con toda la humanidad. Sabemos que nuestro propósito de vida es servir a otros a través de una misión nacida de nuestras heridas.

Según la investigación de Richard Tedeschi y Lawrence Calhoun, cuando las personas pasan por el CPT desarrollan capacidades cuantificables de las que antes no disponían o que habían quedado ocultas por su trauma. Estas se manifiestan en cinco áreas específicas.

Tanto en el trabajo clínico que he llevado a cabo con mis pacientes, como en mi investigación y en mi experiencia personal, también he sido testigo de dones inesperados de crecimiento y transformación, así como de las características recurrentes en las personas que llegan a esta etapa de Sabiduría y Crecimiento. Basándome en las áreas de Tedeschi, también he agrupado esto en cinco pilares: **aprecio por la vida, fortaleza personal, relaciones significativas, una conexión espiritual más profunda** y **propósito y sentido.**

APRECIO POR LA VIDA

Después de todo lo que has pasado, sientes que tienes una nueva perspectiva de la vida. No quieres perderte detalle ni desperdiciar un solo momento. Has superado el trauma y tienes una mayor apreciación de lo que significa estar vivo. Has despertado tus sentidos y eres consciente de tu entorno de formas que probablemente habían quedado largamente olvidadas. Disfrutas de estos momentos, los saboreas sin que tu pasada mente caótica te distraiga. Un paciente en Florida me contó que le sorprendió descubrir que desde el balcón de su departamento se escuchaba el mar… y llevaba diez años ahí. Otra paciente me dijo que la llenaba de alegría caminar por el bosque cerca de su casa porque ahora podía apreciar lo que la rodeaba.

Tal Ben-Shahar, mi querido colega, fundador de la Academia de Estudios de la Felicidad y cuyo curso de Psicología Positiva es el más popular en la historia de la Universidad de Harvard, dice que todo aquello que apreciamos, incrementa. Incrementa porque «apreciar» *significa* incrementar. Cuando invertimos en algo, nos alegramos cuando se aprecia su valor o su valía. Lo mismo ocurre cuando invertimos en nuestro entorno: se vuelve más valioso. Se aprecia.

Ahora sientes más en paz y gratitud. Gratitud por todo, incluso por todas las experiencias por las que tuviste que pasar para llegar hasta aquí, incluso por las cosas que has perdido (que pueden incluir personas queridas, oportunidades, creencias fundamentales que te fallaron o relaciones). Puedes seguir llorando esas pérdidas, pero al mismo tiempo estar agradecido por lo que te han enseñado.

Dicho esto, a veces siento que usamos el término «gratitud» demasiado a la ligera. Puede ser una forma de minimizar, evitar o tratar de olvidar lo que hemos pasado. Amigos o colegas bienintencionados a menudo nos dicen que busquemos el lado positivo de todo, que nos sintamos agradecidos y que recordemos que todo pasa por algo. Eso no es gratitud. Es lo que se llama «positividad tóxica» y puede incluso hacernos sentir peor con nosotros mismos y nuestra situación.

Cuando hablo de sabiduría y crecimiento, me refiero al «optimismo trágico» que nos permite encontrar el significado que habita en el dolor antes de poder estar agradecidos por lo que hemos vivido. El optimismo trágico no es algo que ocurra mientras seguimos en un estado de respuesta al trauma, sino lo que surge tras todo el trabajo que hacemos para sanar y crecer a partir de nuestras experiencias pasadas. Y la gratitud que emerge va más allá de limitarnos a estar contentos con lo que tenemos e incluye una apreciación y conexión más profundas con todo en la vida, incluso (y a veces especialmente) con las partes dolorosas.

El CPT está lleno de paradojas. Trabar amistad con la muerte para apreciar la vida es una de las más grandes, pues de nuestras pérdidas surge el crecimiento. Beth, una mujer con la que trabajo que sufre un cáncer de mama en estadio 4, me confesó que el saber con relativa certeza que le queda poco tiempo le ha dado una nueva apreciación por la vida. La perspectiva de la muerte le ha dado un mayor sentido de inmediatez a su vida y, paradójicamente, más alegría. Está aprovechando al máximo lo que le queda: pasa tiempo con su familia y sus buenos amigos, ríe más y también llora. Quiere que su vida tenga sentido y su trabajo en el mundo ayude a los demás, y lo hace creando grupos de apoyo para personas con cáncer, específicamente para mujeres en estadio 4. Está tremendamente agradecida por lo bello que ha tenido en su vida. Personifica las palabras del poeta Rainer Maria Rilke: «La Muerte es nuestra amiga precisamente porque nos lleva a una presencia absoluta y apasionada con todo lo que está aquí, lo que es natural, lo que es amor».

El aprecio por la vida —y la capacidad de abrazar la realidad de la muerte— a menudo trae un sentimiento de satisfacción. Las cosas materiales se vuelven menos importantes. Tus prioridades cambian; disminuye la urgencia por el éxito, por la acumulación, por ganar más dinero. La sensación de que *Sería más feliz si tan solo…* desaparece. Te vuelves muy consciente de lo que has perdido, por supuesto, pero también de lo que aún tienes. Puedes apreciar más a tu familia y amigos, o tu capacidad de respirar, moverte, salir, jugar con tus hijos o nietos. La gratitud trae consigo la comprensión de que tienes todo lo que necesitas para ser feliz, para estar completo y para abrazar plenamente la vida.

FORTALEZA PERSONAL

Casi sin excepción, las personas que han pasado por experiencias horribles y han llegado a la etapa de Sabiduría y Crecimiento afirman que se sienten más fuertes y capaces gracias a ello. Muchos se sorprenden de haber encontrado las habilidades para lograr lo que hicieron.

A veces no sabemos lo fuertes que somos hasta que ser fuerte es la única opción que tenemos. Gloria es la personificación de esto. En su transformación, encontró una increíble fortaleza cuya existencia desconocía tras haber sido maltratada física y psicológicamente. Surgió de un intenso deseo no solo de sobrevivir, sino de darle un significado a su sufrimiento, de trascender el dolor y concebir algo nuevo. Decidió luchar contra la injusticia uniéndose a una organización que trabaja por cerrar la prisión de Rikers Island y por ayudar a mujeres que han emigrado a los Estados Unidos a transitar todas las complejidades y desafíos que conlleva su decisión. En su libro *Transformed by Trauma*, Tedeschi explica:

> Cuando algo ha sido arrebatado, quienes experimentan crecimiento postraumático reconocen que lo que les ha sido ocultado es de nuevo visible. El gigante dormido que yacía inactivo en su interior puede despertar y puede surgir una nueva perspectiva y enfoque de la vida. Una increíble fuerza y determinación pueden salir a la luz y ayudar a la persona a cambiar el curso de su vida.

La fortaleza personal en esta etapa señala otra paradoja: en la fortaleza yace nuestra vulnerabilidad, y reconocer y aceptar nuestra vulnerabilidad nos da fortaleza. Para algunos, el «gigante dormido» que ha despertado en su interior puede ser una recién descubierta autoconfianza o valentía; para otros, puede significar dar la cara por sí mismos; y, para unos terceros, alcanzar una mayor autonomía. Ahora tenemos la confianza para pedir lo que necesitamos, la fuerza para enfrentar lo que venga y la sabiduría para pensar antes de actuar.

Paradójicamente, no le tememos a —y somos lo suficientemente fuertes para— mostrar nuestra vulnerabilidad, señalar nuestras debilidades y aceptar nuestras limitaciones. Somos capaces de pedir ayuda y de admitir que algo nos supera y que no podemos lidiar con ello solos. Deja que te cuente una historia que demuestra poderosamente esta paradoja: trata de cómo la increíble fortaleza de un hombre estuvo a punto de impedirle sanar su trauma y crecer. Ya he hablado de Stella en el Capítulo 9, la joven cuya madre murió de un tumor cerebral. Esta es la historia de su padre, Diego.

Cuando a su esposa le diagnosticaron cáncer, Diego hizo todo lo que estuvo en sus manos para encontrar un tratamiento que pudiera salvarla. A pesar de sus esfuerzos, ella murió al cabo de un año. Tanto Stella como él quedaron devastados. Debido a su propio dolor, la familia de su esposa lo culpó e intentó quitarle a su hija. Él luchó por no perderla y lo logró. Aunque estaba sumido en una profunda tristeza, enfocó toda su fuerza y atención en Stella para asegurarse de que estuviera bien. Empezaron terapia juntos y crearon una rutina de rituales para reconfortarse mutuamente. Erigieron un altar para la madre de la chica con algunas de sus cosas favoritas, varias fotos de ella sola y de la familia junta, animales de peluche de Stella y cristales especiales. Crearon un rincón exclusivo en la casa donde se sentaban juntos y compartían historias sobre sus vidas antes de la tragedia, riendo con las cosas que recordaban, admitiendo cuánto la extrañaban. Lloraban mucho juntos. Al principio, nuestras sesiones eran desgarradoras.

Con el tiempo, Diego sintió que les haría bien mudarse a una comunidad más grande donde Stella pudiera hacer más amigos y no se sintieran tan aislados. La comunidad los recibió con los brazos abiertos y Stella se sintió integrada en su nueva escuela. Diego estaba muy orgulloso del progreso de su hija y de cómo estaba trabajando su duelo y su trauma. Parecía que él también estaba bien. Incluso volvió a casarse.

Sin embargo, poco después de mudarse a su nuevo hogar, Diego se derrumbó. Se había enfocado tanto en los demás que no dejó espacio para enfrentar su propio duelo. Había expresado su tristeza en muchas ocasiones, pero después empujaba sus sentimientos a un lado y seguía adelante. Tenía que ser fuerte por su hija, sus padres y el resto de su familia. Ahora tenía una nueva vida en una comunidad maravillosa con una familia amorosa. Stella estaba más feliz de lo que la había visto en años y, sin embargo… estaba, según sus propias palabras: «roto de formas de las que ni siquiera había sido consciente hasta ahora». Por fin, aceptó que necesitaba ayuda. Durante nuestro tiempo juntos, ha trabajado en abrazar su vulnerabilidad, en pedir lo que necesita y en ser paciente y bondadoso consigo mismo. Al admitir su vulnerabilidad, descubrió su nueva fortaleza personal. Ha elegido usar este nuevo superpoder para ayudar a otras familias que enfrentan enfermedades crónicas a transitar el complejo sistema de salud. Algo para lo que está bien preparado gracias a su experiencia personal y a su formación profesional.

RELACIONES SIGNIFICATIVAS

En esta etapa, las relaciones se vuelven más beneficiosas y significativas; las hacemos más profundas al estar más presentes y ser más bondadosos y compasivos en nuestras interacciones. Priorizamos conexiones más significativas y conversaciones emocionalmente más íntimas. Vemos sinergias —cosas que nos unen— en lugar de centrarnos en nuestras diferencias o en lo que nos separa. Disfrutamos de relaciones cocreativas y amorosas donde existe un vínculo compartido de confianza y comodidad. Esto a menudo nos ayuda a amar sin esperar tanto a cambio.

Resulta que las relaciones son de verdad la clave de nuestro crecimiento y de nuestra felicidad. Como dice mi amiga Esther Perel, psicoterapeuta y autora de *Mating in Captivity*: «La calidad de nuestras relaciones determina la calidad de nuestra vida». No se trata de cuántos libros tienes en tu biblioteca, ni de cuántos premios recibes por el trabajo que haces, ni de dónde vives o cuán inteligente eres. Se trata de la atención que prestas a las relaciones que tienes. No solo con tu familia, sugieren los estudios, sino también con las amistades duraderas que cultivas. Las personas que tienen relaciones auténticas y amorosas tienen una mayor probabilidad de vivir más y ser más felices.

Un estudio cuantitativo realizado por la Universidad de Harvard lo confirmó. En 1938, los investigadores empezaron a recopilar decenas de miles de páginas sobre los más de setecientos hombres que rastrearon en su estudio. Según Robert Waldinger, profesor de Psiquiatría en la Facultad de Medicina de Harvard y el investigador principal del estudio, los resultados confirmaron que «las buenas relaciones nos hacen más felices y saludables». Enfatiza que se trata de la calidad y cercanía de esas relaciones lo que mejora nuestra calidad de vida, no solo el hecho de tenerlas. Resulta que: «las personas que tienen una mayor conexión social con la familia, los amigos y la comunidad son más felices, están físicamente más saludables y viven más tiempo que las personas menos conectadas».

En este punto, ya hemos dejado ir las relaciones que no sirven. Quizá hayan dejado de funcionar porque hemos cambiado hasta volvernos irreconocibles. Como diría la escritora Joan Didion: «Ya he perdido contacto con un par de personas que solía ser». Tal vez no funcionen porque han durado lo que tenían que durar y ya no queda nada que decir; a lo mejor las hemos dejado ir porque nos recuerdan a nuestro pasado de una manera que no honra nuestro crecimiento y transformación. Sea cual sea el motivo, sabemos que la vida es demasiado corta y valiosa para perder el tiempo en relaciones superficiales con personas que no valoran la conexión. Sentimos la diferencia entre las amistades pasadas que nos hacían daño —y activaban nuestra respuesta de lucha-huida-parálisis-complacencia— y las nuevas, que tienen un efecto tranquilizador en todo nuestro cuerpo. Ahora, en lugar de luchar, somos más bondadosos y pacientes. En lugar de huir, nos quedamos, escuchamos y respondemos. En lugar de paralizarnos, nos comunicamos abierta y honestamente. En lugar de someternos, entramos en la relación sin necesidad de aplacar o complacer a la otra persona y establecemos límites saludables.

En esta etapa, solo queremos relaciones que nos ofrezcan un sentido de pertenencia —una familia, un grupo, una tribu— que nos hagan sentir escuchados, apoyados y sostenidos. Eso puede suponer conectar con otros que han pasado por experiencias similares que están dispuestos a compartir y a quienes podemos apoyar con nuestra comprensión y presencia. Cuando conocemos el papel que cada persona —y el grupo en su conjunto— desempeña en nuestras vidas, podemos estar presentes en plenitud, como iguales, sin caer en viejos patrones de reactividad. Ya no tememos perdernos en estas relaciones, ni estamos dispuestos a hacerlo. Sabemos quiénes somos, nos valoramos y podemos mantenernos conectados con nuestra verdadera esencia a lo largo del proceso. De hecho, he observado que las personas en esta etapa pueden ser más auténticas consigo mismas sin reparos y se les da mejor establecer límites, pero dejando espacio para la flexibilidad.

Recuerdo haber hablado con un grupo de mujeres que habían sufrido pérdidas horribles tras el derrumbe del edificio de Surfside en Miami. Me contaron que, antes de haber pasado por eso, cuando a alguien se le moría un padre o una pareja, repetían todo lo que les habían enseñado a decir: *Debe ser muy duro. Lamento mucho tu pérdida. Llámame si puedo hacer algo por ti.* Tras haber pasado por semejante dolor, no tienen interés alguno en clichés vacíos. Quieren relaciones que les permitan hablar desde la autenticidad, expresar la verdad de su corazón. Saben cómo se siente la pérdida y qué necesitaban durante su sufrimiento. La sabiduría que nació de su experiencia les ha mostrado cómo responder de manera más compasiva y empática.

Construimos relaciones más fuertes e íntimas en parte porque sabemos cómo se siente estar perdidos y solos. Queremos conexión; hemos dejado de sentir que tenemos algo que esconder. Nos vinculamos de formas que nos permiten ser nosotros mismos, libres de juicios y de falta de atención, y les ofrecemos lo mismo a los demás. Ansiamos conversaciones honestas con personas interesadas en decir su verdad con bondad y compasión. Cuando esto ocurre, sabemos que podemos escuchar con empatía porque ya no analizamos lo que dicen a través del lente de nuestro trauma. Despejamos nuestras mentes, dejamos de lado nuestros propios pensamientos, sentimientos y reacciones y brindamos toda nuestra atención a la persona que tenemos delante.

Rita y Ryan, a quienes conocimos por primera vez en el Capítulo 8, comprenden cómo puede perderse una relación y cómo, de ello, puede nacer una relación completamente nueva, más fuerte e íntima por medio de un compromiso pleno y amoroso con el proceso. Cuando Rita descubrió que Ryan había tenido una aventura de larga duración, comenzaron una terapia de pareja que los ayudó a darse cuenta, tras varias sesiones, de que la forma en que operaban juntos no estaba funcionando. Debían aprender quiénes eran por separado y quiénes eran juntos. Y estuvieron dispuestos a trabajar en ello.

Hoy, no niegan lo que han pasado, pero reconocen cuánto han crecido como pareja gracias a ello. Comprenden los miedos y traumas pasados del otro. Pueden apoyarse mutuamente, comunicar sus necesidades y estar más presentes durante los conflictos. Han vuelto a empezar, han creado un nuevo pacto entre ellos, lo que les ha abierto espacio para escucharse de verdad y pasar tiempo juntos, no porque deban hacerlo, sino porque quieren.

UNA CONEXIÓN ESPIRITUAL MÁS PROFUNDA

Hemos aceptado el regalo de la conexión mientras avanzábamos a través de las etapas del CPT. Nos hemos vuelto conscientes de que estamos interconectados con la red de la vida. Tú importas y no estás solo. Eres parte de un todo y todo vive dentro de ti. Has experimentado el poder del amor incondicional, tanto al darlo libremente como al recibirlo con delicadeza. Y has encontrado una sabiduría en tu sufrimiento que sientes la necesidad de compartir con otros.

Quiero aclarar que esto no tiene nada que ver con la religión institucional; de hecho, la espiritualidad y la religión son conceptos muy distintos. La espiritualidad no es un conjunto de creencias preestablecidas que proviene de una fuente externa, sino una abrumadora sensación de unión con el todo, un sentimiento de pertenencia a algo mucho más grande que nosotros mismos. Al abrazar esta profunda interconexión, comenzamos a actuar de una forma que une en lugar de dividir. Me encanta lo que dijo el monje budista y venerado maestro Thich Nhat Hanh:

> Si logras ver la naturaleza de la interdependencia entre tú y el otro, verás que su sufrimiento es el tuyo propio y que su felicidad es también la tuya. Esta forma de ver las cosas te hará hablar y actuar de forma distinta. Esto por sí solo puede aliviar mucho sufrimiento.

Lisa Miller es una psicóloga clínica y autora de *El cerebro despierto* que ha investigado extensamente la conexión genética entre el cerebro y la espiritualidad. Su concepción de la conexión espiritual va en línea con la mía: define la espiritualidad como un «momento de conexión profunda con otro ser o con la naturaleza. Una sensación de asombro o trascendencia. Una experiencia de increíble sincronicidad. Sentirse abrazado o inspirado por algo más grande que uno mismo».

El despertar espiritual supone entrar en un estado de ser en el que estamos conectados muy conscientemente con nosotros mismos, con los demás y con el mundo. Esta conexión nos envuelve y la sentimos tanto en nuestro interior como a nuestro alrededor. Podemos entender una consciencia superior como espíritu, consciencia universal, naturaleza o un campo de fuerza unificada. Podemos sentir esta conexión en nuestro día a día cuando abrazamos un profundo propósito de vida en el mundo y nos comprometemos a elevar a otros con nuestra presencia, nuestras acciones y nuestro amor. Podemos sentirla a través de los lazos intergeneracionales, al recibir la sabiduría de nuestros ancestros y esforzarnos por trascender sus luchas y transmitir sus dones. Su presencia es nuestro futuro, pues transmitimos la sabiduría que hemos obtenido a través de nuestras experiencias a quienes vendrán después de nosotros, mientras trabajamos para romper el ciclo del trauma. Finalmente, está a nuestro alrededor, ya que estamos amorosamente interconectados con nuestra familia, amigos y comunidad, con aquellos que se preocupan por nosotros y también con aquellos que nos desafían.

Encontrarle sentido al sufrimiento. La espiritualidad es una parte integral de la transformación postraumática y, sin ella, es más probable que recaigamos en nuestro dolor. No siempre estuve tan segura de esto. Hace años, cuando empecé a ejercer mi profesión, pensaba que era suficiente para mis pacientes aceptar su trauma y comenzar a reparar sus vidas, reconstruyendo un conjunto de creencias centrales que les sirviera para recomponer los pedazos de sus vidas y seguir adelante. Pero vi que ese cambio no era sólido ni duradero. Faltaba algo. ¿Y si pudieran encontrarle un *sentido* a su sufrimiento, la sabiduría en la herida? ¿Y si pudieran ver lo que su experiencia tenía que enseñarles?

Me sorprendió gratamente que muchos de mis pacientes estuvieran dispuestos a explorar esas preguntas filosóficas y existenciales sobre sí mismos y sobre la vida. Les preguntaba cosas como: «¿Cómo interpretas lo que te ha sucedido a nivel existencial?», «¿Qué te hace seguir adelante?» o «¿En qué crees?». Algunos me dijeron que nunca se habían planteado en serio en qué creían o qué era de verdad importante o a qué se sentían más conectados, especialmente en lo que se refería a la espiritualidad. Y nunca nadie les había hecho esas preguntas. Les resultaba extrañamente liberador, dijeron, profundizar más allá del dolor y comprender su trauma de una manera diferente. No era fácil, pero lograban articular esos sentimientos y encontrar una conexión y asociación espirituales. Habían pasado mucho tiempo sintiéndose aislados y solos en esa experiencia, así que darse cuenta de que formaban parte de algo más grande que ellos mismos era increíblemente liberador.

Experimentamos la trascendencia, o la espiritualidad, en muchos aspectos de nuestras vidas. Hay quien encuentra la paz y la unidad a través de la meditación, de la oración, de estar en la naturaleza o de leer poesía o textos espirituales. Otros sienten un gozo incontenible por el mero hecho de estar vivos y se arrojan espontáneamente a actividades que deleitan sus sentidos. Y otros se sumergen en el arte, la música o los deportes. Todos nos volvemos uno con nuestra experiencia, quedamos absortos en el momento.

Frida Kahlo, la feroz y apasionada artista mexicana, es alguien cuya vida y obra siempre me han inspirado. Cuando era joven, quería estudiar Medicina, pero un horrible accidente en un tranvía destrozó su columna vertebral y aplastó otras partes de su cuerpo, así que estudiar dejó de ser una posibilidad. Incapaz de moverse durante meses después de someterse a múltiples operaciones, admitió que siempre había querido ser artista. Pidió que le construyeran un aparato sobre su cama para poder pintar acostada y comenzó a producir poderosas obras de arte que representaban tanto su cuerpo roto (el trauma) como su semblante como mujer completa, fuerte y hermosa (su transformación). Quedó totalmente absorta por su arte. Una vez dijo: «Yo pinto mi propia realidad. Lo único que sé es que pinto porque necesito hacerlo, y pinto lo que pasa por mi cabeza sin ninguna otra consideración».

Sincronicidad. Cuando estamos profundamente conectados y atentos a lo que está sucediendo tanto dentro como a nuestro alrededor, descubrimos sincronicidades en todas partes. No se trata tanto de coincidencias como de cosas aparentemente singulares que suceden como consecuencia de estar abiertos, sensibles y atentos a las conexiones más amplias que manifestamos. Por ejemplo, cuando Stella tenía catorce años y estuvo ya avanzada en las etapas del CPT, le dijo a su padre que quería que volviera a casarse. Pero no con cualquiera. Me contó que visualizaba que él se casaría con una mujer bondadosa que también tendría hijas y perros, pues quería tener hermanas mayores y le encantaba cuidar de los animales. Las probabilidades no estaban precisamente a su favor y, sin embargo… eso fue exactamente lo que terminó sucediendo. Cuando vemos nuestras vidas como algo más que una serie de eventos aislados, vemos las cosas a través de un lente más amplio y percibimos la continuidad en lugar de la fragmentación.

La ciencia de la espiritualidad. Sé que hablar de espiritualidad y de experimentar un sentimiento de interconexión puede sonar místico y esotérico. Sin embargo, la conexión entre la espiritualidad y la salud mental ha sido ampliamente estudiada y probada a través de múltiples enfoques. De hecho, hay pruebas que sugieren que la espiritualidad se desarrolla como resultado de las dificultades.

La doctora Miller describe un hallazgo interesante de su continua investigación con jóvenes de catorce a veintiséis años. Descubrió junto a su equipo que aquellos con un fuerte sentido de la espiritualidad a los veintiséis años tenían dos veces y media más probabilidades de haber sufrido depresión en el pasado. En otras palabras, escribe la doctora Miller: «La formación espiritual no parece ser una *alternativa* a la depresión, sino una forma de ser que surge junto con, o a través de, las dificultades». Aún más sorprendente, señala que: «Aquellos que tenían una espiritualidad fuerte a los veintiséis años estaban protegidos en un 75 % contra la recurrencia de una depresión mayor a lo largo de los siguientes diez años». En otras palabras, la espiritualidad se desarrolla como resultado de un trauma importante. Además, una vez que el cerebro despierta, también lo hace la espiritualidad, convirtiéndose en un factor protector contra futuros síntomas depresivos y traumáticos, lo que nos hace un 80 % menos propensos a sufrir depresión.

La doctora Miller continúa describiendo cómo estamos programados neurológicamente para: «despertar, expandirnos y transformarnos a través del trauma». Explica que se manifiesta en tres áreas distintas del cerebro: la red de atención ventral, donde vemos que el mundo está vivo y nos habla; la red frontotemporal, donde sentimos el cálido y amoroso abrazo de los demás y de la vida misma; y el lóbulo parietal, donde sabemos que somos importantes, encajamos y nunca estamos solos.

Lo que mi propia experiencia y la de mis pacientes, además de la investigación neurológica de la doctora Miller, confirma como cierto es que todos llevamos dentro el potencial para la conexión espiritual; que estamos programados para escuchar y recibir lo que el universo nos comunica, para poder dar y recibir amor y para pertenecer a algo más grande que nosotros mismos. Y todo eso tiene el poder de transformar nuestras vidas y sanar nuestro pasado traumático. La consciencia espiritual es algo que siempre vive en nuestro interior. Nuestra tarea es recordar y saber que es un poderoso factor protector que nos ayudará a mantenernos conectados a lo que es verdadero e importante en nuestro camino a través del CPT.

Cuando trabajé con Alejandro, el joven que sobrevivió a un tiroteo escolar, y su familia, sucedió algo verdaderamente notable. El padre de Alejandro, cuyo propio trauma tras el tiroteo fue inmenso, tuvo un profundo despertar espiritual. Me confesó que le duele ver cuánto sufre todavía su hijo, pero que siente una enorme compasión por el joven que le disparó. De su propio dolor surgió el entendimiento de que ese joven también debía haber estado sufriendo profundamente para haber asesinado a tantas personas. Durante el juicio, enfrentó al agresor para tratar de entender qué llevó a un adolescente de quince años a hacer algo tan terrible. El padre de Alejandro tiene ahora la misión de conectarse con padres de adolescentes con la esperanza de evitar que algo así vuelva a suceder.

MEDITACIÓN DE AMOROSA BONDAD

Cuando nos damos cuenta de que todos estamos interconectados, entendemos que tenemos la responsabilidad no solo de sanar nuestro propio sufrimiento, sino también de aliviar el dolor de los demás. Podemos hacerlo ofreciendo esta meditación de amorosa bondad como parte de nuestra práctica diaria. Según la tradición budista, ofrecemos bondad y compasión no solo para nosotros mismos y aquellos a quienes amamos, sino también para aquellas personas que nos cuestan más. He aquí una meditación típica de amor y bondad; no dudes en añadir más afirmaciones que resuenen contigo mismo.

Para comenzar, siéntate en una posición cómoda y establece la intención de practicar con un corazón colmado y libre de juicio. Dedica unos minutos solo a respirar con naturalidad, visualizando un momento en el que te sintieras verdaderamente feliz y tranquilo. Después, repite en silencio las siguientes afirmaciones:

Estoy lleno de amor y bondad

Me siento en paz

Me siento segura y protegida de cualquier mal

Estoy sano y feliz

Repite esta oración una y otra vez durante varios minutos, sintiéndote abrazado por una amorosa bondad.

Luego, repite la oración tres veces más, primero dedicada a alguien a quien amas con todo tu corazón; después, a alguien que te resulte neutro; y, por último, a alguien que de verdad te cueste o por quien sientas una intensa antipatía. En cada caso, sustituye «yo» por «tú». Al traer a cada persona a tu mente, trata de acogerla en tu corazón con ternura, mientras le ofreces esta oración. Puede no ser siempre fácil —especialmente con la persona que te cuesta— pero no pasa nada. Con el tiempo, se volverá más sencillo. Sigue practicando.

PROPÓSITO Y SENTIDO

Este pilar del CPT es la culminación de todas las dificultades por las que hemos pasado, de todo lo que hemos trabajado y de toda la sabiduría que hemos recibido. Todo lo que hemos vivido nos ha llevado a este momento de verdadera conexión con nosotros mismos, con los demás y con el mundo. Vemos la vida con más claridad, nos regocijamos en relaciones significativas y sabemos que estamos conectados con un poder superior. Estamos en paz con quienes somos. Somos más conscientes de nuestro lugar en el mundo y nos sentimos responsables de crear conexiones más conscientes, de utilizar nuestros dones en beneficio de los demás y de hacer del mundo un lugar más compasivo e inclusivo. Ya no podemos tratar de ser invisibles. Tenemos un propósito más elevado: nuestra misión ahora está clara.

Nuestro dolor, precisamente lo mismo de lo que hemos sanado, impulsa ahora nuestro propósito. Como suelo decirles a mis pacientes, se convierte en nuestro «superpoder». Por ejemplo, si alguien sufrió *bullying* de niño por ser un blanco fácil y vulnerable, puede hacer que su misión consista en asegurarse de que nadie más sufra lo mismo que él. Puede abogar por personas en situación de vulnerabilidad, incluso crear servicios u oportunidades para que los acosadores reciban ayuda con sus propios traumas. En otras palabras, lo que debemos preguntarnos es: ¿cómo nos inspiran las dificultades de nuestro trauma para marcar la diferencia en el mundo?

El viaje personal de mi prima Debbie a través del duelo demuestra cómo el superpoder de alguien puede desembocar en una vida dedicada al servicio desinteresado. He aquí su historia en sus propias palabras:

> Mi padre, un hombre fuerte, trabajador, visionario y emprendedor, así como un soñador romántico y amante de la vida, murió el día de Yom Kippur, la festividad más sagrada del calendario judío. No sé cómo me hubiera sentido si hubiera fallecido cualquier otro día del año, pero, por alguna extraña razón, que fuera ese día en particular y no otro me lleva a pensar que no solo fue un ser extraordinario y especial para mí, sino que el universo también lo reconoció como tal.
>
> Exactamente un año después, perdí a mi madre debido a una larga y terrible enfermedad. Fue una mujer que lo dio todo por su familia, un ser de luz con un corazón puro y un alma avanzada; una mujer de pocas palabras, pero con las palabras adecuadas. Mi mejor amiga, mi consejera, mi consciencia. Aquella que me enseñó a creer en la humanidad, a no perder la esperanza y que el bien siempre prevalece.
>
> La pérdida física de mis bastiones, de las personas a las que más he amado, dejó, como era de esperar, un gran vacío en mí. Ese vacío indescriptible me dio la fuerza para crear ShirAnit, una organización sin ánimo de lucro que ayuda a las personas durante los primeros siete días de duelo tras la pérdida de un ser querido. Estar allí para otros me ha dado un nuevo propósito. Honrar a mis padres se ha convertido en mi misión en la vida. Verlos a través de mis acciones, a través de las lecciones que me inculcaron, es mi forma de mantenerlos vivos. El vacío todavía está presente, pero el

> Amor puro y eterno que nos une es el motor que me impulsa a seguir adelante, a ser una mejor persona y a continuar con su legado.

La profundidad del dolor de Debbie la llevó a idear una manera de aliviar el dolor de otros que también habían perdido a seres queridos. Así fundó ShirAnit, que ofrece apoyo a las familias que atraviesan el proceso de duelo, conocido en la tradición judía como «shiv'ah». Junto con sus voluntarios, preparan los hogares de las personas para el ritual de una semana, incluyendo la disposición del espacio, la organización de todo de acuerdo con la tradición, a veces preparando y trayendo comida y, en ocasiones, incluso sentándose con los dolientes. Debbie dice que ha sido una poderosa manera de mantenerse espiritualmente conectada con sus padres y, al mismo tiempo, de dar algo a su comunidad. Ella es todo un testimonio de lo que sucede cuando hacemos que nuestro trabajo en el mundo constituya una parte integral de nuestra práctica espiritual.

No es inusual que mis pacientes que han pasado por un gran sufrimiento me digan que se sienten agradecidos por lo que han vivido. De hecho, a menudo afirman que no cambiarían nada, pues no serían quienes son sin las experiencias traumáticas que en su momento creyeron que los iban a destruir. Incluso lamentando sus pérdidas, pueden mantener la convicción de que su dolor les ha permitido renacer como algo nuevo, de que ha dado a su vida el propósito y el sentido que habían estado buscando.

Hace unos años, una tragedia en un vecindario cercano al mío se convirtió en el catalizador que permitió a una familia y a toda una comunidad sanar. Dos adolescentes andaban en bicicleta cerca de su casa cuando un carro surgió de una esquina y arrolló al más joven. Aunque lo llevaron al hospital a toda prisa, pasó un par de días en estado crítico antes de morir debido a sus heridas.

Cientos de niños se reunieron en una vigilia al pie de su ventana.

Encendieron velas y se turnaron para acercarse a ella sosteniendo pancartas que habían dibujado para expresar su esperanza y su amor. Le cantaron canciones, rezaron juntos y se abrazaron unos a otros. Y entonces murió. Toda la ciudad estaba devastada. A él le encantaba la música más que cualquier otra cosa, así que la escuela fundó un festival musical en su honor. Muchos de los niños vinieron a verme y compartieron su dolor y también me explicaron cuánto lo querían y cuánto habían aprendido de él. Dijeron cosas como: «Apreciamos mucho más la vida. Nos hemos organizado de muchas formas; ahora sabemos ser mejores amigos para otros; también ayudamos a otros niños, les damos tutorías en la escuela y les enseñamos a tocar nuevos instrumentos y a organizar eventos musicales».

Su madre ha convertido su dolor en su propósito apoyando a otras mujeres que han pasado por experiencias similares. Al mismo tiempo, continúa llorando la pérdida de su hijo. Me cuenta que hay días en que apenas puede levantarse de la cama; pero, otros, sale, se junta con la comunidad, habla con otros padres y comparte su sabiduría y su dolor.

Tedeschi afirma que nuestro sufrimiento se vuelve tolerable porque le hemos encontrado un sentido, porque todo lo que hemos pasado tiene ahora una razón de ser. Esto no significa que nuestro dolor desaparezca o que minimicemos el impacto que han tenido en nosotros nuestras experiencias pasadas. Solo significa que, si logramos encontrar nuestro propósito en el dolor, nuestro sufrimiento no será en vano. La forma más profunda de darle sentido a nuestro sufrimiento es tomar la sabiduría que hemos adquirido y usarla al servicio de otros. En este pilar de propósito y sentido, tomamos lo que hemos trabajado en nosotros mismos y lo sacamos al mundo de una forma consciente y compasiva. Estamos más alineados con quiénes somos y con lo que queremos. Esta alineación puede manifestarse de muchas maneras. Pero el caso es que, a la postre, el trabajo de sanarnos a nosotros y a nuestras relaciones es lo que cambia el mundo; lo que alimenta nuestro deseo de ayudar a los demás. Sabemos cómo se siente el sufrimiento y queremos hacer todo cuanto esté en nuestras manos para asegurarnos de que nadie más tenga que pasar por tanto dolor. De nuestro desgarro particular surge la medicina de la compasión con la que podemos curar a otros.

Al principio del libro, he hablado de María, la mujer de la República Dominicana cuyo padre la vendió a un «brujo» cuando tenía nueve años. El anciano se la llevó, la drogó y luego la violó con brutalidad. La tortura física que sufrió fue tan grave que la dañó severamente por dentro. Tal como cuenta en sus memorias, *Yo digo no más*, el costo emocional fue aún más devastador. Aunque le llevó muchos años de terapia, María juró que su experiencia no sería en vano, que la usaría como catalizador para ayudar a otras mujeres. ¿Qué le dio la fuerza y la determinación para encontrar sentido en semejante sufrimiento? El nacimiento de su hijo, a quien temió convertir en «víctima accidental» de su trauma. Lo describe así:

> Desde el momento en que me convertí en madre, tomé la decisión de superar el residuo tóxico de mi experiencia infantil. Dejaría de lamentar el pasado y preocuparme por el futuro para poder disfrutar del presente. Decidí cambiar mi papel de víctima a protagonista y convertirme en la heroína de mi propia historia. Elegí dejar de lado las críticas y optar por el reconocimiento; rechazar las excusas y centrarme en mi propósito, no en mis problemas; y encontrar el regalo o la lección en cada situación para hacer que cada momento se convirtiera en un recuerdo valioso. Quería tomar el control de mi vida y reescribir mi dolorosa historia como una de éxito y autorrealización.
>
> El viaje no ocurrió de la noche a la mañana ni siguió en absoluto un camino recto o bien pavimentado. Me topé con tormentas y arrecifes, pero también con momentos de mar en calma. La

> única constante fue que nunca dejé de avanzar. Continué creciendo y siempre aspiré a llegar más lejos. Mi objetivo original era superar mi trauma y nutrir mi crecimiento personal. Fue un desafío personal para mí, con el propósito específico de sanarme a mí misma para poder criar y educar adecuadamente a mis hijos.

De ese propósito original —detener el ciclo del abuso para que no se transmitiera a sus hijos— surgió una misión aún más amplia: asegurarse de que ninguna otra mujer tuviera que soportar tal abuso sola, de que siempre hubiera servicios para quienes los necesitaran. Como parte de esa promesa, cocreó el Centro Médico Formé en Nueva York, que ofrece sus servicios principalmente a la vulnerable comunidad hispana y en particular a los inmigrantes indocumentados en los Estados Unidos. Más recientemente también ha fundado el movimiento #YoDigoNoMás, que incluye una plataforma en línea que ofrece un espacio seguro para que mujeres y hombres rompan su silencio y cuenten sus historias de abuso[1].

Todos conocemos a muchas personas como María, que no solo han abogado por sí mismas, sino que también se han convertido en vocales defensoras de otras personas. La lista es interminable. Especialmente las madres negras han convertido a menudo su inmenso dolor en acción. Sybrina Fulton es una de ellas. Poco después de que su hijo, Trayvon Martin, un estudiante de secundaria de diecisiete años, fuera asesinado a balazos mientras paseaba por el vecindario de su padre en Miami, Sybrina se convirtió en activista, decidida a cambiar mentes, corazones y leyes para que ninguna otra madre tuviera que pasar por un dolor tan insoportable. Sabía que no podía callar en su pena. «Hizo falta que asesinaran a mi hijo para hacerme levantar», dijo.

Inicialmente, Trayvon era el único interés de Sybrina, pero no tardó en descubrir que su misión era «mucho más grande que Trayvon». Creó la Fundación Trayvon Martin, que trabaja en temas relacionados con la violencia armada, el empoderamiento de los jóvenes afroamericanos y el apoyo familiar. También organiza un fin de semana anual de *Circle of Mothers* en Florida, donde más de un centenar de madres de todo el país que han perdido hijos o familiares debido a la violencia armada se reúnen para sanar «mente, cuerpo y alma... Nos reímos juntas, lloramos juntas, nos abrazamos juntas... No es necesario conocernos para hacerlo; somos compasivas. No digo que los hombres no lo sean, pero para nosotras es más fácil sanar en grupo».

Seguir adelante

Sin duda, el crecimiento postraumático no es un camino fácil de recorrer y está lejos de ser lineal. Veo el proceso de las cinco etapas como una espiral que nos invita a ir de arriba abajo por el helicoide a medida que la vida nos presenta desafíos y oportunidades para sanar y transformarnos. Es posible que, por ejemplo, hayas llegado a esta etapa tras años de trabajo en tu trauma infantil, solo para que otra cosa te haga tropezar y sentir como si hubieras vuelto al punto de partida. Y no pasa nada. La presencia del crecimiento no implica la ausencia del dolor. Pero sí que nos sentimos lo bastante capaces para enfrentar nuestro sufrimiento. Sabemos que podemos hacerlo porque ya lo hemos hecho antes, porque ahora nos sentimos más conectados con un sistema de apoyo. Tenemos los vínculos; tenemos un sentido de pertenencia para con nosotros mismos y con los demás. Ahora que hemos experimentado Sabiduría y Crecimiento, disponemos de más herramientas para enfrentar nuestro trauma y trascenderlo.

En la tradición budista hay un dicho, a menudo atribuido al mismo Buda, que reza: «El dolor es inevitable, pero el sufrimiento es opcional». Podemos elegir cómo responder. En el último capítulo, examinaremos varios factores que pueden protegernos de caer en nuestras viejas respuestas al trauma y formas de implementarlos.

ENCONTRAR TU PROPÓSITO DE VIDA

Ikigai es un antiguo concepto japonés que te ayuda a integrar tu pasión y tus talentos con tu propósito de forma sostenible y significativa. *Ikigai* no tiene una traducción literal, pero, según Yukari Mitsuhashi, es esencialmente «la razón por la que te levantas por la mañana», lo que te brinda felicidad en la vida[2]. Como explica Tim Tamashiro en su libro *How to Ikigai*, cada persona tiene el suyo propio. Pero encontrarlo requiere tiempo, esfuerzo y un compromiso con la autorreflexión y el autodescubrimiento. He aquí algunas preguntas que ponderar mientras emprendes este viaje:

¿Qué es lo que más te gusta hacer en la vida?

¿Qué te brinda más placer o satisfacción?

¿Qué habilidad posees de forma natural y se te da muy bien?

¿Cuál es tu talento especial en el que los demás siempre reparan?

¿Qué necesita el mundo en este momento?

¿Qué crees que podrías hacer para ser de utilidad y ganar dinero en el proceso?

CÓMO SABER SI HAS ALCANZADO EL CPT

1. ¿Sientes que has crecido debido a tu experiencia traumática?
2. ¿Eres capaz de disfrutar de las pequeñas cosas de la vida?
3. ¿Tienes una idea más clara de cuáles son tus prioridades?
4. ¿Sientes que tus relaciones están volviéndose más íntimas y significativas?
5. ¿Has comenzado a tomar riesgos para explorar otras posibilidades vitales?
6. ¿Has reescrito la narrativa de tu vida?
7. ¿Sientes mayor conexión o consciencia espiritual?
8. ¿Sientes que tu vida tiene más sentido o que has descubierto tu propósito en ella?
9. ¿Has obtenido 47 puntos o más en el «Cuestionario de bienestar psicológico y cambios postraumáticos»? (Ver página 273).

Capítulo 12

Mantenernos elevados

«Pero una cosa sí es segura: cuando salgas de esa tormenta, no serás la misma persona que entró en ella. De eso trata esta tormenta».

—HARUKI MURAKAMI

El trabajo que hemos realizado para transformar nuestras vidas y trascender el dolor de nuestro pasado nos ha cambiado de manera irrevocable. Hemos emergido más fuertes en los lugares rotos, como una exquisita pieza de cerámica *kintsugi*; nos hemos vuelto más hermosos debido a nuestras heridas, más conscientes, despiertos y conectados con todo lo que nos rodea. Ahora, nuestro trabajo es continuar comprometidos plenamente con el proceso, encontrar formas de mantenernos curiosos y abiertos y seguir moviéndonos y creciendo; en otras palabras, mantenernos elevados.

Que hayamos pasado por este increíble viaje de crecimiento y consciencia, no significa que nunca vayamos a volver a enfrentarnos al trauma. El mapa que nos ha llevado a la tierra prometida del crecimiento postraumático no es lineal, ni secuencial. Es profundamente personal y único para cada uno de nosotros. A veces, perdemos el rumbo y, en lugar de avanzar, nuestro camino traza un círculo y nos descubrimos regresando a nuestro punto de partida. Por ejemplo, tal vez hayamos lidiado con nuestro trauma de un doloroso divorcio y sanado con éxito, pero nunca llegamos a trabajar el resentimiento que sentimos tras ser despedidos de nuestro trabajo.

El CPT no significa que no enfrentaremos *nuevos* obstáculos y desafíos, o que al enfrentarlos no nos sentiremos asustados, tristes o desafiados de alguna manera. El sufrimiento forma parte de la experiencia humana y nada puede protegernos de futuras desilusiones. Podemos sanar y crecer a partir de nuestras experiencias en un país devastado por la guerra, por ejemplo, pero derrumbarnos por completo cuando un accidente automovilístico arrebata la vida a alguien a quien amamos.

¿Cómo puede el CPT hacernos más fuertes y resilientes y, al mismo tiempo, dejarnos tan vulnerables ante el dolor? En primer lugar, ambas verdades pueden ser ciertas: que estamos transformados para siempre y que la vida es caótica e impredecible, lo que hace que la sanación del trauma sea un proceso que debemos cuidar continuamente. Hay una verdad más importante: al haber pasado por las etapas del CPT, sabemos sin lugar a duda que el crecimiento después del trauma es posible y que tenemos lo necesario para lograrlo. También sabemos que el proceso tiene su propio ritmo y que no podemos apurarlo, ya que, si tratamos de avanzar demasiado deprisa, corremos el riesgo de retraumatizarnos.

Las herramientas que hemos reunido en nuestro viaje transformador se han convertido en aliadas internas permanentes, factores de protección que nos ayudarán a mantener el crecimiento que ha despertado nuestro poder innato de transformación. La clave de esa transformación es la conexión consciente en todos los aspectos de nuestras vidas. Cada uno de estos factores de protección representa un papel en esta conexión. Nos sentimos conectados con nosotros mismos, con los rasgos de personalidad que hemos desarrollado y cultivado, lo que nos permite ser más abiertos, flexibles y curiosos; conectados con otras personas, nuestras familias (biológicas o elegidas), nuestras amistades y comunidades, nuestra cultura y nuestros ancestros; y conectados con algo más grande que nosotros mismos, ya sea la naturaleza o una consciencia superior, lo que nos permite ver la interconexión de todos los seres.

Factores de sostenibilidad

Estas características son las mismas que veo a menudo en mis pacientes que han pasado por el CPT, aunque sin duda hay otras. Estas sirven para sostener y proteger un estado de crecimiento y nos ayudan a mantenernos elevados: la rumiación deliberada, la inteligencia emocional, la apertura, la flexibilidad y la adaptabilidad, la nueva resiliencia, mantener la consciencia espiritual, la comunidad y el sentido de pertenencia, y brindar ayuda y apoyo a la comunidad.

RUMIACIÓN DELIBERADA

Incluso cuando has pasado por el crecimiento postraumático y te has vuelto más fuerte y consciente, es posible que todavía te altere una vieja respuesta al trauma. Puedes escuchar una canción que te transporte a un incidente ocurrido hace mucho, tener un encuentro fortuito con alguien que recientemente te rompió el corazón, u oler un aroma particular que te recuerde algo que preferirías olvidar. La buena noticia es que ahora sabes cómo enfrentar esos desencadenantes y extraer la sabiduría y las lecciones que traen consigo. Puedes hacerlo a través de la rumiación deliberada o constructiva, una habilidad que desarrollaste en el camino hacia la sanación. Una habilidad que te permite trabajar en un problema con la intención de encontrarle un significado a la experiencia.

Varios estudios sugieren que la rumiación constructiva representa un papel importante en el mantenimiento del CPT. ¿Por qué?

Porque puede ayudarte a superar el problema y encontrar soluciones en lugar de atascarte en pensamientos repetitivos u obsesivos. Reservar un tiempo específico durante tu día te permite reflexionar creativamente sobre un problema o desafío particular con intención y propósito. Un estudio de 2006 realizado por Stephen Joseph y P. Alex Linley, descubrió que los métodos más deliberados de darle sentido a algo ofrecían a las personas una forma de buscar el significado a sus experiencias y a sus implicaciones en sus propias vidas[1]. Otros estudios sugieren que el momento en que tiene lugar este proceso es también importante, pues la rumiación deliberada no funciona si se utiliza muy poco después del evento en cuestión. Sin embargo, sí lleva a la sanación y al crecimiento cuando se usa más adelante como medio de autorreflexión.

El rol de la gratitud. Los estudios más interesantes mostraron que la rumiación deliberada tiene un efecto aún más poderoso cuando se combina con la gratitud. La gratitud fortalece y refuerza los efectos de la rumiación deliberada y viceversa: la rumiación deliberada incrementa el sentido de gratitud.

Estos estudios parecen respaldar la idea de que las personas a menudo están agradecidas por su experiencia sin importar lo terrible que haya sido, incluso años después de que ocurriera. Pueden comprender y apreciar los beneficios que han obtenido sin dejar de sentir dolor por ello. Van más allá de la felicidad para abarcar un estado completo de bienestar. Aquellas personas que utilizan la rumiación constructiva, combinada con gratitud, después de una experiencia traumática tienen muchas más probabilidades de aceptar que esas experiencias dolorosas forman parte de lo que significa ser humano.

INTELIGENCIA EMOCIONAL

Una de las formas en que hemos podido identificar, enfrentar y sanar nuestro trauma es desarrollando una mayor inteligencia emocional, que es una manera de contextualizar y dar sentido a nuestras experiencias pasadas y aprender de ellas. La inteligencia emocional es una medida de cuán bien reconocemos, comprendemos y gestionamos nuestras emociones cuando estamos estresados y abrumados; cómo reconocemos y comprendemos lo que otras personas están diciendo y sintiendo; y cómo comprendemos el impacto que nuestras propias emociones tienen sobre otras personas.

Los estudios confirman que nuestra inteligencia emocional se intensifica a medida que avanzamos en el crecimiento y que nuestra capacidad para manejar nuestras emociones nos ayuda a mantenernos elevados. Para ello, sabemos lo importante que es expresar nuestras emociones mientras están sucediendo y no mantenerlas atrapadas en nuestros cuerpos. Gracias a la inteligencia emocional, disponemos del vocabulario para hacerlo. El estudio de Linley en 2011 reveló que aquellos que obtuvieron las puntuaciones más altas en inteligencia emocional y expresaron sus emociones tenían los niveles más altos de crecimiento.

De cara al futuro, tu alta inteligencia emocional puede servirte de varias maneras. En primer lugar, una mayor inteligencia emocional conlleva una mayor autoconsciencia y capacidad para evaluar una situación, lo que facilita responder de manera apropiada y no alterarte. En segundo lugar, te proporciona una herramienta para gestionar tu diálogo interno. Puede ayudarte, por ejemplo, cuando te encuentres en un círculo vicioso de autocrítica y te invite a entender lo que estás sintiendo y a tomar una pausa y recalcular. Según un estudio de 2004 liderado por Moshe Zeidner, profesor emérito de psicología de la Universidad de Haifa, también puede proporcionarte una mayor capacidad de resolución de problemas sin negar la existencia del problema en sí o dejarte llevar por las emociones negativas que hace aflorar. Finalmente, las emociones positivas o el optimismo, combinadas con un buen sistema de apoyo, incrementan tu capacidad de prosperar.

Nuestra inteligencia emocional nos ayuda a leer las emociones de otras personas y a reconocer y comprender lo que nos están diciendo sin proyectar nuestras propias inseguridades, juicios o reacciones sobre ellas. Sabemos cómo hacer una pausa, escuchar lo que se está diciendo y entrever los sentimientos tras las palabras (incluso cuando no son tan obvios) y luego responder sin recurrir a viejos hábitos de culpa y vergüenza anteriores al crecimiento. Responder con más bondad y menos juicio fortalece nuestra conexión con los demás y nos ayuda a ponernos en su piel.

APERTURA, FLEXIBILIDAD Y ADAPTABILIDAD

Algunas de las creencias fundamentales que teníamos sobre nosotros mismos y el mundo antes de embarcarnos en el viaje hacia el crecimiento han quedado atrás. Nos hemos liberado consciente y deliberadamente de lo que ya no nos servía y hemos asumido una nueva identidad. Hemos desarrollado nuevas formas de estar en el mundo y no tenemos la intención de volver a ser lo que éramos antes. Sentirnos cómodos en nuestra propia piel y saber quiénes somos —e igualmente importante quiénes no somos— nos ha dado una sensación de libertad para explorar el mundo con un lente de curiosidad y flexibilidad cada vez más amplio. Cuando abrazamos lo que el maestro zen Suzuki Roshi llamó «la mentalidad del principiante», estamos conectados y despiertos a todo lo que la vida nos ofrece y abiertos a las posibilidades que tiene reservadas para nosotros. Las personas que nunca se han considerado osadas, por ejemplo, pueden ahora probar cosas que nunca hubieran intentado antes. Aquellas que siempre se han sentido torpes y tímidas han salido de su caparazón y se han conectado con otras personas de formas que nunca creyeron posibles. Otras han descubierto su faceta creativa y disfrutan mucho pintando, cosiendo, esculpiendo, bailando, escribiendo... cualquier cosa que despierte su imaginación.

Estos cambios positivos en la personalidad parecen ser permanentes. No solo eso: según un estudio, estos parecen marcar la diferencia en cómo las personas enfrentan futuros desafíos, incluyendo experimentar un menor grado de depresión y una mayor capacidad para mantener control sobre su situación.

Mantenerte abierto, flexible y adaptable alimenta tu curiosidad y tu capacidad para fluir y cambiar de marcha cuando sea necesario. Te proporciona una actitud más positiva y optimista sobre dónde te encuentras ahora y qué te espera en el futuro. Un estudio en 2014 midió los cambios positivos de personalidad en 256 estudiantes universitarios. Mostró que ser optimista, ver el mundo y su lugar en él de manera positiva y tener un fuerte sentido de conexión social contribuyen al CPT. En otro estudio, los investigadores descubrieron que tales cambios de personalidad son, además, duraderos. Producen cambios a largo plazo en qué y cómo pensamos, cómo nos sentimos y cómo nos comportamos.

Todo lo que has descubierto sobre ti te ayuda a seguir creciendo y expandiendo tu mente y corazón. Estás más presente y adaptable a los cambios y desafíos de la vida. Esta «mentalidad de crecimiento» puede despertar profundamente tu intelecto, tu creatividad y tu capacidad para dar y aceptar amistad y amor. Cuando crees en tu capacidad de seguir creciendo y aprendiendo, puedes alcanzar niveles cada vez más altos de logros en lo que elijas hacer. Superar tu trauma te ha enseñado que tienes el poder de transformarte, que eres capaz de todo lo que te propongas y que tienes la fuerza, la constancia y la resistencia para enfrentar cualquier desafío futuro que se presente en tu camino.

NUEVA RESILIENCIA

La resiliencia desarrollada a partir del CPT es una importante cualidad que hemos adquirido como resultado de todo por lo que hemos pasado. Es resiliencia *después* de la sabiduría y el crecimiento y puede ayudarnos a mantenernos elevados mucho después de haber sanado y crecido a partir de nuestros traumas. No se trata de la misma resiliencia de la que hemos hablado anteriormente en el libro, el tipo de resiliencia que las personas usan para adaptarse rápidamente a la adversidad y recuperarse.

El camino hacia el CPT no comienza con la resiliencia. Por el contrario, esta forma de resiliencia es algo que desarrollamos y que emerge tras nuestra lucha como resultado del trabajo que hemos realizado. Puede formar parte de nuestra fortaleza personal: nos hace sentir que, si pudimos sobrevivir al trauma, podemos sobrevivir a cualquier cosa. Richard Tedeschi define la resiliencia del CPT de la siguiente manera:

> Una relación importante entre la resiliencia y el crecimiento postraumático surge después de que una persona haya pasado un tiempo en el proceso de crecimiento postraumático. Cuando las creencias fundamentales se reconstruyen de una forma más óptima, tienen una mayor capacidad para resistir futuros traumas. Por lo tanto, las personas que tienen un conjunto de creencias fundamentales más fuerte, se vuelven también más resistentes. Podemos decir, por lo tanto, que el crecimiento postraumático ofrece un camino hacia la resiliencia.

MANTENER LA CONSCIENCIA ESPIRITUAL

Cuando hemos experimentado la plenitud de nuestra humanidad compartida, vemos que no hay separación entre nosotros y los demás. Sentimos sus alegrías y su sufrimiento y se vuelve imposible apartar la mirada. Todos somos uno. Creer lo contrario, como dijo Albert Einstein, es una «ilusión óptica de la consciencia».

Este sentido elevado de espiritualidad que experimentamos en el CPT, impregna cada aspecto de nuestras vidas e influye en cada acción que realizamos, desde cómo cuidamos de nosotros mismos hasta la generosidad y ternura que mostramos hacia las personas en nuestras vidas y el compromiso que hemos asumido para cumplir con nuestra misión en la vida. Como hemos comentado en el último capítulo, tener una conexión espiritual es una de las formas más poderosas en las que podemos mantenernos elevados, según la investigación que la doctora Lisa Miller lideró a finales de la década de 1990. Un estudio en particular mostró que aquellos que eran altamente espirituales y habían pasado por una depresión mayor en el pasado estaban protegidos en un 90 % contra una recurrencia de la depresión. Habían, como explica la doctora Miller en su libro, «cultivado una respuesta espiritual».

Lo que me pareció más interesante en la investigación fueron las expresiones específicas de la espiritualidad que la doctora Miller y su equipo descubrieron que podrían protegernos mejor del trauma presente y futuro: la espiritualidad relacional (practicar el altruismo y el amor hacia el prójimo) y la transmisión intergeneracional de la espiritualidad (el paso de la «antorcha espiritual», específicamente de madre o abuela a hija o nieta).

Espiritualidad relacional. Los estudios de la doctora Miller sugieren que cuando nos conectamos con los demás a través de actos de bondad y servicio desinteresado (altruismo) o amando a nuestro prójimo como a nosotros mismos (la proverbial «regla de oro»), se espesa el cerebro cortical, que es el encargado de procesar estímulos emocionales y del razonamiento, la planificación y el estado de ánimo. De hecho, la doctora Miller cree que un cerebro espiritual es un cerebro saludable y que particularmente la espiritualidad relacional puede incluso sanar la depresión. Esto resuena con el trabajo que hago porque *todo* trauma es relacional y también lo es nuestro viaje de sanación a través del CPT. Sin duda, he visto sus efectos en la vida de mis pacientes, especialmente de aquellos que estaban atrapados en los paralizantes efectos de su pasado. Cuando los animé a hacer algo útil por alguien necesitado, se sorprendieron de cómo incluso un simple acto de altruismo podía desviar su atención de su propio dolor. Como dijo León Tolstói: «La bondad enriquece nuestra vida; con bondad, las cosas misteriosas se vuelven claras, las cosas difíciles se vuelven fáciles y las cosas aburridas se vuelven alegres».

Transmisión intergeneracional de la espiritualidad. La idea de que los efectos protectores de la espiritualidad pueden transmitirse de generación en generación es especialmente fascinante. Comienza con el entendimiento de que los seres humanos son genéticamente propensos a la espiritualidad y que esta puede protegernos de la depresión y otras respuestas traumáticas. En su libro *The God Gene: How Faith Is Hardwired into Our Genes*, el biólogo molecular Dean Hamer explica que la espiritualidad humana tiene un componente genético innato, que «se refiere al hecho de que los seres humanos heredan una predisposición a ser espirituales»[2]. Saber que la espiritualidad es innata nos permite cultivar la capacidad de ser más espirituales intencionalmente en nuestra vida diaria, conectando la naturaleza y el cuidado, la biología y la conducta.

El propio estudio de la doctora Lisa Miller mostró que una niña está protegida en un 80 % contra la depresión cuando su vida espiritual es compartida con su madre[3]. En su libro *El cerebro despierto*, afirma que incluso con todas las demás variables presentes para la depresión —la depresión de la madre, la pobreza, un mal entorno doméstico y un estilo de crianza disfuncional— la espiritualidad intergeneracional aún ofrecía un beneficio protector del 80 %. La espiritualidad intergeneracional es una forma de mantenernos conectados a un nivel profundo con la sabiduría de nuestros antepasados. Al nutrir nuestra práctica espiritual, somos capaces de transmitir esa sabiduría a nuestros hijos y nietos, ayudándolos también a mantenerse en CPT.

MANTENER LA COMUNIDAD Y UN SENTIMIENTO DE PERTENENCIA

A esta altura, sabemos que sanamos, crecemos y nos transformamos en relación con los demás. Sabemos que el trauma se expande cuando nos aislamos y se reduce cuando nos conectamos con otros. Sabemos que somos seres relacionales, seres sociales que necesitamos contacto humano —no solo físico, sino también emocional e intelectual— para prosperar y crecer. También somos seres espirituales que sabemos que formamos parte de la gran red de la vida y que tenemos un papel vital que desempeñar en el mundo. Podemos celebrar y abrazar nuestras diferencias, así como nuestras similitudes, y considerarnos sagrados unos a otros.

Este sentido interno de unidad es un factor protector que te hace sentir que nunca estás solo. Puedes estar en soledad y experimentar una profunda conexión con todo lo que te rodea, con toda la vida y con todo lo que vino antes de ti. De hecho, tus momentos de soledad han adquirido un mayor significado: te brindan oportunidades para escuchar tu diálogo interno y, al mismo tiempo, experimentar lo que el mundo exterior tiene que ofrecer. Un estudio liderado por Laura Marie Edinger-Schons, investigadora de la Universidad de Mannheim, mostró que las personas con un «mayor sentido de unidad» experimentaban una mayor sensación de satisfacción con la vida, que permanecía con ellas tiempo después de que el estudio hubiera terminado. Escribió que estas creencias de unidad «son mucho mejores predictores de satisfacción con la vida que las creencias religiosas», y que pueden experimentarse de múltiples maneras: estando en la naturaleza, practicando surf, haciendo yoga, tocando música o estando «en un estado de fluir»[4].

A menudo nos sentimos más apoyados cuando estamos con nuestra familia, ya sea biológica o elegida. Nos sentimos aceptados y reconocidos; podemos ser nosotros mismos de formas que no podemos con nadie más. Además, cuando pasamos tiempo con personas con las que nos sentimos identificados, ya sea en nuestro lugar de trabajo, en nuestra tribu o comunidad, o incluso con aquellos con quienes nos cruzamos ocasionalmente, nos sentimos apoyados, necesitados y vivos. La conexión nutre nuestro crecimiento. Vemos constantemente interconexiones como estas en la naturaleza. Por ejemplo, se ha escrito mucho sobre cómo los árboles se comunican y cuidan unos de otros. Forman parte de una red social en la que comparten información relevante para la salud de todo el bosque. Según Suzanne Simard, profesora de Ecología en la Universidad de British Columbia, también se sabe que «comparten nutrientes en momentos críticos para mantenerse saludables», incluso entre diferentes especies[5]. Los árboles madre o «núcleo» cuidan de otros árboles a través de una red interconectada facilitada por el micelio u hongos que viven dentro del sistema de raíces de los árboles. El micelio, la porción vegetativa filiforme de los hongos, es un buen ejemplo de una colonia social. Su red es como una superautopista de información vital dentro del mundo natural que transfiere los nutrientes adecuados a las plantas adecuadas en el momento adecuado. Estos son hermosos ejemplos de interconexión.

En nuestras propias vidas, también vemos una conexión protectora y cuidadora dentro de las comunidades. Los centros de las ciudades, los mercados de agricultores, las cafeterías, los lugares de música y otros espacios públicos ofrecen oportunidades para formar parte de una comunidad más grande y brindan un sentimiento de pertenencia que nos protege de retroceder hacia el aislamiento.

Hay muchas formas de crear comunidad conscientemente o de

formar parte integral de una. Quizá tengas un grupo de amigos con quienes te encuentres solo de tanto en tanto, pero con quienes puedes ser tú mismo de formas que no puedes con nadie más. Quizá pertenezcas a una comunidad cuyos miembros comparten tu identidad cultural; o a otra cuya misión se alinee con la tuya; o a un grupo espiritual o intencional que se reúne para adorar y explorar preguntas filosóficas o existenciales. A menudo, cuando estamos alineados con nuestro propósito, nos sentimos naturalmente atraídos hacia otras personas que tienen el mismo deseo o intención, o de alguna manera ellas nos encuentran y nos llaman. Esto nos brinda un sentimiento de pertenencia que dice: «No estoy solo en esto y juntos podemos marcar la diferencia».

Ha habido varios estudios que muestran la importancia de la familia, el apoyo social y la conexión para mantener el CPT. Algunos confirman la necesidad de pertenencia como una «motivación humana fundamental»; otros muestran que un menor sentido de pertenencia se asocia a un aumento de la depresión. Otros dicen que estar socialmente conectados aumenta la longevidad, disminuye la ansiedad y hace que las personas sean más confiadas y empáticas.

Es importante tener en cuenta que no es necesario ser extrovertido o alguien con una agenda social llena para experimentar un sentido de pertenencia. Puedes ser tímido o introvertido por naturaleza y aun así estar conectado con los demás, pues la conexión es un sentimiento, una sensación corporal y a veces una conexión del corazón. En un artículo de *Psychology Today*, Emma Seppälä, doctora y autora de *La estela de la felicidad*, explica cómo funciona esto:

> Los investigadores concuerdan en que los beneficios de la conexión están en realidad vinculados a tu sentido subjetivo de conexión. En otras palabras, si te sientes conectado con los demás internamente, ¡cosecharás estos beneficios!

Por lo general, el sentido de pertenencia no es una carretera de un solo sentido. Cuando nos sentimos apoyados, escuchados y amados dentro de una comunidad, abrazamos la oportunidad de apoyar también a los demás.

BRINDAR AYUDA Y APOYO A LA COMUNIDAD

Nos mantenemos en el crecimiento cuando somos de utilidad. Es casi imposible pasar por el crecimiento postraumático y no emerger con el deseo de compartir con otros lo que hemos aprendido en el camino. Cuando entendemos que no existe separación entre nosotros y el resto del universo, sentimos la responsabilidad de hacer lo que podamos para aliviar el sufrimiento de los demás. Decidimos que nadie más debería experimentar el dolor que hemos pasado y nuestro dolor se convierte en nuestro propósito. A su vez, al ayudar a otros, podemos sentirnos más valorados, confiados y optimistas acerca del mundo en que vivimos.

Transformar corazones y mentes sana a la humanidad, y hay muchas formas de servir a ese objetivo. Dependiendo de tu misión y de cómo te presentas al mundo, puedes elegir hacer de tu activismo algo público y de amplio alcance: crear organizaciones sin ánimo de lucro, organizar manifestaciones, trabajar con personas marginadas y hablar públicamente sobre algún tema. A lo largo de estas páginas, he presentado multitud de ejemplos inspiradores de personas que han utilizado su trauma para servir a los demás. Da igual cómo te involucres, tus acciones pueden ayudarte a mantenerte en el crecimiento.

Del mismo modo en que muchas personas deciden servir de formas grandiosas y públicas, otras convierten su dolor en propósito de maneras más íntimas, pero no menos impactantes. Cuando lo hacen, sus actos de bondad pueden extenderse mucho más allá de su intención inicial. Estos son los héroes cotidianos que dan la cara por los demás cuando estos no pueden hacerlo por sí mismos. Conozco a una joven, chef privada, cuya infancia turbulenta a menudo la hacía preguntarse si tendría suficiente dinero para comprar comida. Es una de esas personas que intuye cuándo alguien está pasando por un momento difícil o necesita un poco de ayuda extra. ¿No te sientes bien? Te preparará y traerá tus próximas tres comidas. ¿Necesitas ir a algún lugar? Te llevará en su carro. Ella escucha lo que hay tras tus palabras. Su espíritu generoso es compasivo y orientado a la acción.

Cuando vemos sufrimiento en el mundo, podemos elegir conscientemente dirigir nuestras intenciones hacia donde creemos que podemos hacer el mayor bien. Cuando lo hacemos, ya sea como mentores, maestros, terapeutas, amigos o familiares, el efecto de nuestros esfuerzos se siente mucho más allá de nuestro círculo de influencia. Estamos cambiando el mundo.

Vemos ejemplos de este efecto dominó en todas partes. Cada vez que un joven inmigrante es recibido en su nuevo país por otra familia de inmigrantes y se siente apoyado emocional y económicamente. Cada vez que un mentor u orientador ayuda a un niño a encontrar puntos en común con otros niños a los que solía acosar. Cada vez que una mujer ha logrado escapar de un matrimonio abusivo y decide brindar sus servicios y apoyo a otras mujeres que aún están pasando por dificultades. Aquellos cuyas vidas han cambiado seguirán con el ciclo a medida que su deseo de ayudar a otros se haga más fuerte. Gran parte del enfoque en el trauma ha sido el dolor y el sufrimiento que inflige, el daño colateral que deja a su paso. Todo esto nos muestra, como dijo sabiamente uno de mis pacientes, que el trauma también deja a su paso belleza colateral. El proceso de sanación conlleva sabiduría, crecimiento y transformación, una conexión más profunda con nosotros mismos, con los demás y con el mundo.

Este compromiso de servir al bien mayor no surge de un sentimiento de culpa o vergüenza, ni porque tengamos algo que demostrar. Viene de un lugar de compasión y conexión, de un deseo de dar sentido a nuestras experiencias. La clave para mantenernos elevados y seguir creciendo tras el trauma es el compromiso que tenemos con ser fieles a nosotros mismos y compartir nuestra sabiduría. Ser auténticos nos alinea con nuestra misión, lo que a su vez puede aliviar el sufrimiento de otros. ¿Y cómo lo hacemos? Como dice el maestro de meditación budista Ralph De La Rosa: «Sigue a tu corazón roto. Sea lo que sea lo que te haya derrumbado en esta vida, ofrece tu corazón y trabajo duro a las personas que siguen atrapadas donde estuviste». Así sabrás que actúas desde el corazón: mediante la práctica de un servicio genuinamente compasivo.

En una era de aislamiento emocional y social, exacerbada por el trauma de pandemias de todo tipo, atravesar las etapas del CPT nos permitirá sentirnos más íntimamente conectados, gozar de un mayor sentido de pertenencia, ser más activos en nuestra comunidad, tener un sentido de propósito y priorizar nuestras relaciones. Un mundo nuevo, más estrechamente entrelazado y consciente, está a punto de nacer.

Inventario de Crecimiento Postraumático

Richard Tedeschi y Lawrence Calhoun desarrollaron el Inventario de Crecimiento Postraumático (ICPT) para evaluar el crecimiento y el desarrollo personal que experimenta un individuo. Esta escala de veintiún ítems, construida sobre el modelo de cinco factores de Tedeschi, es uno de los recursos más válidos y confiables para evaluar el crecimiento personal tras un evento estresante.

Las afirmaciones incluidas en el inventario están relacionadas con los siguientes cinco factores:

Factor I: **Relación con los demás**
Factor II: **Nuevas posibilidades**
Factor III: **Fortaleza personal**
Factor IV: **Crecimiento espiritual**
Factor V: **Apreciación**

Cada uno de los veintiún ítems se enmarca en uno de los cinco factores y se puntúa en consecuencia. La suma de las puntuaciones indica el nivel de crecimiento postraumático.

La ventaja de esta escala es que la categorización de las puntuaciones de acuerdo con los cinco factores indica qué área de desarrollo personal es predominante y cuál podría necesitar un poco más de atención.

Por ejemplo, una puntuación total alta implica que la persona ha experimentado una transformación positiva. Pero un análisis más detallado de las puntuaciones de cada sección proporcionaría una visión más profunda de lo que ha cambiado significativamente y qué aspectos del yo aún pueden requerir una mejora.

El ICPT se desarrolló inicialmente para medir resultados favorables después de un evento estresante en la vida. Pero, con el tiempo, se ha popularizado como un test que ayuda a los participantes a orientarse respecto a sus acciones futuras y que sugiere un alcance para la superación personal.

¿Dónde puedo encontrar la escala?

Como acabo de mencionar, el ICPT consta de veintiuna afirmaciones, cada una integrada en una de las cinco categorías mencionadas por Tedeschi y Calhoun en su propuesta inicial. Los participantes indican sus puntuaciones en una escala de seis puntos donde:

- 0 implica: No he experimentado este cambio como resultado de mi crisis.
- 1 implica: He experimentado muy poco este cambio como resultado de mi crisis.
- 2 implica: He experimentado poco este cambio como resultado de mi crisis.
- 3 implica: He experimentado moderadamente este cambio como resultado de mi crisis.
- 4 implica: He experimentado bastante este cambio como resultado de mi crisis.
- 5 implica: He experimentado mucho este cambio como resultado de mi crisis.

He aquí un resumen de los ítems de la prueba con la categorización de los cinco factores.

Factor	**Ítem número**
1—**Relación con los demás**	6, 8, 9, 15, 16, 20, 21
2—**Nuevas posibilidades**	3, 7, 11, 14, 17, 18
3—**Fortaleza personal**	4, 10, 12, 19
4—**Crecimiento espiritual**	5
5—**Apreciación**	1, 2, 13

Inventario de Crecimiento Postraumático

El Inventario de Crecimiento Postraumático (ICPT) está ampliamente disponible en línea. A continuación, se muestra una ilustración del formulario:

PUNTUACIÓN

0 1 2 3 4 5

1. He cambiado mis prioridades sobre lo que es importante en la vida.
2. Tengo una mayor apreciación por el valor de mi propia vida.
3. He desarrollado nuevos intereses.
4. Me siento más autosuficiente.
5. Tengo un mejor entendimiento de asuntos espirituales.
6. Puedo ver con mayor claridad que puedo contar con otras personas en tiempos difíciles.
7. Me he abierto un nuevo camino en la vida.

8. Siento mayor cercanía a otras personas.
9. Puedo expresar mis emociones con mayor facilidad.
10. Sé que puedo enfrentar dificultades.
11. Estoy en capacidad de mejorar mi vida.
12. Me siento capaz de aceptar las cosas como vengan.
13. Puedo apreciar mejor cada día.
14. Se me han presentado nuevas oportunidades que no se me hubiesen presentado de otra forma.
15. Siento mayor compasión por los demás.
16. Me esfuerzo más en mis relaciones personales.
17. Es más probable que intente cambiar las cosas que deben cambiar.
18. Tengo más fe en mi religión.
19. He descubierto que soy más fuerte de lo que pensaba.
20. He aprendido que la gente es maravillosa.
21. Acepto con más facilidad que necesito a los demás.

Cuestionario de bienestar psicológico y cambios postraumáticos

*Por el doctor Stephen Joseph**

Piensa en cómo te sientes contigo mismo en este momento. Por favor, lee cada una de las siguientes afirmaciones y evalúa cómo has cambiado como resultado del trauma.

5 = Mucho más ahora
4 = Un poco más ahora
3 = Me siento igual que antes
2 = Un poco menos ahora
1 = Mucho menos ahora

1. Me gusto.
2. Confío en mis opiniones.
3. Tengo un sentido de propósito en la vida.
4. Tengo relaciones fuertes y cercanas en la vida.
5. Siento que tengo control sobre mi vida.
6. Estoy abierto a nuevas experiencias que me desafían.

---

* Copyright del original © Stephen Joseph et al., «The Psychological Well-Being Post-Traumatic Changes Questionnaire (PWB- PTCQ): Reliability and Validity», *Psychological Trauma: Theory, Research, Practice, and Policy* 4, nro. 4 (2012): 420-28, doi.org/10.1037/a0024740.

7. Acepto quién soy, con mis fortalezas y limitaciones.
8. No me preocupa lo que piensan los demás de mí.
9. Mi vida tiene sentido.
10. Soy una persona compasiva y generosa.
11. Manejo bien mis responsabilidades.
12. Siempre busco aprender más sobre mí.
13. Me respeto.
14. Sé qué es importante para mí y defenderé mi postura, incluso si otros están en desacuerdo.
15. Siento que mi vida tiene valor y que desempeño un papel valioso en ella.
16. Siento agradecimiento porque en mi vida tengo personas que se preocupan por mí.
17. Puedo enfrentar lo que la vida me presente.
18. Tengo esperanza en mi futuro y espero con ilusión nuevas posibilidades.

Suma tus puntuaciones para las dieciocho afirmaciones. Una puntuación superior a 54 indica la presencia de cambios positivos. La puntuación máxima es 90. Cuanto más alta sea tu puntuación, más cambios positivos habrás experimentado. Es posible que hayas cambiado más en algunas áreas que en otras: autoaceptación (afirmaciones 1, 7 y 13), autonomía (afirmaciones 2, 8 y 14), propósito de vida (afirmaciones 3, 9 y 15), relaciones (afirmaciones 4, 10 y 16), sensación de control (afirmaciones 5, 11 y 17) y crecimiento personal (afirmaciones 6, 12 y 18).

Agradecimientos

Como todo en la vida, escribir un libro es un proyecto relacional y colaborativo. Requiere de la intención colectiva y la visión de un grupo de personas comprometidas. Estoy infinitamente agradecida por que tantas personas así me hayan acompañado en el camino.

Quiero darle las gracias a mi agente, Lucinda Halpern, quien creyó en mí desde el principio y que junto a Jackie Ashton hizo que todo sucediera con sensibilidad y eficiencia. No podría haber pedido una editora más amable y perspicaz que Sarah Pelz en Harvest. Gracias, Sarah, por todas las formas en que me animaste a profundizar en mi trabajo y por todas las sugerencias sensibles, personales y acertadas que me hiciste. Gracias, mi querido Edward Benítez, por tu visión de futuro, calidez humana y generosidad. Esta traducción no habría sido posible sin ti y sin Viviana Castiblanco, tan diligente y detallista, siempre pendiente y apoyándome en todo este proceso. Por supuesto, estoy muy agradecida con Eric Levit Mora por su traducción, hecha con el corazón y con la psicología necesaria. Todo el equipo de HarperCollins ha sido increíble. Gracias, Emma Peters, por orquestar las tareas de producción y mantenernos a todos en el camino correcto.

Gracias a mi querida Linda Sparrowe, cuya aguda visión y exquisita sensibilidad ayudaron a que este libro cobrara vida. Estoy infinitamente agradecida por nuestra colaboración y por cómo lograste guiarme pacientemente y con amor encontrando las palabras adecuadas para transmitir mi mensaje. Has sido una gran compañera en este viaje y una amiga de verdad.

La idea de este libro surgió hace más de veinte años cuando

escribí mi tesis doctoral sobre el crecimiento postraumático. Hizo falta que los astros se alinearan, que mi hijo creciera y que mi práctica se desarrollara para que el libro pudiera empezar a tomar forma. En aquellos primeros tiempos, tuve la suerte de aprender y gozar de la mentoría de algunos maestros de vida inolvidables. Gracias al Dr. Carl Auerbach, cuya guía y confianza en mí cuando era una joven doctoranda me ayudaron a creer en mí misma. Agradezco profundamente que tu sabiduría, paciencia y apoyo hayan permanecido intactos a lo largo de los últimos veinticinco años. Gracias al Dr. Alvin Atkins de Montefiore y a la trabajadora social Joyce Wong por presentarme a la comunidad de refugiados camboyanos en el Bronx, un ejemplo de cómo prospera el crecimiento postraumático. Y gracias a la comunidad camboyana por confiar en mí y por compartir abiertamente sus historias conmigo. Me enseñaron mucho. Gracias, Dr. Kenneth Hardy, por ser un increíble mentor. Tu valentía, congruencia e inquebrantable dedicación por trasnformar el ciclo del trauma ha inspirado mi propio trabajo.

Me siento agradecida por todas las oportunidades que he tenido de trabajar con y aprender de Jack Saul. Nuestro tiempo juntos en el Programa Bellevue para Sobrevivientes de Tortura y en el ITSP de Nueva York fue fundamental tanto en mi comprensión del trauma como en mi investigación sobre el CPT. Tu apoyo y sugerencias, a la vez sencillas, sabias y profundas, han sido extremadamente valiosas. Gracias por tu generosidad, por estar dispuesto a escuchar y por estas décadas de amistad.

A Esther Perel, gracias por tu amistad e inspiración a lo largo de los años. Agradezco la oportunidad que me diste de hablar con tu comunidad y ampliar mi comprensión del trauma colectivo y la curación colectiva. Muchas gracias a Laura Maciuika por mostrarme lo que significa ser un verdadero mentor e introducirme en los fundamentos del trabajo del trauma; a Deborah Munczek, mi querida colega y amiga, por tantas conversaciones enriquecedoras y por compartir tus experiencias conmigo; a Carolina Arbeláez, mi querida hermana, colega y compañera de escritura desde el principio de los tiempos, la forma en que entrelazas tu sabiduría en expresión poética nunca deja de conmoverme; y a Claudia Edwards y a todos mis mentores y guías espirituales, que me han enseñado a conectarme más profundamente con mi corazón.

Le estaré eternamente agradecida a mi tribu de la Felicidad: Valerie Freilich, Achim Novak, Juan José Reyes. Gracias por apoyarme siempre, por buscar la próxima aventura, expedición, exploración creativa y por llevarnos al siguiente nivel con discusiones compartidas y nuevas ideas. A Luis Gallardo, el visionario de la Felicidad y líder consciente. Tus palabras de aliento, apoyo incondicional y significativa mentoría me han ayudado a seguir adelante. Tu visión es un verdadero ejemplo de pensamiento y ser colectivo.

Gracias a mi espléndido equipo de producción: a la lealtad y dedicación de Erin Rech, Kelly Lizcano, Albany Urbaez y Liliana Orozco, mujeres fuertes y empoderadas, y vivos ejemplos de CPT, que creen tanto como yo en la misión y el mensaje de este libro. Al trabajo detallado de Elizabeth Blanquel, transcribiendo horas de grabaciones, gestionando redes sociales y ayudando con la investigación. Al apoyo constante de José Vicente Sevilla, con sus cámaras y equipo, buscando capturar el momento preciso. Gracias a mis queridos Moshe Shulman, Charlie Fusco y John Michael Esposito por su talento, experiencia y comprensión del marketing y las relaciones públicas. A Gladys Socha, por cuidarnos a mí y a mi hogar para que pueda dedicar toda mi atención al libro.

A la brillante Avi Jorish, gracias por mostrarme el camino, apoyarme tanto, sinceramente y de corazón, y ayudar con mis consultas legales. A Daniel Orelus St Juste III, por visualizar el sueño antes de que fuera una realidad; me has dado muchísima fuerza y protección durante el proceso. A la gran editora y amiga Ann Sheybani, a Aleyso Bridger y a Daniza Tobar, gracias por creer en el primer borrador y en la intención de este libro, por animarme a seguir adelante y por conectarme con las personas adecuadas en el momento adecuado. Y a mis talentosas, poderosas y creativas amigas Tammy, Debbie e Ivonn, y Rachel y Sylvia: gracias por estar ahí constantemente de tantas formas distintas.

Este libro nunca hubiese sido posible sin las increíbles enseñanzas que he recibido de mis pacientes. Les estaré eternamente agradecida por la confianza que depositaron en mí. Su disposición por compartir sus historias de dolor y sufrimiento y su compromiso con la sanación y la transformación me inspiran y me mueven cada día. Ser testigo de su proceso hace que no deje de creer que la sabiduría y el crecimiento son de verdad posibles.

A mi familia y a mis ancestros, con amor y gratitud infinita. A mis abuelos, Lalu y Nana, por su amor incondicional y por enseñarme lo que significa encarnar la sabiduría, abrazar la esperanza y mantenerla viva. A mi mamá y mi papá, por ser siempre ejemplos de fuerza y resiliencia en la vida. Gracias por darme oportunidades y privilegios que me permitieron cultivar mi curiosidad y correr riesgos. A mi hijo, Ariel, por ser un maestro, mi maestro, una luz brillante y una fuente constante de inspiración. Sigues mostrándome lo que es de verdad posible al ser y vivir con amor e integridad. Eres un faro de luz.

Mi padre falleció mientras escribía este libro. No hay nada más doloroso que perder a nuestros seres queridos y, al mismo tiempo, nada más poderoso que una comunidad reunida que se alimenta, se abraza y escucha las historias de cada uno. Tuve el privilegio de sanar parte de mi dolor con los cuidados y las atenciones de una comunidad como esta. Estaré eternamente en deuda con mi familia, mis amigos de la infancia y aquellos que vinieron de todo el mundo para apoyarnos a mi familia y a mí. Fueron un verdadero testimonio del poder sanador que yace en el núcleo de lo colectivo.

Ojalá este libro ayude, beneficie y toque de alguna forma las vidas de otros, y alivie que sus sufrimientos.

Referencias

CAPITULO 2: EL TRAUMA DE LA VIDA COTIDIANA

1. Para más información sobre la historia del trauma, ver el libro de Judith Herman *Trauma y recuperación* (Nueva York: Basic Books, 1992).
2. Ibid.
3. Lisa Firestone, «Recognizing Complex Trauma», *Psychology Today,* 31 de julio de 2012.
4. Doctor David Sack, «8 Reasons It's So Hard to Overcome a Tough Childhood», *Psychology Today,* 12 de marzo de 2015.
5. Pauline Boss, *Loss, Trauma, and Resilience* (Nueva York: W. W. Norton, 2006).
6. Para más información, ver la entrevista con Pauline Boss, «Navigating Loss Without Closure» por Krista Tippett, *On Being,* julio de 2020, y *Ambiguous Loss: Learning to Live With Unresolved Grief* de Pauline Boss (Harvard University Press, 2000).
7. Para más información sobre los beneficios del estrés, ver *Estrés: el lado bueno: Por qué el estrés es bueno para ti y cómo puedes volverte bueno para él*, por la doctora Kelly McGonigal (Nueva York: Avery Publications, 2015).

CAPÍTULO 3: ¿QUÉ ES EL CRECIMIENTO POSTRAUMÁTICO?

1. Lindsay VanSomeren, «How Do Caterpillars Turn Into Butterflies and Moths Through Metamorphosis?», UntamedScience.com, octubre de 2016.
2. Richard G. Tedeschi et al., *Transformed by Trauma: Stories of Posttraumatic Growth* (autopublicado, 2020).
3. Ralph De La Rosa, *Don't Tell Me to Relax* (Boulder, CO: Shambhala, 2020).
4. Harold S. Kushner, *Cuando a la gente buena le pasan cosas malas* (Nueva York: Anchor Books, 2004).

CAPÍTULO 4: FACTORES VARIABLES

1. Emmy Werner y Ruth Smith, «The Children of Kauai: Resiliency and Recovery in Adolescence and Adulthood», *Journal of Adolescent Health* 13 (junio de 1992): 262-68, doi.org/10.1016/1054-139x(92)90157-7.
2. Namiko Kamijo y Shintaro Yukawa, «The Role of Rumination and Negative Affect in Meaning Making Following Stressful Experiences in a Japanese Sample», *Frontiers in Psychology* 9 (28 de noviembre de 2018): 2404, doi.org/10.3389/fpsyg.2018.02404.
3. Ibid.
4. Para más información sobre la mentalidad fija y de crecimiento, ver *Mindset: The New Psychology of Success* by Carol Dweck (Nueva York: Penguin Random House, 2016).

5. De una mesa de debate con Dan Siegel, el doctor Gabor Maté, la investigadora de UCLA y activista por la justicia social Sará King y el miembro del Garrison Institute Angel Acosta, «Building Intergenerational Trauma Sensitivity and Awareness», 12 de junio de 2021, como parte del estreno de *The Wisdom of Trauma.*

CAPÍTULO 5: EL LEGADO INTERGENERACIONAL DEL TRAUMA

1. Christian Wolf, «Post-Traumatic Stress Disorder Can Be Contagious». *Scientific American,* 3 de octubre de 2018.
2. Ibid.
3. Se cita a Daniel Goleman en «Relationship Trauma: How Does Emotional Pain from Childhood Get Played Out in Adulthood», por la doctora Tian Dayton, *HuffPost,* 21 de julio de 2008. Ver también de la misma autora *Emotional Sobriety* (Deerfield Beach, FL: Health Communications, 2007).
4. Jillian Peterson y James Densley, «How Columbine Became a Blueprint for School Shooters», *The Conversation,* 17 de abril de 2019. Ver también «Thresholds of Violence: How School Shootings Catch On», por Malcolm Gladwell, *The New Yorker* (12 de octubre de 2015)
5. Youth ALIVE!, «Trauma Is the Virus: Violence as a Public Health Issue», www.youthalive.org, 19 de abril de 2017.
6. Para un debate en mayor profundidad sobre este tema, ver *Teens Who Hurt: Clinical Interventions to Break the Cycle of Teenage Violence* por Kenneth Hardy (Nueva York: Guilford Press, 2005) y su artículo «Healing the Hidden Wounds of Racial Trauma», *Reclaiming Children and Youth* 22, no. 1 (primavera de 2013): 24-28.
7. Ibram X. Kendi, «Post-Traumatic Slave Syndrome Is a Racist Idea», *Black Perspectives,* www.aaihs.org, 21 de junio de 2016.
8. La investigación de Rachel Yehuda se explica en «Study of Holocaust Survivors Finds Trauma Passed On to the Children's Genes», por Helen Thomson, *The Guardian,* 21 de agosto de 2015.
9. Patricia Dashorst et al., «Intergenerational Consequences of the Holocaust on Offspring Mental Health: A Systemic Review of Associated Factors and Mechanisms», *European Journal of Psychotraumatology* 10, no. 1 (agosto de 2019): 1654065, doi.org/10.108 0/20008198.2019.1654065.
10. Amrit Shrira, Ravit Menashe y Moshe Bensimon, «Filial Anxiety and Sense of Obligation among Offspring of Holocaust Survivors», *Aging and Mental Health* 23, no. 6 (junio de 2019): 752-61, doi.org/10.1080/13607863.2018.1448970.
11. Amy J. Sindler, Nancy S. Wellman y Oren Baruch Stier, «Holocaust Survivors Report Long-Term Effects on Attitudes toward Food», *Journal of Nutrition Education and Behavior* 36, no. 4 (julio-agosto de 2004): 189-96, doi.org/10.1016/S1499-4046(06)60233-9.
12. Irit Felsen, «The Canary in the Mine: Re-traumatization and Resilience in Offspring of Holocaust Survivors During the Covid-19 Pandemic», *Trauma Psychology News,* 13 de noviembre de 2020.
13. Tirzah Firestone, *Wounds into Wisdom: Healing Intergenerational Jewish Trauma* (Rhinebeck, NY: Monkfish, 2019).

14. Martin Caparrotta, «Dr. Gabor Maté on Childhood Trauma: The Real Cause of Anxiety and Our "Insane" Culture», HumanMind.com, septiembre de 2020.
15. Peter Nieman, «Shyness Not Necessarily a Lifelong Trait», *Calgary Herald,* 14 de diciembre de 2017.
16. Daniel Goleman y Richard Davidson, *Rasgos alterados: La ciencia revela cómo la meditación transforma la mente, el cerebro y el cuerpo* (Nueva York: Avery, 2017).
17. «Epigenetic Patterns Determine If Honeybee Larvae Become Queens or Workers», *Science Daily,* 22 de agosto de 2018.
18. Krista Tippett, «How Trauma and Resilience Cross Generations», *On Being,* actualizado en noviembre de 2017.
19. Tori Rodriguez, «Descendants of Holocaust Survivors Have Altered Stress Hormones», *Scientific American,* 1 de marzo de 2015.
20. Elysia P. Davis y Carl A. Sandman, «The Timing of Prenatal Exposure to Maternal Cortisol and Psychosocial Stress Is Associated with Human Cognitive Development», *Child Devleopment* 81, no. 1 (enero/febrero de 2010): 131-48, doi.org/10.1111/j.1467-8624.2009.01385.x.

CAPÍTULO 6: DEL TRAUMA COLECTIVO AL CRECIMIENTO COLECTIVO

1. Doctor Jonathan Shay, «Moral Injury», *Psychoanalytic Psychology,* 2014.
2. Diane Silver, «Beyond PTSD: Soldiers Have Injured Souls», *Pacific Standard,* enero de 2015 (rev).
3. Tirzah Firestone, *Wounds into Wisdom: Healing Intergenerational Jewish Trauma* (Rhinebeck, NY: Monkfish, 2019).
4. Doctora Oxiris Barbot, «George Floyd and Our Collective Moral Injury», *American Journal of Public Health,* 12 de agosto de 2020.
5. De la mesa de debate como parte del estreno de *The Wisdom of Trauma* titulada «The Wisdom of Trauma: Climate Crisis, Fragmentation, and Collective Trauma» con el doctor Gabor Maté, Eriel Tchekwie, Bayo Akomolafe y Angaangaq Angaqkkoruaq. (Reeditado en www.indigenousclimateaction.com/entries/climate-crisis-fragmentation-amp-collective-trauma-discussion-with-eriel-deranger-bayo-akomolafe-angaangaq-angakkorsuaw-and-gabor-mate).

CAPÍTULO 7: LA ETAPA DE RECONOCER: ACEPTACIÓN RADICAL

1. Salynn Boyles, «Posttraumatic Stress, Fibromyalgia Linked», WebMD, 10 de junio de 2004.

CAPÍTULO 8: LA ETAPA DEL DESPERTAR: SEGURIDAD Y PROTECCIÓN

1. «Your Amygdala Gets Bigger If You're Anxious and Depressed», Neuroscience News.com, 5 de agosto de 2020.
2. Dacher Keltner, «Forget Survival of the Fittest, It's Kindness That Counts», entrevista por David DiSalvo, *Scientific American,* 26 de febrero de 2009.
3. Linda Sparrowe, «Yoga and Cancer: A Healing Journey», *Yoga International,* otoño de 2010.

4. Brené Brown, *Dare to Lead: Brave Work, Tough Conversations, Whole Hearts* (Nueva York: Random House, 2018).

CAPÍTULO 9: LA ETAPA DE REDEFINIR: NUEVAS NARRATIVAS

1. Anne Trafton, «How the Brain Controls Our Habits», *MIT News,* 29 de octubre de 2012.

CAPÍTULO 10: LA ETAPA DEL SER: INTEGRACIÓN

1. Joan Borysenko, «Born for These Times», joanborysenko.com, 17 de noviembre de 2016.
2. Basado en el trabajo de Alberto Villoldo y The Four Winds Society, thefourwinds .com.

CAPÍTULO 11: LA ETAPA DE LA TRANSFORMACIÓN: SABIDURÍA Y CRECIMIENTO

1. Para más información, visitar yodigonomas.com.
2. Yukari Mitsuhashi, «Ikigai: A Japanese Concept to Improve Work and Life», BBC.com, 7 de agosto de 2017. Para más información, ver *How to Ikigai: Lessons in Finding Happiness and Living Your Purpose,* de Tim Tamashiro (Coral Gables, FL: Mango Publishing Group, 2019).

CAPÍTULO 12: MANTENERNOS ELEVADOS

1. Stephen Joseph y P. Alex Linley, «Growth Following Adversity: Theoretical Perspectives and Implications for Clinical Practice», *Clinical Psychology Review* 26, nro. 8 (diciembre de 2006): 1041-53: doi.org/10.1016/j.cpr.2005.12.006.
2. Dean Hamer, *The God Gene: How Faith Is Hardwired into Our* Genes (Nueva York: Anchor Books, 2004).
3. Lisa Miller, Mark Davies y Steven Greenwald, «Religiosity and Substance Abuse among Adolescents in the National Comorbidity Survey», *Journal of the American Academy of Adolescent and Child Psychiatry* 39, nro. 9 (septiembre de 2000): 1190-97, doi.org/10.1097/00004583-200009000-00020. Para un debate acerca de este y otros aspectos del trabajo de Lisa Miller sobre espiritualidad y depresión, ver *El cerebro despierto: La nueva ciencia de la espiritualidad y nuestra búsqueda de una nueva vida,* de la doctora Lisa Miller (Nueva York: Random House, 2021).
4. American Psychological Association, «People with a Sense of Oneness Experience Greater Life Satisfaction», ScienceDaily.com, 11 de abril de 2019.
5. Suzanne Simard, «Trees Talk to Each Other: "Mother-Tree" Ecologist Hears Lessons for People, Too», entrevista por Dave Davies, *Fresh Air,* 4 de mayo de 2021. Para más información, ver *The Hidden Life of Trees* de Peter Wohlleben (Londres: Allen Lane, 2016) y *Finding the Mother Tree: Discovering the Wisdom of the Forest* de Suzanne Simard (Nueva York: Knopf, 2021).